二重うつしの日本史——漢語リテラシー管見

凡例

例外もあるが、原則はつぎのとおり
文字は通行の字体をもちいた
前近代においては読点のみをもちいた
引用のふりがな、返り点、傍注等は割愛した
数字は漢数字をもちいた
〔 〕は挿入を、太字、傍線は強調をしめし、いずれも筆者による
注における〈 〉は小字、割注をしめす
一八七三年（明治六）一月一日以降は西暦を主とした

目次

時どき私はそんな路を歩きながら、不図、そこが京都ではなくて京都から何百里も離れた仙台とか長崎とか――そのやうな市へ今自分が来てゐるのだ――といふ錯覚を起さうと努める。……――錯覚がやうやく成功しはじめると私はそれからそれへ想像の絵具を塗りつけてゆく。何のことはない、私の錯覚と壊れかかつた街との二重写しである。そして私はその中に現実の私自身を見失ふのを楽しんだ。

私は何度も何度もその果実を鼻に持つて行つては嗅いで見た。それの産地だといふカリフォルニヤが想像に上つて来る。漢文で習つた「売柑者之言」の中に書いてあつた「鼻を撲つ」といふ言葉が断れぎれに浮かんで来る。

梶井基次郎『檸檬』

好むにしろ、避けるにしろ、西洋の文物を具現する丸善をつねに意識し、南画ならぬセザンヌが大好きで、京都の三高理科甲類を卒業し東大英文科に入学した二十世紀初期の作家が、カリフォルニア産のレモンをかぎながら(一)、おもいうかべる文学作品は、ミニヨンの歌などではなく、いまや知る人もすくない明初の功臣劉基の「売柑者之言」であった。江戸後期から大正ころまでの知識人は『古文観止』や『続文章軌範』でなじみだったのであろう(二)。

劉基は「鼻を撲つ」カビ臭から政治批判にむかうが、ここでは「断れぎれに浮かんで来る」だけに芳香にかわっている。カリフォルニアといえば、『檸檬』はいわゆる排日移民法が成立した一九二四年にかかれたが、そもそも日本人移民は一八八二年の中国人排斥法で台頭した。そのうえパリ講和会議における日本の人種差別撤廃案は、ヤング・チャイナ顧維鈞 Wellington Koo が二十一箇条要求との矛盾をアメリカじこみの完璧な演説で糾弾して欧米の喝采をあび、日本の朝野を「米支の結託」と憤激させた経緯がある[三]。しかし、中国各地の駐在がながく分裂状況を熟知する駐日フランス大使ポール・クローデルはワシントン会議に際し、顧らが自信たっぷりにはなす中国とは何なのかしりたいものだといいつつ、日本の中国北部への進出を阻止するのは困難であろうが、日本は朝鮮での稚拙なやりかたをあらためなければ、何世代にもわたって軍人、外交官が忙殺されることを覚悟しなければならないだろうと的確に予測し[四]、大正天皇の大葬に参列したのち太平洋をわたり大恐慌前夜のアメリカに赴任する。

一九一七年中国を南北に縦断旅行し、翌年から民間外交を推進するため日華クラブの設立に尽力した柳田国男には予期しえたことで[五]、朝鮮・台湾の放棄さえ主張した石橋湛山ともども国際的孤立やドイツ以上の敗北を実感していた[六]。柳田は義務教育終了後、経済的理由で進学せず、濫読によりわかくして江戸後期の文人なみに漢詩を和歌に翻案する能力をそなえていただけに[七]、漢訳学術用語の濫造を批判した。一高受験に失敗してデューイの弟子田中王堂からプラグマティズムをまなび原書で経済学を独習した石橋とともに官学システムからはずれたところがある。

そもそも梶井が落第をくりかえした京都は、「京都坊名…　東京号洛陽城　西京号長安城」が「朱雀大路広廿八丈」で接し、「大唐日本之間三千七百餘里」（『拾芥抄』京程部、本朝国郡部）をものともしない二重写しの伝統があったが、漢学の遺産も魔術をうしない「錯覚を起さうと努め」なければならなくなった。アングルの画はさしあたり言語の媒介を要しないながら、輸入の学問は英独仏語の選択により徴兵検査よろしく甲乙丙にわかれる。

作品は「そして私は活動写真の看板画が奇体な趣きで街を彩つてゐる京極を下つて行つた」とむすぶが、映画こそ丸善にはいかない庶民のあたらしい娯楽であり、京都は日本の映画産業の中心であった。初期の映画人は尾上松之助やマキノ省三のように歌舞伎役者や興行関係者がおおかったから、特にこのまれた素材は、歌舞伎以来いつもよくあたり「独参湯」とよばれた忠臣蔵であった。

忠臣蔵といえば、浅野内匠頭、吉良上野介、大石内蔵助といった人物がおもいうかぶが、『仮名手本忠臣蔵』では塩冶判官、高武蔵守師直、大星由良之助という名で登場する。『檸檬』の作者が現実と錯覚との二重写しをたのしむ以前に、観客は赤穂事件と『太平記』の世界の二重写しにひたったのである。忠臣蔵のような仮託は幕府をはばかったといわれるが、江戸時代の発明ではない。唐の玄宗皇帝と楊貴妃のロマンスとしてしられる白居易の「長恨歌」は、「**漢皇**重色思傾国、御宇多年求不得、**楊家**有女初長成、養在深閨人未識」と漢の武帝と李夫人の故事に託しつつ「楊家」という実際の姓をだしている。

太平記もまた「長恨歌」や『平家物語』『史記』などとの二重写しを方法として意識的に採用しているが、近代は『元禄快挙録』『実録忠臣蔵』『元禄忠臣蔵』のように実録にちかづけるのをよしとし、戸板目玉の松ちゃんの、浅野内匠頭、大石内蔵助、清水一角、一人三役もフィルムをつなぐだけで、戸板返しほどの仕掛もいらない。

以下、近代化のなかで理解されにくくなった二重写しの表現法について検討してみよう。

一　小説の翌年に発表された田中長三郎「広東LEMONに就きて」『九州帝国大学農学部学芸雑誌』一―三、一九二五年五月によれば、広東で宋代から栽培され、海南島に配流された蘇軾も「黎檬」とするした檸檬はレモンと別種であるが、日本ではおそらくロブシャイト原著・井上哲次郎増訂『英華字典』一八八三年に「始まれるもの歟」（一〇八頁）という。

二　ただし、山室信一が「中華料理の普及とともに、その背景にある中国の文化・文物への興味も呼び起こされ、支那趣味という言葉が現れる。…ここには西洋と東洋とが混交する第一次グローバリゼーションの時代だったからこそ生まれた、特異な支那趣味の歴史境位を見出すことはできないであろうか。…一九二〇年代に流行した中国憧憬は、グローバル化する時代を象徴するモダン語として頻出した『異国情調』と通底するように思われる」『モダン語の世界へ』岩波新書、二〇二一年四月、九七―九九頁と指摘し、その唱道者の一人谷崎潤一郎は漱石とともに梶井のもっとも傾倒した作家であったから、中国／欧米はかならずしも旧／新と同一視できない。なお、梶井は「売柑者之言」を中学の漢文でならったというが、広島大学図書館教科書コレクション画像データベースの漢文教科書では、林泰輔編『中等漢文教科書』巻五、三省堂、一九二一年、簡野道明編『新編漢文読本』巻五、明治書院、一九二一年などにみえる。

三　東京朝日新聞記者から東方時論社社長兼主筆に転じた中野正剛は『講和会議を目撃して』がベストセラーとなり、翌年松永安左ヱ門に雪辱をはたして福岡一区から代議士となった。その一節「王正廷と顧維鈞＝米支の結託」に「支那少壮派の名士王正廷君及び米国外交界の寵児顧維鈞君は、実に米国に使嗾せられて、兄弟殺傷戦の選手となり来れり」とある。

四　クローデル、奈良道子訳『孤独の帝国 日本の一九二〇年代―ポール・クローデル外交書簡一九二一―二七』一九二一年十一月二十八日書簡、草思社、一九九九年七月。ただし、かならずしも同訳によらない。しかし、クローデルの評価に反して、山県直系の朝鮮総督寺内正毅は総理大臣となり、大蔵大臣勝田主計（前朝鮮銀行総裁）の西原借款による中国の経済的支配の企図が完全に失敗したのみならず、シベリア出兵で米騒動をひきおこすという拡大再生産を演じていた。吉野作造は「寺内伯…は議会の多数の結束で政府の基礎を動かさうとするのは大権の干犯だといふ風に考へられたのであった」（「現代政客の政治思想」（四）『朝日新聞』一九二二年六月五日）と回顧する。勝田は山県閥の清浦内閣でも再任され、寺内の後継者田中義一の内閣では文部大臣に起用された。同内閣は蒋介石の北伐に山東出兵し、クローデル離日の翌年張作霖爆殺事件の処理を昭和天皇に難詰されて退陣する。寺内の長男寿一は広田内閣の陸軍大臣、鈴木貫太郎内閣の大蔵大臣広瀬豊作は勝田の女婿である。

五　柳田の「大正七年日記」は冒頭に「コノ日記ハ政治史ノ一小史料　残シテオク価値アラム」とあり、原敬内閣成立期であるが、内容は日華クラブや移民関係など自己の活動である。「支那視察談」は日本の後発帝国主義に対し、アメリカが自国で教育した中国の人材を要職につけさせていることージョセフ・ナイの用語によればソフトパワーーを指摘している。ただし、『故郷七十年』に精華大学で顧の英語の達者なのに参ったというのは、当時駐米大使で父の葬式にも帰国しなかったから（中国社会科学院近代史研究所訳『顧維鈞回憶録』第一分冊、中華書局、二〇一三年六月、一四二―一四三頁）ありえず、国際聯盟委任統治委員会の開会宣言で目撃することになる。柳田は一九一八年末日華クラブ運動の同志でパリ講和会議を取材する小村俊三郎、亀井陸良という二人の記者を東京駅にみおくった。小村は寿太郎の又従弟で元通訳官、のち幣原外交に協力し、関東大震災では王希天殺害事件の究明につとめた（今井清一『関東大震災と中国人虐殺事件』朔北社、二〇二〇年一月）。亀井は日本外務省系の中文紙『順天時報』社長当時の対華強硬論から権益放棄論に転じた。日華クラブは寿太郎の嗣子で外務省政務局第一課長の欣一や近衛文麿の協力をえることに成功し、近衛は国際聯盟協会理事として一九二一年十月亀井、加藤恒忠とともに遊説した松山で、「世界的孤立の状態を誘致するに至った」と指摘し、参謀本部制度の改正が急務であると論じたという（矢部貞治『近衛文麿』読売新聞社、一九七六年七月、一〇四―一〇六頁）。加藤は正岡子規の叔父で、司法省法学校を賄征伐事件で原敬、陸羯南らとともに放校となり、パリ留学中、原の斡旋で外交官、のち衆議院、貴族院議員、晩年は松山市長を兼任した。柳田は『故郷七十年』賀古鶴所の項で、その縁戚にあたる加藤を「あれ位立派な人は滅多にない…やることが飄逸でしかも正道からはずれない。…本当に敬服した」と絶賛している。ちなみに賀古は加藤に「別紙森の遺言ハ乍遺憾充分にガンバル事能ハざりしが其筋へ不敬ニ渡らぬ程度ニ切り上げ申候」とかきおくっており（山崎一穎「その終焉」『森鷗外論攷』おうふう、二〇〇六年十二月、三七〇頁）、中野重治のよみのたしかさをうらづける。

六　柳田は一九二〇年①「二階から見て居た世間」②「準備なき外交」③「蒼海を望みて思ふ」④「文明の批評」で言及している。①は退官した翌一月の『東方時論』に発表し、「支那との関係などは苦笑も出来ぬ程に行詰まつて居る。此も真の国民外交で途を開けねばならぬ」とあり、「二階」とは貴族院書記官長官舎の柳田の書斎である。③は十二月十四日大阪朝日新聞本社の市民講座でおこなった「島と国民性」前半の未定稿で執筆年は不明であるが、「日本が四箇の大なる島から成立つて居るやうに考へることは誤つて居る。…台湾から千島に亘つて、稍々大きなものが五百近くあり、其過半は現に住んで居るのです。…是が現在我々の一大問題、即ち日本の世界的孤立と云ふ形勢を生じた一原因では無かつたかと思ふのであります」とあり、これこそ翌日からの『海南小記』の旅行のテーマで、那覇での講演「世界苦と孤島苦」に通じる。

しかし、急遽福岡での講演④を依頼されたのは、おそらく旅行させてほしいという柳田の入社条件の代償で、沖縄がえりにも九州各地で講演した。石橋は一九一九年八月「袋叩きの日本」で「かの山東問題は、…全くの孤立だ。…日本は戦敗国たるの感がある」「日本の国格を斯くの如く下劣にしたものは、…特権階級である」と批判し、明治維新以来の外圧は改革を実現する機であるという。翌々年七―八月ワシントン会議に際し「一切を捨つる覚悟　太平洋会議に対する我態度」は「例えば満州を棄てる、山東を棄てる、…朝鮮に、台湾に自由を許す、其結果は何うなるか、英国にせよ、米国にせよ、非常の苦境に陥るだろう」、「大日本主義の幻想」は「我国が此等の地を領有し、若しくは勢力範囲とした結果、最も明白に受けた経済的影響は唯だ砂糖が高くなったことだけである」と経済的利害から論じ、前年八月の「加州の排日運動」の「加州移民引上可し」をうける「一人の労働者を米国に送る代りに、其労働者が生産する生糸を又は其他の品を米国に売る方が善い」は戦後の高度成長をさきどりする感があり、さらに「支那と提携して太平洋会議に臨むべし」と論ずる。柳田が急激な人口増加の解決策として平和的な移民の適地をさがしつづけた点や、一九二九年井上準之助蔵相の金解禁の賛否で、両者が相違するのは、農村か都市か立脚点によるリアリティの差異によるものであろうか。

七『しがらみ草紙』に李賀の五言律詩「七夕」の尾聯をふまえる「銭塘蘇小々更値一年秋といへる詩のこゝろを　このゆふべひと葉こぼるゝ柳ばし　あそびかいへも秋やしるらん」という短歌が掲載されたのは開成中学校に編入する十六歳である。

I　建武式目の説得術《レトリケー》

人凶非宅凶

太平記にはみえないが、建武三年（一三三六）十一月七日に答申され、室町幕府の設立宣言と位置づけられる建武式目は、まず「鎌倉如元可為柳営歟、可為他所否事」という設問に対し、以下のように論を展開する。

他所にうつるのは容易でないうえ、鎌倉は頼朝、義時が天下を併呑した武家にとって「吉土」といいうる地である。しかし、所領や権力を集中し驕りをきわめて滅亡した反省にたたなければ、他所であっても二の舞となる。秦漢、隋唐は都がおなじでも王朝の長短の差がいちじるしいように、「居処之興廃、可依政道之善悪、**是**人凶非宅凶**之謂也**」と。

末尾の「是…之謂也」は、たとえば『春秋左氏伝』宣公十六年の「諺曰、『民之多幸、国之不幸也』、**是『無善人』之謂也**」では、この諺が「善人なし」という意味だと説明する。しかし、「**人凶非宅凶**」より「居処の興廃は政道の善悪によるべし」のほうが意味は明確である。

建武式目の約八十年前の『古今著聞集』（建長六年〔一二五四〕十月中旬序）巻第十七恠異の冒頭には「恠異のおそれ、古今つゝしみとす、しかあれども、彼白氏文集凶宅詩にいへるがごとく、**人凶也、非宅凶**、もろ〳〵の恠異もさこそ侍らめ、なずらへてしるべき事にや」とある。

「凶宅詩」とは

この「凶宅詩」は『白氏文集』巻一諷諭の四番目にみえ、尊氏兄弟は庶出なので、どの程度継承しえたか不明であるが、貞氏の正室がでた金沢氏は特に学問の受容に熱心で、金沢実時が「自康元之初年〔一二五六〕初冬中旬四日、至正元之初暦〔一二五九〕初冬上旬七日」『白氏文集』を抄出した『管見抄』にも「凶宅詩」がみえる[二]。

そこに住んだ将相や公卿が死んだり配流されたり四、五人もあいついで災いにみまわれた長安の大邸宅をえがく詩の前半は『源氏物語』で夕顔が怪死する某院などの描写にも利用されたとして有名であるが、直接関係ないので割愛し[三]、その原因を合理的に説明する後半のみを引用しよう。

嗟嗟俗人心、甚矣其愚蒙、**但**恐災将至、不思禍所従、我今題此詩、欲悟迷者胸、凡為大官人、年**禄多**高崇、**権重**持難久、位高勢易窮、**驕**者物之盈、老者数之終、四者如寇盗、日夜来相攻、仮使**居吉土**、孰能保其躬、因小以明大[四]、借家可諭邦[五]、**周秦宅崤函**、其宅非不**同**、一**興八百**年、一死望夷宮、寄語家与国、

すなわち、家で国をたとえることわりつつ、たとえ「吉土」にいても権、位、驕、老による「人凶」はさけがたいとして、宅の吉凶論を否定する[六]。

これをうけて建武式目には

就中鎌倉郡者、…於武家者、尤可謂**吉土**哉[七]、爰**禄多権重**、極**驕**恣欲、積悪不改、果令滅亡了、縦雖為他所、不改近代覆車之轍者、傾危可有何疑乎、夫**周秦**共**宅崤函**也、秦二世而滅、周闡**八百**之祚、隋唐**同居**長安也、隋二代而亡、唐**興**三**百**之業矣、然者**居**処之興廃、可依政道之善悪、是**人凶非宅凶**之謂也、

とあって、太線部は字句まで合致、傍線部はほぼ対応しており、鎌倉は武家にとって吉土かもし

れないが、所領、権力を集中しておごりをきわめたので滅亡してしまった。しかし、たとえ他所でも積悪をあらためないかぎりおなじで、政権の長短は政道の善悪によるとし、最後に「凶宅詩」の「人凶非宅凶」に依拠して立論していることをあかす。つまり、「鎌倉は吉士であるから幕府をおくべし」という論を、白居易の「土地に吉凶なく、吉凶は人の善悪による」というテーゼで論破すると同時に、善政をおこなうべくことを暗示して、つぎの「政道事」へとみちびくのである。

衆人之情

しかし、それでは幕府はどこにおくのかということたえにならない。勘文のつねとして、「哉」「乎」「歟」といった助辞を多用し慎重に断定をさけて上位者に最終的な裁決権を保障するものの、のこるは「但諸人若欲遷移者、可随衆人之情歟」という一文のみである。形式上は但書が結論という奇妙な印象をあたえるが、内容から「但」は「凶宅詩」の「但恐災将至」同様、「ただ（只）」とよむべきであろう。

建武式目は「衆人之情」についてなにも説明しないが[八]、六十数年後の応永九年（一四〇二）今川了俊『難太平記』は「只御当家の御中に天下をもたせ給ひて、政道のたゞしかるべきを可仰と…我等も思ひなしゝを、…」と応永の乱当時の心境をかたり、観応の擾乱についても「諸人の存様は大休寺殿〔直義〕は政道私わたらせ給はねば捨がたし、大御所〔尊氏〕は弓矢の将軍にて更に私曲わたらせ給はず」とのべ、足利氏に限定してではあるが、「政道」次第で「諸人」の支持がきまるとしている。

どうやら衆議はすでに一決しているにもかかわらず、頑強に「吉士」論を主張して鎌倉に固執する上位者があり、その説得が眼目であったらしい。ちなみに「レトリケー」は単なる修辞にとどまらず説得術とも訳される。

では衆議の論拠はなにか。当時の客観情勢は後醍醐が尊氏と和睦して叡山をおりたものの、皇太子恒良親王を新田義貞とともに北陸におくったのをはじめ再挙を期して京都包囲網をはり九、このむとこのまざるとにかかわらず、主力が鎌倉にくだれば元弘の再演になるのは必至であった。

干戈未止

建武式目では是円の跋が「方今諸国干戈未止、尤可有跼蹐歟」との評につづけ、「古人曰、居安猶思危、今居危盍思危哉、可恐者斯時也、可慎者近日也、遠訪**延喜天暦**両聖之徳化、近以義時泰時**父子**之行状、為近代之師、殊被施万人帰仰之**政道**者、可為四海安全之基乎」と首尾一貫して警鐘をならしている。ただし、奥書に「永仁四年〔一二九七〕二月十一日書終之、本抄在之」とある六波羅奉行人の御成敗式目注釈書『関東御式目』が端書を「正直先、尭舜耳**延喜天暦**上世反、源右幕下武州禅門徳**政**違哉、**政道**義大意至要不審已散、式目文入義披ヘシ如何」とむすんでおり一〇、「延喜天暦」と頼朝義時泰時らを対比にするのは、すくなくとも是円以前から鎌倉後期の通例であったかとおもわれる。泰時といえば御成敗式目による善政が連想されるが、奥書には藤原俊国に対し「僕又申云、武州禅門崇徳院後身ト申説候」とあって、京都では三上皇の配流を後白河院の子孫に対する崇徳のリヴェンジと恐怖したことをものがたる一一。「頼朝義時」をずらした「義時泰時父子」は、泰時が承久の乱で上洛したまま六波羅にとどまった点に留意すると、いまはまだ危機のただなかにあり、鎌倉にくだる状況にはないと反復強調しているかもしれない。

そうした情勢を無視して鎌倉にかえろうなどというのは、尊氏をおいてほかにあるまい。形式的には和睦した後醍醐をふたたび配流するわけにもいかないし、そもそも元弘の遠流は失敗におわっている。とすれば、後醍醐の脱出をきいた尊氏が「吉事」（『梅松論』）といったというのは奇妙なようで実感かもしれない。光明天皇践祚の二日後、八月十七日清水寺への願文で「この世は夢のごとくに候、尊氏にたう心たはせ給候て、後生たう心たすけさせをはしまし候へく候、猶〳〵とくとんせいしたく候、たはせ給候へく候、今生のくわほうにかへて、後生たすけさせ給候へく候、今生のくわほうをは直義にたはせ給候て、直義あんをんにまもらせ給候へく候」と遁世すらねがった尊氏が、京都は直義にまかせてかえりみず鎌倉にかえることを主張しても不思議ではない。

これに対し、前月十八日直義の願文は「右、新田義貞誅伐事、百戦百勝之良策、千手千眼之利生也、所以者何、清水寺之本尊、擁護**幕府**尊氏卿幷直義之験、兼日奇瑞有有先兆、…左馬頭源朝臣（花押）」と現実的である。「幕府」は、尊氏願文の翌十八日北野天満宮への条々にも「爰**幕府**左兵衛督尊氏幷左馬頭直義、依被院宣、所令誅伐逆悪之奸臣義貞之党類也」とあり、前年中先代の乱で東下した尊氏に後醍醐があたえた「征東将軍」であろうか。

実際、尊氏は前年中先代の乱で東下したときも鎌倉をうごこうとしなかったし[11]、一六年後観応の擾乱で直義をやぶって鎌倉にはいると、南朝軍が再度入京し三上皇、皇太子らが拉致されるという緊急事態にも、なかなか関東をはなれようとしない。

ここで想起されるのは寿永二年（一一八三）十月宣旨である[12]。かりに後醍醐が尊氏と十月宣旨のような休戦協定をむすんでいれば、尊氏は鎌倉にかえり、後醍醐は子孫に天皇家をつがせる地位を確保したであろう。建武式目は、後醍醐との和平協定が不可能ゆえに京都駐留が必要であると看破したうえで、以下に京都に柳営をひらいた際の政道をとく。その意味で、十月宣旨と建武式目を幕府成立のメルクマールとする佐藤進一説は一貫している。

同様に江戸幕府も大政奉還をへて鳥羽伏見の戦後、大坂から脱出した慶喜によって陸軍総裁に起用された勝海舟が江戸を開城し滅亡する。そもそも慶喜は徳川宗家を継承したのちもなかなか将軍職につこうとしなかったし、鎌倉以来幕府の当主と将軍がイコールでないのは、執権と得宗、天皇と治天の君の関係にひとしいが、さらにさかのぼって持統太上天皇などについてはのちに検討しよう。

それはさておき、この時期に幕府の成立をもとめるのは佐藤がはじめてではない。『平家物語』と『太平記』がこのあたりに「征夷将軍補任」というまったくのフィクションをおいているのである。両作品は一般に史実から随分はなれた記述がすくなくないし、十月宣旨や建武式目をしらなかったかもしれないが、この時期の画期性を感得したのであろう。

人衆と雑訴決断所

さりとて、「近代覆車之轍」といえば、鎌倉幕府のあとに建武政権の失敗がある。京都に幕府をおくとすれば、駐留が長期化する将兵の軍規粛正（第一―三条）、駐留の対象となる京都の安定振興策（第四―六条）、国司の職務を吸収する守護の任用（第七条）、日常的に公家や寺社の運動の対象となる将軍周辺の綱紀粛正（第八―十四条）、同様に裁判の粛正（第十五―十七条）といった規定が必要となるのみならず一四、必然的に公家と日常的に接触することになる。したがって、建武式目の答申者として署名する是円、真恵兄弟をはじめ「人衆」の明石民部大夫〔行連〕、布施彦三郎入道〔道乗〕が交名にみえる雑訴決断所のような公武混合の組織をとるのかどうかという問題が浮上する。二番に結番する是円は尊氏兄弟の伯父上杉道勲（憲房、正月京都で戦死）や布施道乗と同僚であり、東海道を担当したから鎌倉にいた直義とも関係があった。しかし、武家関係では決断所のメンバーでも高師直や二階堂成藤、太田時連などではなく、政治的に無色で比較的地味な実務派のヴェテラン法曹官僚をえらんだとおもわれる。
のころ、太田七郎左衛門尉は経験からみて貞宗で、おそらく鎌倉の直義のもとで奉行人をつとめていたのであろう。太宰少弐は少弐頼尚しかあるまい。『梅松論』がえがくように、鎌倉から上洛してやぶれ九州に下向した尊氏兄弟再上洛の功労者で武将のイメージがつよいが、雑訴決断所にも道勲のほか、高師直や楠木正成、名和長年ら武士もいる。しかも、もともと大宰府官人の家系であり、伊賀兼光や二階堂道蘊と同格として奉行人の列にはいってもおかしくなく、明石行連は八番西海道担当である。直義は鎌倉にいて六波羅奉行人とは関係がうすいうえに、事実上京都への遷移を答申する建武式目にとって「人衆」の京都色はプラスにならず、鎌倉と鎮西の代表をくわえたのではなかろうか。

『是円抄』の撰者が答申者にえらばれた理由はすでに笠松宏至がとくとおりである[一五]。『是円抄』は奥書しか現存しないが、散文的な法書とはことなり、「或因循而加補益、或相反而成文理、但庸浅之性、旁迷比附、銓譔之趣、定多紕繆歟、雖為桒門之質、猶携李曹之文」と駢文でかかれ、建武式目にちかい。たとえば、最後の対句は雖／猶、為／携、桒／李、門／曹、桒門／李曹と字々句々、助字、動詞、木、建物、職分の対をなしている。最後の質／文は『論語』雍也に「質勝文則野、文勝質則史、文質彬彬、然後君子」とある重要な対概念である。

貞永元年（一二三二）九月十一日御成敗式目の制定について北条泰時は六波羅の弟重時に「武家の人への計らひのためばかりに候、これによりて京都の御沙汰、律令のおきて聊も改まるべきにあらず候也、…京都人々の中に謗難を加事候はゞ、此趣を御心得候て御問答あるべく候」とかきおくった。つまり、式目は武家のみを対象とし、公家法、律令に抵触しないというのだが、八十年後これを「彼式目者、別立法制、不当律令云々」と定式化しつつ、ただちに「然案之、是雖破律令、皆為律令之条流、式目者亦雖非法意、終帰法意淵奥」と逆転させ「仍五十一之条目、悉引律令格式之正文、或因循而加補益、或相反而成文理」と実践してみせたのが『是円抄』である。明法家は本来法意に反することでも律令格式からみちびきだしてみせるのであるから、式目も単なる応用問題にすぎないであろう。明法博士、大判事や花園院の侍読をつとめた故中原章任の弟たちという名門の明法家が保証するのであるから、武家法で十分となる。

逐武家全盛之跡

したがって、政道事冒頭の「右、**量時**設**制**、和漢之間、可被用何法乎」という設問に対して、「先逐武家全盛之跡、尤可被施善政哉」と前項の結論により鎌倉という居処を消去してみせる。「量時設制」は『関東御式目』端書にいうように「弘仁格式序」の「格則**量時**立**制**」をふまえるが、『類聚三代格』巻一以外に『本朝文粋』巻八にもおさめられている。さらに『毛詩』文王などの「**済済**多士」をふまえつつ「宿老評定衆公人等**済々**焉、於訪故実者、可有何不足哉」とこたえうる。建武政権のように公武混成部隊によらずとも旧鎌倉幕府のスタッフで十分だというのである。このように、是円兄弟の役割は武家法の自立までで、これ以後、光厳院が再興につとめた院文殿で坂上明清と対論するものの一六、幕府関係の史料にはみえない。

つづく「古典曰、**徳**是嘉**政**、**々在**安**民**云々」は、『尚書』大禹謨の「**徳**惟善**政**、**政在**養**民**」に朗詠の「**徳是**」(「**徳是**北辰、椿葉之影再改、…」大江朝綱)を加味するなど一七、「尤可被施**善政**哉」との重複をさける以外は一般的な字句にかえている。さらに白居易の新楽府「八駿図」の「一人荒楽**万人愁**」をふまえて一人＝後醍醐を批判し、『太平記』巻第十三竜馬進奏事で後醍醐の不興をかい遁世した万里小路藤房の諫言に通じる「早休**万人愁**之儀、速可有御沙汰乎」で、建武政権の混乱を収束させることを要求する。

藤房は『太平記』において、三諌を実践した理想の人物とされている。三諌とは『礼記』曲礼下に「為人臣之礼、不顕諌、三諌而不聴、則逃之、子之事親也、三諌而不聴、則号泣而随之」とあるように、しばしば諌めてきかなければ、去ることをいう。親―子関係は選択できないが、君―臣関係は解消できる。正成もまた後醍醐に尊氏との和睦を勧告していれられず湊川で死ぬ。二人をうしなった後醍醐は京都をさらざるをえない。

司馬遷は武帝に諌言して宮刑をうけた。それでも死ななかったのは『史記』を完成させるためである。『史記』伯夷列伝第一では伯夷叔斉が紂を伐とうとする周の武王を諌めていれられず「義不食周粟」として首陽山に餓死する。こうした諌言は儒臣の伝統であり、白居易の作品もその実践である。したがって後醍醐の失敗にまなぶことは尊氏に義務づけられる。

『本朝文粋』の意見封事

こうして「其最要粗註左」と各条にはいるが、たとえば、第一条「可被行倹約事」の「**富者**弥**誇**之、**貧者恥**不及」は三善清行「意見十二箇条」の第二条「請禁奢侈事」の「**富者誇**其逞志、**貧者恥**其及之」をふまえるものであろう[一八]。さらに「**綾羅**錦繡…、**俗之凋**弊無甚於此」も『政事要略』第五十一、寛平八年（八九六）九月十九日太政官符の「時**俗凋弊**」やうえにあげた菅原文時の「一、請禁奢侈事　右**俗之凋**衰、源自奢侈、…麗服美衣、貧富同寛其制、…私門求媚之饋、剪**綾羅**而敷器、**富者**傾産業、**貧者**失家資、…**伝曰**、上之所為、人之所帰、昔**呉王好剣客**、**百姓瘢瘡**、**楚王好細腰**、**宮中多餓死**、…只欲従上之好」にもとづく。この「伝曰、…」の太字部分は『後漢書』馬援列伝そのままで、『関東御式目』や政連諌草などにもひかれるが、挿入部分は第十二条では『貞観政要』

任賢の「上之所好、下必随之」による[一九]。鎌倉時代の公卿僉議では、唐の故事は新旧唐書ではなく『貞観政要』によることがおおかった[二〇]。

第七条の「諸国守護人殊可被択政務器用事」の「守護職者上古之吏務也、国中之治否只依此職」という有名な一節は、清行、文時の両封事とともに『本朝文粋』巻第二意見封事所収の「公卿意見六箇条」第三条「択国守事」の「国主者古之刺史也、当仁之人、不可多得、…宜試於一国、明知治否」による。弘長三年（一二八〇）八月十三日の公家新制にも「可撰其人任諸国守事」とあるが[二一]、唐の太宗の貞観十一年（六三七）功臣世襲刺史詔の「但今之刺史、即古之諸侯、雖立名不同、而監統一也」あたりをふまえるのかもしれない。

以上のように『本朝文粋』所収の意見封事はすべて建武式目に利用されているが、「公卿意見六箇条」は採択されて天長元年（八二四）八月廿日太政官符として出され、『類聚三代格』巻第七にも収録されている。これらは紀伝、明法両道の接点といえよう。

玄恵――足利家のイデオローグ

玄恵法印は『太平記』の随所で活躍するなど多分に伝説化しており、南北朝後半以降の和刻本『詩人玉屑』巻末の「本云、　茲書一部批点句読畢、…　正中改元（一三二四）臘月下澣　洗心子　玄恵誌」という識語も仮託という[二二]。建武式目の前月の粉河観音戸帳敬白や貞和三年（一三四七）の『後三年合戦絵巻』詞書の草進もなお検討の余地はあろうが、足利将軍家のイデオローグと目されたことをものがたる[二三]。元応元年（一三一九）閏七月廿二日花園院が中原章任から令説をうけた夜、「今夜資朝公時等、於御堂殿上局談論語、僧等済々交之、朕窃立聞之、玄恵僧都義誠達道歟、自余又皆談義勢、悉叶理知」と絶賛したのをはじめ[二四]、貞和三年（一三四七）十月六日明導談、恵達聞書『止観義例猪熊鈔』四、本奥書の割注に「此間孝経談義一片已、北隣上岡為群衆人談之、玄恵法印」、『園太暦』観応元年（一三五〇）三月二日「伝聞、今日玄恵法印円寂云々、文道之衰微歟、天下頗不問文王没歟、不便々々」にいたるまで同時代にも文名、ことに談義の名人とうたわれた二五。『太平記』巻第二十七直義朝臣隠遁事付玄慧法印末期事にも「其後無程法印身罷ニケリ、慧源禅巷哀ニ思テ、自此詩ノ奥ニ紙ヲ継デ、六兪般若ノ真文ヲ写シテ、彼追善ニゾ被擬ケル」とあるが二六、直義は尊氏ら三十二人によびかけて四十九日に『玄恵法印追善詩歌』をあみ紙背に『金剛般若経』を書写した二七。漢詩は真弟の祖曇をふくむ禅僧と序の藤原有範ら南家の儒者がほとんどで二八、和歌には尊氏兄弟のほか、冷泉為秀、慶運、頓阿、兼好らもみえる。

「関東」の儒者

さて、建武式目人衆の筆頭「前民部卿」は有範の父藤原藤範で、前年正月前権中納言平惟継とともに文章博士に任じられたが、大納言以上の八省の卿兼任と同様二九、従五位下相当の文章博士は公卿にとって前代未聞で、決して名誉ではないから十年以上も前の前官をしるしたとみられる。建武、延元の年号などで諮問された惟継とことなり三〇、「関東」に縁がふかい。祖父茂範が建長五年（一二五三）後嵯峨の命で将軍宗尊親王の侍読として下向して以来三一、父広範は儒者の最高位である式部大輔に任じられながら鎌倉で改元の勘申にも応ぜずに死に、兄具範も死んだため、藤範は元亨三年（一三二三）一族を動員して北条貞時十三廻忌の願文を草した。後醍醐は「関東」の儒者をとりこもうとしたのであろう。かりに足利兄弟と旧知でなかったとしても関東出身の公卿同士が接近したのは自然である。

石清水八幡宮護国寺願文

周知のとおり「建武」は漢室を中興した光武帝の年号である。藤範が草した建武元年（一三三四）九月石清水八幡宮護国寺供養願文は『新古今和歌集』序の「**伏羲**基皇徳而四十万年、異域自雖観聖造之書史焉、**神武**開帝功而八十二代、当朝未聴叡策之撰集矣」にならって、中国、日本の最初の帝王とされる三皇の伏羲と神武天皇からときおこし、「以仏法繁昌之代為聖代、以神道恢弘之時為明時」として仏教伝来と石清水鎮座につなぎ、「於戯緯須率由上古、故追往代之礼度、世是庶幾中興、故出節倹之法令、帳無文繍、衣用澣濯、彼二帝之行、予小子為師」と醍醐村上どころか神武応神を師として「僧中倹約事」を発令したと自画自賛する（二一）。

しかし在位の前半十六年は「居九五位、送二八廻之間、禎祥之符叵彰、只慕**華**苹**於春**王霊**圃**之露、**泰平**之字未覩、争得**瑞木**於**代宗成都**之風」と泰平とはいえなかったという。後醍醐は在位のまま隠岐にいたと称し、建武元年は後醍醐の践祚（居九五位）以来十七年目であり、正月の改元によって過去の十六年（送二八廻之間）と訣別し新時代を画する。典拠は張衡「**東京**賦」（『文選』）の「植**華**平**於春圃**、豊朱草於中唐」から中唐の代宗を連想して「**代宗**大歴十二年、**成都**府人郭遠、因樵爨獲**瑞木**一茎、有文曰天下**泰平**」（『太平御覧』木部二）を対置する（二二）。安史の乱における唐室の蜀への避難を通じて、元弘の乱と後醍醐の隠岐配流を暗示し、そこからの復活を謳歌するのである。

さらに「**東京**」は後漢の光武帝の都洛陽であるから、光武―高祖と後醍醐―応神を、皇帝―宗廟と「建武」という同一の年号において対比させた後段の「昔光武之闢遠祖高皇之霊廟也、崇二百年之曩好也、今眇身之営宗祖応神之精舎也、敬八十世之往因也、彼者**建武**第二之暦、設祭礼於雒陽城之春風、此者**建武**第一之年、修福恵於雄徳山之秋月、一天均統之化、和漢相似、四海雍熙之槃、古今蓋同」につながる。以上摘記しただけでも対句がたくみに和漢、神仏、古今のダブルイメージに利用され、伏羲―神武のセットは高祖―神武という連想を封じる伏線となっている。ちなみに山号の「雄徳山」は「男山」のあて字（ヲ - トコ）である。

これからみて藤範は玄恵とともに建武式目の総論の部分におおきく関与したとみられるが、翌年死ぬ。その子有範は禅律方頭人をつとめ、『太平記』高倉殿京都退去事付殷紂王事で直義に義詮を讒言したとされるように直義の側近で、従兄の言範とともに北国にむかう直義に同行したのち帰京したものの、鎌倉後期以来繁栄した南家も、式家など他の儒者とともに南北朝のうちに断絶する。大江氏は諸大夫となり、のこるは菅原氏のほか、足利氏と婚姻関係をむすんだ日野家のみとなり、漢詩文の主要なにない手は禅僧にうつる。

幕府・関東・柳営・武家

ここで建武式目にもちいられた「柳営」「武家」やもちいていない「幕府」「関東」という語彙について検討しておこう。あくまで語彙の用例と意味内容であり、歴史学の概念としてではない。

平安時代の「幕府」

「幕府」の語を最初にもちいた日本人は伝存するかぎり、『入唐求法巡礼行記』の円仁らしい。近年中国で唐代語の宝庫として研究されているが、この書で学位論文をかいた、のちの駐日大使エドウィン・ライシャワーにとって「幕府」は漢語（中国語、ただし日本音にちかく bak–fu と表記している）だったからか、日本史用語としてもちいるのは晩年である。開成五年（八四〇）九日条に「和尚自将牒到青州節度府、的合得公験」、廿二日条に「節度副使張員外入寺来相見、又見幕府判官、姓蕭名度中」、四月三日条に「幕府判官差行官一人送過城門、幕府従初相見之時、心極慇懃」とあり、安史の乱後唐全土に分立した節度使（府）、藩鎮をいうが、最後の例では「幕府判官」その人をさす。この語は三千院本『慈覚大師伝』にひきつがれるが[三四]、『日本三代実録』にみえず中絶する。

ついで延喜七年（九〇七）季春（三月）一日の三善清行『藤原保則伝』には、元慶の乱の際、鎮守将軍に任じられた小野春風が、わかいころ辺塞に遊んで「夷語」を解し、単身武装を解き敵陣に乗りこんで説得したところ、「於是夷虜叩頭拝謝云、…願改迷途帰命幕府」とあって、鎮守府将軍小野春風をさす。円仁がリアルタイムで唐代の現実をしるしたのに対し、清行は『史記』『漢書』などの塞外で匈奴とたたかう将軍の陣営をふまえる。

以上の三例につづき平安時代の用例に

④菅原文時「為清慎公請罷左近衛大将状」天暦九年（九五五）九月十七日『本朝文粋』巻五「帷帳無籌、何高枕於幕府、車甲難練、寧緩帯於轅門」

⑤藤原雅材「弁散楽　散楽得業生正六位上行兼腋陣吉上秦宿禰氏安対[三五]」応和三年（九六三）六月　日『本朝文粋』巻三「安本忠之伝　相撲、勧酒以進親衛之幕府、藤醜人之習傀儡、捧脯而弄承香之簾前」

⑥大江佐国「初冬述懐」『本朝無題詩』巻五「年景送迎雖足悽、興余幕府望高低」

⑦大江佐国「初冬遊泛西河」『本朝無題詩』巻七「幸従幕府承徴辟、舟裡望山興味頻」

がある。④、⑤にあきらかなように近衛府をいい、⑦ではその職にある人をさす。④は後段の「隴山雲暗、李将軍之在家、潁水浪閑、蔡征虜之未仕」が『史記』李将軍列伝「李将軍広者、隴西成紀人也」、『後漢書』祭遵伝「祭遵字弟孫、潁州潁陽人也、…建武二年春、拝征虜将軍」をふまえるように漢代の用法にもとづくが[三六]、『和漢朗詠集』将軍に採録されたのみならず、行疫神がこの句によって文時の家をさけたという説話（『江談抄』）をうむほど名句として喧伝され、室町末期、三条西実枝『三内口決』の「一幕事、禁中左右近之陣有幕、大将ヲ号幕下事者、此子細ニ候」と同様な理由で、「幕府」がもっぱら近衛大将の異称とされたのであろう。

しかし、一般的な文書や物語、日記文学などにはみあたらず、円仁関係をのぞいて紀伝道の儒者が詩や駢文のような技巧をこらした文章でもちいる詩語的な語彙であり、紀伝道成立以前もふくめてかりに「紀伝語」とよぼう。これに対して、たとえば「国王」は『妙法蓮華経』などの漢訳仏典に多数みえ、紀伝道では大江匡衡あたりが願文など仏事関係でもちいはじめた「仏典語」であるから、慈円の語彙であるのは当然である。

鎌倉の諸相

ところが鎌倉時代にはいるころ、右大臣藤原兼実の『玉葉』元暦元年（一一八四）十二月一日条の「藤中納言定能窃告送云、定房卿依執柄推挙、有可任幕府之儀云々」は近衛大将をいい、兼実の家司藤原長兼の『三長記』建久六年（一一九五）八月二十九日条「参幕府、被講両篇詩」などは兼実の子左大将良経をさす。長兼は信西の外孫である。

『漢書』を自書し、藤原藤範の高祖父孝範にまなぶ藤原定家の『明月記』治承四年（一一八〇）九月条「紅旗征戎非我事、陳勝呉広起於大沢、称公子扶蘇項燕而已、称最勝親王之命徇郡県云々」が白居易や史漢をふまえることでしられるが、右大将西園寺実氏に関する「幕府」が多数みられる。

『実躬卿記』弘安十年（一二八七）十二月廿二日条がひく『長兼卿記』「建暦元十三、晩頭参**幕府**」は左大将九条道家。その『実躬卿記』には正応五年（一二九二）五月十六日条「仍即申出聞書披見、両**幕府**、凡非所及言語、驚目了、委見除書、…即東隣ノ新亜相亭へ行向賀之、抑前右大将事如何、相語曰、新**幕府**両人同時可被任之由、被思食、…左幕又、任大臣之時文不可申子細、依上首任左者可下右之由、同進請文、…今夜予行向右幕下許」以下で多数近衛大将をさす。以上のように、鎌倉時代には散文の日記に近衛大将を意味する「幕府」が散見するようになった。

文書については以下のとおり。

①高野山住僧解状案　延応二年（一二四〇）二月　日　自有　勅許、已被宣下了、…雖然、若無**幕府**《武家》御裁定者、難知編戸之承伏也、

②最勝金剛院御八講表白案　寛元四年（一二四六）三月三日　宗性『春華秋月抄草』十二　三所摂禄之為賢息也、大麓之風久扇、将軍二代之為後胤也、滝山之雲永伝、子葉之学仏法也、蔓南都北嶺、長顕宗密教、孫枝之仕帝道也、帯蒸相**幕府**、兼竜作詞林、

③藤原茂範啓状　（年不詳）二月廿五日　被優文筆之労、宜垂**幕府**之哀者歟、

④源惟康願文　文永十一年（一二七四）十一月日　重請弟子依此善根之功力、便満悉地之願念、四海静謐、**莫府**繁昌、凡厥六趣、併赴一如、敬白

⑤北条時宗申文　弘安六年（一二八三）七月日　然則善苗不粃、普灑法雨於九州、禅枝成林、鎮伝梵風於億載、寰宇艾安、**幕府**蕃昌、

⑥山城北野社一切経書写勧進疏　弘安七年（一二八四）八月　菅原高能　蓋依東関**幕府**之宿賽、被寄西鎮両箇之所領、

⑦関東御祈祷寺々御下知案 正安元年（一二九九）十月五日 右得心恵上人解状偁、…面□［ ］、連々行業、深奉祈**幕府**之栄彩、莫不□□地之円満、

⑧永陽門院願文 嘉元三年（一三〇五）七月十日 加之銀牓之儲皇者又孫枝也、**幕府**之将軍者又子葉也、…草大学頭雅範朝臣

⑨円覚寺僧表白（『拾珠鈔』第六） 応長三年？（一三一三）二月二十二日 何況、外雖輔佐将軍之**幕府**、内専朝崇帰仏之信水、

⑩金沢顕時十三回忌諷誦文 正和二年（一三一三）三月二十八日 又令征夷大将軍之**幕府**、同献道士尹［ ］観、 弟子正五位下行武蔵守平朝臣貞顕敬白 草 従二位行勘解由長官菅原朝臣在兼三七

⑪後伏見上皇書状 元応元年（一三一九）八月二十二日 兼季卿**幕府**事、只今披見聞書候、承悦無極候、凡子孫官位昇進、追時日如所存候、

⑫金沢貞顕回向文案 元徳三年（一三三一）十二月六日 陪上将軍之**幕府**、以執戎政繁須之柄、昇中大先之位階、以至匠作権尹之官、…已上藤範草也（見消）

⑬金沢盛時回向文 正慶二年（一三三三）三月二十六日 久列**幕府**之近侍、予参菟園之月、遂歩崇班之吏途、寓直玉藩之花、

駢文が基本

まず注目されることは、①も引用部分など一部をのぞいて駢文で、近衛大将を意味する⑪をのぞいてすべて基本的に駢文でかかれ、鎌倉将軍をさしていることである。③⑥⑧⑩⑫は紀伝道の儒者の作で、⑤や⑬も同様であろう。②の宗性は、孝範の師にあたる南家の儒者藤原永範の外孫で『日

本高僧伝要文抄』など仏教関係の膨大な編著のほか『白氏文集要文抄』を著している。「燕相幕府」は「大臣大将」のヴァリエイションで、九条、二条、一条家と摂家将軍の祖にあたる道家のためにかいたものである[三八]。

茂範は宗尊の翌年とおくれて下向したため側近の藤原親家とは待遇に差があり、③では「可被崇文道事」「可被尊師読事」「可被優筆削事」「可被中抽奉公事」「可被施恩沢事」ともっともらしく「思斉」（『論語』里仁）と皮肉っぽく改善を要求した。「二月廿五日」とのみあるが、康元元年（一二五六）か[三九]。文永元年（一二八四）文章博士として帰洛したのちも鎌倉との交渉はたもった。二年後宗尊が送還されると、その翌年には作文を管領しており、宗尊の和歌の『文選』の影響は茂範の教育によるものであろう。

④の宗尊親王百箇日の願文の作者は鎌倉京都を通じて関係がふかい茂範をおいてなかろう。「以招賢俊、孰与燕昭台之置黄金焉」「周詩和語、天縦之才瑩詞」といった字句には師としての茂範のプライドが感じられる。前者は『蒙求』にも「燕昭築台」とあり、「先従隗始」でしられる燕の昭王が賢才をまねいた故事をいう。「幕」は「暮」「漠」などとともに後漢ごろ「莫」に部首をくわえてつくられたあたらしい字で、『史記』では「莫府」がおおく、注にも「莫、大也」とする誤解がある。江戸時代の儒者にはみられるが、鎌倉時代の用例はめずらしく、「莫」を無にかよわせて数字の「四」と対にしたのであろう。

『鶴岡社務記録』に「（建久）六乙卯正月十三日右幕府社参。八丁巳正月十四日、右幕府社参」とあるが、後世の編纂物であり、当時の表現かどうか不明である。もちろん征夷大将軍ではなく、前右大将源頼朝のことである。おなじく編纂物である『吾妻鏡』にも「幕府」が多数みられるが、文応元年（一二六〇）四月廿六日条の「将軍家御悩事、去夜女房尼左衛門督局有夢想、一人僧告申云、依厳重御病不可入幕中云々、…被尋右京権大夫茂範朝臣之処、将軍御居所者、称幕府、法験炳焉之由申之」というエピソードは茂範が鎌倉に「幕府」の語をもたらしたことを示唆する。金沢文庫文書が伝存したせいか、作者は南家の儒者がおおい。さらに、鎌倉で愛好された宴曲（早歌・郢曲）の「山」には「大樹栄の幕府山」（宴曲集巻第五）とあり、正安三年（一三〇一）八月上旬沙彌明空の『撰要目録巻』には「藤三品作、明空調曲」とあるが、「藤三品」とは藤原広範である㊵。⑤も作者不明だが広範ではなかろうか。

総じて前代につづき紀伝道の影響下にあるものの日記にもみられるようになり、京都では鎌倉将軍の父祖以外はやはり近衛大将をさすが、鎌倉ではほぼ征夷大将軍一色となる。こうした状況のなかでさきにみたとおり建武式目成立直前、直義の文書は尊氏に「幕府」を冠する。

関東／関西ならびたたず

では京都で幕府をなんといったかといえば、「関東」である。「関東」も『続日本紀』天平十二年（七四〇）十月二十九日条をはじめ、平安末まで『凌雲集』「賦役令義解」同集解、『田氏家集』『菅家文草』、正続『本朝文粋』に九例みえる紀伝語で㊶、「あづま」や「東国」「坂東」とちがって、詩や史書などに限定的にしかもちいられていない。最後の藤原敦光勘文が『漢書』の引用にすぎないように、経書にはみえず、『史記』や『文選』など紀伝道のテクストにある、秦、前漢、唐において都咸陽、長安からみて函谷関のち潼関の東をさす語を借用したものである。

逆に後漢のように都が洛陽にあるときの「関西」とともに中心からの方向性があるので、セットではない。日本でも「関西」（関は赤間関、門司関か）は平安後期『朝野群載』巻第七の天喜二年（一〇五四）十一月「請罷太宰大弐職状」（作者藤原明衡）に「右太宰大弐者、文武兼備、智謀克諧之者、殊当朝選、…爰〔源〕資通猥将譾愚之身、謬居都督之任、名非楊公、独隔関西之誉、略異李将、難振隴頭之威」以来、『本朝無題詩』においては、九州を旅した蓮禅と親友藤原周光が西海道、九州をさす典型的な紀伝語である[42]。中国に留学する禅僧を通じて明初には一躍国際語になり、懐良親王は「関西親王」「日本国王良懐」などとよばれるが、(応安五年〔一三七二〕九月一日明使克勤が天台座主におくった書に「朕三遣使于日本者、意在見其持明天皇、今関西之来、非朕本意、以其関禁非僧不通、…又恐至而言語不通、選関東禅僧之在中国者」というのは「持明天皇」が関のむこうの「関東」にいると誤解したのであろう。

『吾妻鏡』建仁三年（一二〇三）八月廿七日条の「将軍家御不例、縡危急之間、有御譲補沙汰、以関西三十八箇国地頭職、被奉譲舎弟千幡君十歳、以関東二十八箇国地頭幷惣守護職、被充御長子一幡君六歳」を例外としてセットではもちいないが、室町ころになると、日本の半国を強調する意味で関東三十三箇国、関西三十三箇国といった表現がみられる[43]。江戸幕府は寛文八年（一六六八）秤座守随家の訴訟に対し、東海、東山、北陸三道に丹波、丹後、但馬三国をくわえて東三十三ヶ国とした[44]。しかし、江戸から明治にかけては箱根をもって関東、関西をわける用法も併存した。

　こうした後世の拡張された観念から関東を三関以東とすることがおおいが、北陸道は「以北」であり[45]、関東は鈴鹿、不破以東である。北陸道は基本的に東海、東山の「東国」と区別されて「北国」でありつづけ、吉田経房の『吉記』寿永二年（一一八三）条には「関東北陸」と併称されている。ただし、源義仲の敗死後、頼朝は勧農使比企朝宗をつかわして北陸道を接収したので、『吾妻鏡』は伊勢、美濃以東に北陸道をくわえた二十八箇国と解するのがすなおであろう。

「関東」の性格を一変させたのは頼朝の反乱である。治承四年（一一八〇）九月九日平氏の遷都にしたがわず旧都にのこった右大臣藤原兼実は福原の藤原光長からの報告をうけ「関東有反逆之聞、去五日大外記大夫史等、依召参院有評議、可追討之由、頭弁宣下、左大将被成官符」と日記『玉葉』にしるした[四六]。十一日の頭弁吉田経房の報告については「又関東事、如光長申状、」とのみある。

経房の『吉記』は十月まで欠いているが、十一月一日条には早速「雖無別事、関東事、世日遥分」とあり、六日「忽有召、以大理被仰云、関東事仰居住美濃国源氏等、且守護要害、且可令追討之由可仰遣」、九日「早旦静賢法印来臨、偏歎世事、関東事、於今者、帰故京有沙汰之外、難治之由談之、…予有労事不出仕之間、依殊召、臨夕参院、以大理被仰云、為御使可参殿下、関東事逐日陪増之由聞食、其沙汰可何様哉、御祈事等殊可有沙汰歟、…」と「関東事」がみえる。中山忠親の日記『山槐記』は十一月九日の「関東輩至于尾張美濃同其心云々」のほか「坂東」「頼朝党」もみえるが、ほとんどは「東国」である。十二月廿日の石山寺所蔵聖教目録裏文書にも「関東事、□□無申限候」とあるから、「関東事」といえば、特定の意味をもつようになった様子がうかがえる。

こののち『玉葉』に「関東」「東国」「坂東」が混在するのは情報源の用語をそのまましるしたせいではなかろうか。十二月三日、九月五日の評議にめされた大外記清原頼業、大夫史小槻隆職と個別に面会すると、頼業は「関東縦雖被征伐、謀叛之儀不可絶、必猶有大事歟、人之気色太悪ク成了」とかたり、「関東」の語をもちいたのは頼業ではないかとおもわれる。

これよりはやく、十一月十日頼業は『春秋経伝集解』第十八の奥書に「治承四年仲冬十日於摂州重見合家本畢、于時関東兵起称義挙、台岳侍乱勧還都、鶴髪前儒嗜左史、類杜預之居襄陽也、酔後之狂筆而已」と記していた。杜預は司馬昭（晋の武帝の父、文帝と追諡）の妹婿で将軍、宰相をつとめたが、みずから「左伝癖」と称するほど『左伝』をこのみ（『晋書』杜預伝）、呉をほろぼして襄陽にかえり、『春秋経伝集解』をあらわした。「経」は『春秋』、「伝」は『左氏伝』を意味し、それまで別々だったのを杜預がはじめて合体させたのである。南学の杜預の注は北学の服虔とともに唐令で『左氏伝』のテクストに併記され、日本の学令でも条文上は踏襲されたが、日本は百済の影響で南学であるから、『左氏伝』の同好者である頼業にはもっともなじみのある人物であった。乱世に『左氏伝』をよむのは同様とはいえ、一介の儒者にすぎない頼業が校合するのとではまるで境遇がちがう。「酔後之狂筆而已」とむすぶゆえんである。その頼業も戦闘と無関係ではありえなかった。三年後義仲が後白河をせめた法住寺合戦で一子親業をうしなう。このころ頼業は別の一子良業に『経伝集解』の家説をさずけていた。

では、明経道の頼業がなぜ紀伝道の語彙である「関東」をもちいたのか。たしかに明経道のテクストである儒教の経典にはみえないが、注釈書である五経正義、たとえば頼業が熟読した『左伝正義』襄公二十五年が「正義曰、方言云、囲棋謂之奕、自関東斉魯之間、皆謂之奕、蓋此戯名之曰奕」などと引用した『方言』が地域名としてもちいている。八歳年少であるから頼業はしるよしもないが、『朱子語類』に「左氏是史学、公穀是経学」「先読史記、史記与左伝相包、次看左伝」とあるように『左氏伝』は内容的には史書で、頼業が背景を理解するために『史記』をよんだとすれば、平氏に対する総反乱から秦始皇帝本紀の「左丞相斯、将軍馮劫進諫曰、関東群盗並起、秦発兵、所殺亡甚衆、然猶不止」といった秦末の状況を連想してもおかしくない。『明月記』の、以仁王の逃亡や頼朝と秦末、漢楚の故事との比較は上引したが、「関東」は翌年二月十五日にあらわれる。

「関東」は他称

兼実がはじめて「関東」という語をしるしたとき頼朝はまだ石橋山の敗戦後、安房にわたり上総権介広常につかいをおくって、ようやく態勢をたてなおす段階であり、鎌倉幕府などかげもかたちもなかった。

寿永二年（一一八三）七月廿八日義仲らが入京して、ほとんど一夜のうちに官軍と賊軍がいれかわると、卅日には頼朝、義仲、行家の恩賞など三ヶ条の大事が議されるなかに「仰曰、神社仏事及甲乙人所領、多在**関東**北陸、於今者、各遣其使、可致沙汰之由、可仰本所歟」とあるのを最後に、一旦すがたをけし人名か「東国」としるされる。

閏十月の宣旨をめぐって頼朝と義仲の関係が悪化すると「不申身暇俄可下向**関東**云々」「猶々**関東**御幸之条、殊恐申、早可承執奏之人云々」「為討頼朝可赴**関東**」などと『玉葉』にふたたび登場する。さらに文治元年（一一八五）十月義経らが後白河に頼朝追討の院宣を強要すると「去十一日始達天聴之刻、被仰義経暫抑狼藉、可被達子細於**関東**かりける事歟」とあるのをはじめ、翌月になると「仍於京都難支**関東**之武士」「**関東**諸国又依此乱不可通其路、仍中夏之貴賤可無活計之術」「**関東**武士多以入洛云々」など「関東」が「京都」「洛」「中夏」との対比でもちいられる。さらに「被下頼朝追討宣旨之間事、余申状達**関東**、有帰伏之由、世間謳歌」とあるのもつかのま、頼朝の態度は今回意外にも強硬であり、人事の一新や守護地頭の設置が断行されるが、中原親能ら京下りの官人を通じて相手がたの用語であった「関東」を採用し、交渉の過程で「関東」が定着したとみられる。頼朝の書状で内覧に推薦された兼実が経房をよんで「固辞之趣如此之由、須被仰遣**関東**也」との後白河への状を託した。

こうして「関東」が都鄙間の政治語彙として定着すると、詩語として「東関」という倒語がうまれる。ただし、「関東」が口頭語ではなく、あいかわらず文章語であったことは「せきとうのあんとのみけうそ（関東の安堵の御教書）」（『吉川家文書』三隅兼信譲状）がしめしているが、唯一の例が『東関紀行』とおなじ仁治三（一二四二）年なので次第に浸透したかもしれない。

細柳営

「柳営」が明治以後ほぼ死語になったのは、幕末以来ひろまり「自今摂関**幕府**等廃絶」と王政復古の大号令にもちいられて歴史用語として定着した「幕府」に圧倒されたためであるが、長安の西、細柳に軍した前漢の将軍周亜夫の軍規がいきとどき文帝に賞された故事にもとづく「細柳営」の省略形で、『本朝続文粋』巻三対策の藤原明衡問「弁関塞」への藤原正家対の「**柳営**春来、旌旗遥払垂条之緑、楡城秋暮、戎馬尽断落葉之紅」にあきらかなように典型的な紀伝語である。「柳」が「楡」「蓮」など、さまざまな植物と対にしやすいことから『本朝無題詩』には巻第二、藤原茂明「賦月」の「寒煙清色**柳営**静、暁霜助光蓮府幽」をはじめ四首みえ、「蓮府」は大臣をいうから具体的な個人をさしているかとおもわれるが、よまれた状況が不明であり判然としない[四七]。『吾妻鏡』には単に「営」とするものがおおく、建久六年（一一九五）十一月十九日条大庭御厨俣野郷大日堂に田畠を寄進した記事の「令専**柳営**護持給歟之由有御沙汰」という地の文一例しかないが、文治五年（一一八九）六月卅日条の奥州征伐に出陣の際、大庭景義が「軍中聞将軍之令、不聞天子之詔」とかたったというはなしもおなじ『漢書』張陳王周伝（『史記』絳公周勃世家には前の「之」がない）にもとづく。文書では文永七年（一二七〇）二月日大宰府守護所牒の「淩万里路、先訪**柳営**之軍令、達九重城、被降芝泥之聖旨」をはじめ二十数例、「細柳営」も四例みえる。このほか金沢文庫文書に「**柳**栄」が五例みえるのは佳字をこのんだのであろう。

最後に「武家」について検討するまえにまず「武士」をみておこう。あらためてことわるまでもないが、ここで検討するのは歴史学の概念としての武士ではなく、当時の文献にあらわれる「武士」はどんな語であるか、である。

　平安までの「武士」についてはすでに高橋昌明、錦織勤、桃崎有一郎が用例を調査している[四八]。「武士」はこれといった典拠をもたないものの、「武者」「もののふ」「つはもの」などとちがい、平安中期ころまでは紀伝の儒者らが『続日本紀』以下の史書か、駢文で「文人」「人臣」「行人」などと対句でもちいる紀伝語であった。錦織によれば、日記では初出の『左経記』長和五年（一〇一六）二月十七日条や『中右記』など十一世紀末までは「能射者」をさす紀伝的な用例がのこる。

　しかし、『為房卿記』永保元年（一〇八一）八月六日条「件使去月二十三日被発遣、而夜中引率随兵行向、山僧、三井**武士**入来之由已成其疑」、九月十四日条「公家遣検非違使、**武士**等於叡山」は『水左記』では「（七月廿四日条）僧等、存三井寺兵士襲来之旨、各依其疑」、「又遣検非違使幷武勇之輩、為被制止合戦」とあり、三井寺の私兵や検非違使以外の「武勇之輩」が「武士」とよばれている。これまでの個別的な技芸とことなり、攻撃にせよ、防御にせよ、集団的な戦闘力が問題となる。

　白河天皇の石清水行幸に関する十月十四日条「前下野守義家朝臣奉仕殿下前駆、其随兵五十騎在御車之後、…還御之時件義家朝臣改着布衣帯弓箭、候御輿之御後、交侍臣其外廷尉幷諸衛、三分已上堪武芸之輩、供奉近衛陣中、…布衣**武士**扈従鳳輦未曾聞之事歟（又武士数多候諸人了留守、）」を『水左記』は「下野前守義家朝臣、同義綱等、依　宣旨雖供奉、依本官、各為博陸前駆、置于郎等者、相後候云」としるす。衛府の武官や検非違使でないにもかかわらず動員される官制外の武力が「武士」の意味するところであろう。というよりも官制とは無関係に武力を専業とする集団が成立し、最高権力者が積極的に利用したということである。桃崎は「**武士**則満仲、満正、維衡、致頼、頼光」とある大江匡房『続本朝往生伝』一条天皇条が、親王、上宰、九卿、雲客、管弦、文士、和歌、画工、舞人、異能、**近衛**、陰陽、有験之僧、真言、能説之師、学徳、医方、明法、明経、**武士**という分類で、近衛と武士を区別していると指摘するが[四九]、院政期の用法を一条朝にさかのぼらせたものであろう。

これ以降、『中右記』『長秋記』『台記』『兵範記』『山槐記』『玉葉』などに多数みられるようになり、『中外抄』には康治二年（一一四三）藤原忠実の言として「為義ごときは、強ちに廷尉に執すべからざるなり、天下の固めにて候へば、時々出で来りて受領などに任ずべきなり」とあって半世紀後には常態化しており、『長秋記』保延元年（一一三五）三月十四日条「愚案、…者、指国々**武士**等交名、各給宣旨、自件賊慎歟」は諸国でも同様に正規の官制以外の武力を編成する事態が進行していたことを示唆する。『中右記』天仁元年（一一〇八）正月廿九日条「故義家朝臣年来為**武士**長者」とあり、平正盛、忠正、貞頼、源仲綱、正綱らが具体的に「武士」とよばれている[五〇]。

錦織は「武士の語義は義仲入京の頃を境に大きく変化した」としているが[五一]、平氏政権のあいだも「武士」の用法にはほとんど相矛盾する差異が存在する。一方では職掌の家業化が進行するなか、武士とよばれた正盛の孫が太政大臣、天皇の外祖父となり一族が急速に栄達したから、混乱も当然であろう。たとえば、『兵範記』嘉応二年（一一七〇）四月十九日条「此間、入道太政相国被著宇治、…前大納言、平宰相《教盛》、各駕車扈従、侍共卅余人、三方混合行列、此内**武士**一人、故家貞次男云々、郎等十騎」の「武士一人」は平貞能というが、清盛は勿論、重盛、教盛らの公卿以下、扈従すべき官職についていれば「武士」とはよばれないのに対し、『吉記』寿永二年（一一八三）七月廿五日条「一族人々周章馳出、非**武士**人、平大納言幷息中納言時実朝臣之外不聞、殿下同令扈従給、而自途中西轅逐電、物忩之間、**武士**等不知此旨」では一族の人々は「武士」となろう。

鎌倉幕府初期において公卿に昇進したのは頼朝一人でしかも鎌倉にあり、一族も一部が受領になったにすぎないからこの問題は生じない。翌寿永三年二月十九日宣旨の「武勇輩不憚皇憲、恣耀私威、成自由」は前日の口宣案では「武士等」などと若干の字句の異同があり、「自今以後、永従停止、敢莫更然、但於有由緒者、彼頼朝相訪子細、言上于官、若不遵制旨、猶令違犯者、専処罪科、曽不寛宥」とむすぶ[五二]。前年の十月宣旨と同様の論法であり、「武勇輩」に対する支配権をあたえたものといえよう。このころから「武士狼藉」を停止すべしとの文書が頻出し、かれらは頼朝にしたがうか、敵対して滅亡するか、を選択することになる。ただし、すべてが御家人となったわけではなく、非御家人もふくもう。

「武家」という「家」

こうして頼朝にしたがうものは「武士」、頼朝は「武家」とよばれるようになる。元暦二年（一一八五）四月廿二日後白河院庁下文案にひく宇佐弥勒寺所司等解状に「而近年以来、鎮西有勢土民等、或成権勢武家郎従、或称得替別当之宛文、有号地頭、有称下司之族」とあり、頼朝が従二位に叙せられるのはこの五日後であるが、この前日右大臣藤原兼実は後白河から頼朝の賞について諮問されており、公卿に列するのは既定の方針であった。「武家」は「朝家」「寺家」と対比されるとともに、令制で家令がおかれた職事三位以上の「家」に準じた用法であろう。清盛や宗盛が「平家」とよばれたのに対し、頼朝の「源家」がまれなのは村上源氏の存在によろう[五三]。ただし、頼朝自身は『興福寺牒状』の建久九年（一一九八）〔十月〕十七日書状で「頼朝奉 勅命、追討凶党之後、雖為武士之身、興隆仏法之志甚深也」と最晩年にも武士を自称している。

　天福二年（一二三四）二月十九日の尊性法親王書状の「被止向後之闘諍之儀、可被仰下武家」は

同月十四日状の「然者今日可被下此状於六波羅候、捜究両方闘諍結構之濫觴、不日可行罪科之由、可被仰下候」を参照すれば、「武家」が六波羅探題をさすことは明白で、前年四月八日状の「但近来之使庁有若亡之間、**武家**なとに被下渡候歟」や寛喜二年（一二三〇）九月山城国散在春日神人等申状の「令参六波羅殿、具事由ヲ令言上之処、**武家**被開聞食之、於自今以後者、全不可口入之由事切了」なども同様である。承久の乱後、京都や畿内近国では治安、訴訟関係の「武家」は六波羅をさすとみてよいのではなかろうか。

ただし『岡屋関白記』寛元四年（一二四六）閏四月四日条「去一日寅刻、前武蔵守平経時死去云々、…**武家**執権譲舎弟云々」のように幕府を意味する用例もつづき、『公衡公記』弘安六年（一二八三）七月廿一日条で、関東申次西園寺実兼が「**関東**所存難知之」として二十歳の長男公衡に代行させる案に難色をしめすと、亀山院は「誠**武家**存知難知、内々仰合東使、猶公―可申次」とこたえたように、対談者同士が自身の用語にこだわりつつ「関東」「武家」を同義語として会話する例まで存する。

幕府滅亡の三ヶ月前、正慶二年（一三三三）二月には東大寺申状に「而**関東**忝柏原之余裔、久宰**柳営**之賢政御之上者」とあり、関東は柏原の子孫桓武平氏の北条氏をさす[五四]。『建武記』には「於決断所可有沙汰条々」五ヶ条に対し、「関東十ヶ国成敗事」三ヶ条があげられ、成良親王を奉じた直義は伊豆、甲斐をくわえた十国を管轄しており、『師守記』康永元年（一三四二）五月三十日裏書「今日三条坊左兵衛督直義朝臣為使者、二階堂伯耆入道道本参入、家君御対面、…、聞書宣下類任**関東**例可注給云々」の「関東」は旧鎌倉幕府である。

いささかさきばしったが、建武式目が鎌倉幕府とむすびついた「関東」を直接的な「京都」とともにさけ、南家の儒者が「幕府」をおおくもちい、直前には直義が「尊氏」に「幕府」を冠していたにもかかわらず、「幕府」ではなく「柳営」をえらんだのは、前者が京都においても近衛大将を意味するながい伝統をもつのに対し、後者は政治的に無色だったからかもしれない。

「幕府」の割拠から天下布武へ

太平記は建武式目について言及しないが[五五]、語り手が「何がしの法印とかや申て多智多芸の聞え有ける老僧」と玄恵を連想させる『梅松論』末尾の「或時両御所御会合在て、師直幷故評定衆を餘多めして**御沙汰**規式少々定められける時、将軍仰られけるは、昔を聞に頼朝卿…誅罰しげかりし事いと不便なり、当代は人の歎きなくして天下おさまらん事本意たるあいだ、…」は建武式目制定の際の尊氏の「改近代覆車之轍」の弁たりえ[五六]、「両将の御代は**周**の**八百**余歳にも越、…とぞ法印語り給ひける」とことほいで「或人是を書とめて、…梅松論とぞ申ける」とむすぶ。

禅僧の用法

暦応二年（一三三九）八月十九日高師冬願文が「**幕府**之雄兵各安全、常州之梟徒悉敗亡」と十一日に将軍宣下されたばかりの尊氏を「幕府」とよぶ[五七]。雪村友梅「播州路金華山法雲相国禅寺語録」の「康永元年（一三四二）歳次壬午八月初三日、…奉**幕府**両殿」は、『梅松論』の「両御所」「両将」尊氏と直義をさす[五八]。鎌倉で『吾妻鏡』をよんだ義堂周信が義満から「関東習気未忘」（『空華老師日用工夫略集』永徳二年（一三八二）三月七日条）と非難されながらも鎌倉、京都の両公方をよび、周辺ももちいたが、建武式目が採用したためか、藤範の祖父茂範が鎌倉にもちこんだ「幕府」ではなく「柳営」が武家の専用となり、桃源瑞泉『史記抄』は「莫府」について三家注を祖述するのみで武家には言及しない。

ただし、春屋妙葩一門と明使との唱和集『雲門一曲』の、明使朱本の詩に春屋以下が和韻したなかで周幹の「**幕府**英毫孰敢斉、非将芸戦較高低、…」は朱本をさすのであろう[五九]。また今川了俊がつくらせた『日州竜興山大慈禅寺八景』には「東営秋月　東営**幕府**月明前、寅斗声驚秋夜眠、割拠焉休軍務事、車書一統見尭天、　妙楽住持　金山宗応」とある[六〇]。入矢義高は絶海中津の寄せた「東営秋月」二首」について「この二首は、この寺院全体を城郭に見立て、名将がこれを守って南海の地を制圧している見事さを称える。俊英な禅師はしばしば名将軍に喩えられるし、しかもこの寺は要害の地にあった」と注するような例もあり[六一]、禅僧の用法は多様化の傾向をみせる。

鎌倉では、円覚寺住持柏巌継趙の「**幕府**席上賦仮山水」は[六二]、『大日本史料』応永二十四年（一四一七）四月二十八日条「鎌倉府第修理成ル、是日、足利持氏、之ニ移ル」の祝賀の席がふさわしいが、江西竜派「寄関東**幕府**大総管」の「大総管」は、持氏を永享の乱でやぶり翌永享十一年（一四四〇）二月自殺せしめた関東管領上杉憲実である[六三]。

応仁の乱が勃発すると在陣のためか、「幕府」の対象が、従来の将軍、関東管領にくわえて管領をはじめ、阿波細川、大内、赤松、土岐、斯波、扇谷上杉などの有力守護大名、さらには戦国大名の朝倉孝景に関して「幕府」が使われるが、具体例は注にゆずる[六四]。唐の節度使、観察使に通じる割拠的な政治状況や出陣中の軍営に即しており、江戸時代にもつづく。

一条兼良と清原氏

一方、『兼宣公記』応永三十年（一四二三）三月二十一日条によれば、一条兼良は和歌の詠集の位置に「柳営」とかいたのが征夷大将軍義持の逆鱗にふれて「両三年籠居」したという。兼良は応永二十七年閏正月十九歳で右近大将、三月左に転じ、翌年七月内大臣に任じた。

この兼良こそ建武式目を御成敗式目とならぶ位置にひきあげたのではなかろうか。諸本のうち最古の本奥書に「右貞建之玉条、賞罰之権衡也、其源興於刑曹、其法行於武家、今以倭字易漢字者、蓋**依或求所或著也**、実可謂**初学之指南**季世之至宝矣、 寛正四年（一四六三）八月日 桃華野人御判」とある[六五]。前半は是円の跋より「是円抄序」をうけるとみられ、後半は誤写をふくむが、「初学之指南」に対応して「**依求所或童蒙也**」とすれば式目が幼学書となる過程をしめす。奥書の「此本官務殿所持也、 大永六年（一五二六）三月廿八日 越州於一乗谷観平書写之」はこの本を清原業忠にはじまる式目学に位置づけ、その地方への伝播をかたる。

しかし、無関係な清原教隆を御成敗式目の撰者として自家を称揚する清家に対し、兼良は文明十二年（一四八〇）七月将軍義尚の要請で「政道詮用」をかきすすめた『樵談治要』でも「神をうやまうべき事」「仏法をたとぶべき事」にはじまり「諸国ノ守護たる人廉直を先とすべき事」「訴訟の奉行人其仁を選ばるべき事」「近習者をえらばるべき事」と両式目からとって独自の論を展開する。さらに「足がるといふ者長く停止せらるべき事」と応仁の乱の事象をとりあげ、生母日野富子にこびて「簾中より政務をこなはるゝ事」と論旨を逆転させるが[六六]、北条政子と『仮名貞観政要』への言及は『臥雲日件録』寛正四年（一四六三）五月七日条の清原業忠が管領細川勝元に式目を講じたはなしと符合する[六七]。

業忠の玄孫枝賢は『建武式目注』の本奥書に「右一冊、**三好日向守長縁**於予懇懃令索之、雖不敏染禿筆、句々文々以仮名顕其義下其訓、当家秘伝載抄之、… 天文甲寅〔一五五四〕夏六月吉慶日大外記清原朝臣（花押）」、さらに「右式目者、中古之鳴宝、当世之亀鏡也、恰如良薬金言、故必逆

耳苦口、斉家理国之要也、于爰**松永彦六**公志於道遊於芸、餘力有寸隙、則於予索講古、如漢家唐朝、似義時泰時、豈為抜群一鶴者乎、仍備幕下、　永亥〔一五六三〕周正〔十一月〕天喜日　宮内卿清原朝臣（花押）」とあるが、二箇月後の閏十二月十四日父松永久秀から家督をゆずられる久通は、二年後には長縁ら三好三人衆とともに将軍足利義輝を殺害する。しかし、本来将軍を規制する傍線部の性格が「斉家理国之要」と久通への教訓とされたように、三好氏の分国法「新加制式」は建武式目に言及する。

元亀之年号不吉

元亀三年（一五七二）九月将軍義昭にあてた織田信長の意見書は建武式目とおなじ十七箇条を義輝の最期からときおこし「あしき御所」義教でむすぶのもその延長上に位置づけられるよう。第十一条の「**元亀**之年号不吉候者、かいけん可然之由」も義輝の前例にかかわるかもしれない。

弘治三年（一五五七）践祚した正親町天皇は慣例による翌年の改元の際[六八]、将軍義輝は近江の朽木にあったため、三好長慶にはかって永禄と改元したが、長慶と和睦し京都にもどった義輝は弘治をもちいつづけて不快感をしめし[六九]、辛酉の改元にも応じず、甲子には提起さえさせなかった。村上天皇の応和辛酉（九六一）から孝明天皇の元治甲子（一八六四）まで、このときと六十年後の元和七年（一六二一）辛酉のみ改元されず、寛永元年（一六二四）甲子に復活する。

永禄を勘申した権中納言菅原長雅のみならず、詔書を起草したのち長雅にかわって文章博士を兼任していた大内記五条為治も勅勘をこうむり、実父為康に廃嫡されて、天文十七年（一五四八）長淳が大内氏の領国赤間関で頓死して以来たえていた東坊城家をついで盛長と改名した。三好、松永が義輝をころすと、その奏請より永禄八年（一五六五）六月七日「高辻前黄門長雅卿、東坊城大内記盛長、永禄三年以来勅勘、今日御対面」（『言継卿記』）がかなった。

儒者は起草するのみで清書は書家がおこなうが、盛長は失脚の間筆耕のアルバイトもしている。神宮徴古館本太平記の奥書は「永禄三年仲冬下旬、奈林学士以右愚本不違片画書写給畢、此業為菅儒之裔、…」とよまれてきたが、「奈」にみえるのは「幹」の異体字の旁で「翰」のあて字、つまりは文章博士の唐名であろう。文章博士はひさしく一人になっていたが、盛長は解任されていない。

あるいは信長に『尚書』西伯戡黎の「格人元亀罔敢知吉」をふきこんだものがあったのかもしれない。孔安国注に「至人以人事観殷、大亀以神霊考之、皆無知吉」、正義に「皆無知殷有吉者、言必凶也」とある。西伯すなわち周の文王が凱旋すると、祖伊があわてて紂に殷の天命がつきたとつげた。文王は信長、紂は義昭、殷は室町幕府の隠喩となる。ある禅僧は、「昔周西伯殷辛、相攸岐陽也、都之者八百六十餘年、太守之大功不以譲矣、仍改井口為岐阜、不亦宜乎」と、信長の家臣鳴海助右衛門に託している[七〇]。「辛」は紂の名、「相攸」は『毛詩正義』韓奕に「視其居所」とあるから「吉士」に通じる[七一]。

翌年七月義昭を追放するや、その足で改元を断行した信長がえらんだのは「天正」であった。前回にも「元亀」とならんで『文選』『老子』を典拠に高辻長雅が勘申している。清原枝賢の奥書にみえる「周正」とおなじく冬至の月を正月とする周の暦を意味するとすれば、勝俣鎮夫、佐藤進一が注目した周の故地岐山にちなむ岐阜への改名、さらには「麟」の花押や「天下布武」の印章に通じる[七二]。漢の武帝以降、王朝交代にかかわらずいわゆる旧暦の夏正（人正）が採用され、大寒の月を正月とする殷正（地正）とあわせて三正というが[七三]、周の武王の子孫と称する唐の則天武后は永昌元年（六八九）十一月を正月、十二月を臘月、正月を一月とし、翌年即位とともに国号を周とした。これにより農事に関係する二―十月は従来のまま、周正となる。「天正」も改暦せずに周暦を奉じることを標榜したといえよう。信長がどこまで自覚していたかはともかく、ことほぐ禅僧らのストーリーは明白である。

『説文解字』と『毛詩』と天下布武

『説文解字』がとく「武」の字義は『春秋左氏伝』宣公十二年を摘記して「**楚**荘王曰、**夫武**、**定功**、**戢兵**、故**止戈為武**」というとおり「戢兵」も「止戈」も武器をおさめ戦闘をやめることである七四。「止」は足跡の象形で、上下に左右の足跡をかさねれば「歩」となる。「武」にも足跡をいう用法があり、『毛詩』生民の「履帝**武**敏歆」は姜嫄が天帝のおおきな足跡（武）の親指（敏）の部分をふんで懐妊（歆）し周の始祖后稷をうんだという感精神話で、周には最初から「武」がかかわる。『礼記』曲礼の「堂上接武、堂**下布武**」も堂上、堂下における歩幅を対比的に規定したもので、『勅修百丈清規』尊祖章第四、百丈忌の「経律相済、厳如金科玉条、有**布武**堂上之儀、非綿蕞野外之礼」を七五、桃源瑞泉が筆記した雲章一慶の講義『百丈清規抄』は「有布―、一歩ヲ移モ皆定タソ、只綿蕞野外テ、ナラフタソ、ナントスルマテ丶ハナイソ」とするが、聴衆には錚々たる禅僧がそろっていた七六。

一般に「布武」といえばこの意であり、岐陽方秀「祭平貞重文　維嘉慶二年（一三八八）、歳次戊辰、夏五月甲戌朔、十有八日辛卯、…致祭于故前因州太守平君之霊、…憶曾辛酉歳、初注葵藿意、無由**布武**崇階、徒辱雲箋珍賜、東洛西**周**、重山複水」は周防の平子貞重が忠節をこころざしても京都から幾山河をへだてて高位にのぼるすべはないものの、「（義満）御判　於**周**防国致忠節之由、大内左京権大夫義弘所注申也、尤神妙、弥可存其旨状如件、　康暦二年（一三八〇）九月八日　平子因幡守殿」と将軍義満から御感御教書をあたえられたことをいう七七。

しかし、延文四年（一三五九）義堂周信が「今海東之法戦之場、文物之苑也、方是時也、張吾軍輔吾宗者、捨公其誰」と説得されて夢窓派十人で鎌倉におもむき、入矢義高が「俊英な禅師はしばしば名将軍に喩えられる」というように七八、『了菴清欲禅師語録』巻六「送梓蔵主北上省師南山」の「電転星飛看**布武**、法戦場中肝胆露、叱咤暗鳴陥虎機、倒戈卸甲河沙数」となると、「法戦場中」「倒戈卸甲」の縁語として「武」を「止戈」の意に転じている七九。

さらに東陽英朝『少林無孔笛』は文明十八年（一四八六）九月七日承国寺殿十三年忌就某寺拈香で「承嗣正覚国師的孫、**布武**略乎三玄戈甲、降離清和天子尊貴、播家声乎五世甘棠」と、前美濃守護土岐持益が禅では夢窓礎石―鈍仲全鋭をついで修行につとめ、俗では清和源氏土岐氏五世の善政をうたわれたとたたえる。東陽は貞享五年（一六八八）刊本『増補首書禅林句集』の「洛橋巽隅山皐巳十子」跋文に「自従古此集者…東陽英朝禅師之所集也」、雪潭風磊『宗統八祖伝』宝永八年（一七一一）に「又裒前後箭前箭世謂之句双紙盛行当時」というように『句双紙』の撰者として影響力がおおきかった。

これをふまえて、「堂上接武、堂**下布武**」の後半を拡大すれば「天**下布武**」となるが、「布武天下」ではなく、漢語としてはおちつかない語順は、堂上と堂下を対比することでなりたっていた構文の後半だけをきりとったためであり、「布」という動詞も原拠そのままである。「天下布武」は二男信雄の「威加海内」や三男信孝の「一剣平天下」にくらべれば異とするにたりず八〇、遠隔地もふくめ信長の和平 Pax Nobunagana のよびかけに応じれば「武」＝止戈は達成されるわけである。

林羅山の不満

はっきりと建武式目を継承したのは徳川家康で、『駿府記』には慶長十六年（一六一一）「九月十九日、建武式目、令道春読之、議論其得失給」とある。しかし建武式目に対する学者の認識は清原氏の御成敗式目に関する宣伝の影響をうけて、荻生徂徠や伊藤東涯にまなんだ東海篠崎維章（貞享四年―元文四年、一六八七―一七三九）の『和学弁』上も「律令格式は国家を治むる大宝也、…大凡古書は多く亡びたるにこの四部書の残りしは最有かたき例ならずや、平泰時貞永令も此四部書に因て法式を立たり、殊に明経博士清原教隆を鎌倉へ招て、作法も文章もよく取立し故、古に及ぶまじけれども、然れども王言を去ること遠からず、故に足利家の法度書よりは、はるかに増り侍る也、建武令は廷臣を頼まず、武人の心のまゝに取立し故、文章甚拙き物也、元和令は清原宣賢と林道春との取立也、是又鎌倉の作法にならうて、宣賢を招き玉ひし也」といった体たらくであった。

朱子学を講ずることを念願とする羅山は『吾妻鏡』貞永元年（一二三二）八月十日条に「武州令造給御成敗式目、被裁許之由被定云云、是則可比淡海公**律令**歟、彼者海内亀鏡、是者**関東鴻宝**也」とあるのをふまえ、家康に推薦してもらった藤原惺窩に「弱冠看程朱諸儒書、始知有性理之学、於是乎、僕生而二十有二年、得見先生、聴其議論、浴其濡沢、而后以為、吾邦之道徳文章皆在此矣、其明年拝吾主君于京城、就赴武之江戸、…雖然、僕今年二十有九、以平日所習欲語人、如屠竜之手、…説**関東鴻宝**矣、曰**律令**可以廃乎、看**東鑑**矣、曰書紀実録今安在哉、講韜略矣、曰四書六経束而閣乎、同流合汚、以和為口実也、…僕見聖賢之書、有此意而所不敢忍也、然養親之志、友悌之義、無知之何」と不満をもらした。

『羅山林先生年譜』にこの年「大神君入洛使列国侯伯献誓辞 先生草之」とあるが、近藤守重『右文故事』巻之九が、その第一条が御成敗式目によると指摘し、「爾来**建武式目**及ヒ延喜式並ニ群書治要、貞観政要、**続日本紀**ノ類、常ニ御講究アリ、是二十年御法令ヲ新布セラレ、カ為ノ張本ナルヘシ」というように、『駿府記』翌十七年三月十日条には「伊豆山般若院（快運）献**続日本紀**、令道

春読之」、十九年四月五日条には「群書治要、貞観政要、続日本紀、延喜式、自御前出五山衆、可令抜公家武家可為法度之所之旨被仰出、金地院崇伝・道春承之」とある。

武家諸法度での逆転

武家諸法度は、たとえば、建武式目第二条「可被制群飲佚遊事」を「被」一字をのぞいてそのまま第二条に、第七条「諸国守護人殊可被択政務器用事」を第十三条「国主可撰政務之器用事」としている。弘安七年（一二八四）五月廿日の新式目条々卅八ヶ条と同様、建武式目は上位者を規制する性格をもち、条々をまもるべきは、建武式目では尊氏、武家諸法度では大名と一八〇度方向が逆転しているが、尊氏が採択すれば各条は政治方針となる。「政務（之）器用」であることが要求されるのは、建武式目（以下「建武」）では守護、武家諸法度（以下「諸法度」）では国主の家臣である。

諸法度第一条は「文武弓馬之道専可相嗜事」と新式目の第三、四条をあわせたような規定であるほかは、いかにも大坂の陣直後らしい第三条「背法度輩不可隠置於国々事」をはじめ第九条の諸大名参勤作法之事まで大名に対する警戒心が露骨にあらわれている。以下は、諸法度第十二条「諸国諸侍可被用謙約事　富者弥誇、貧者恥不及、俗之凋弊、無甚於此、所令厳制也」が建武第一条「可被行倹約事　…富者弥誇之、貧者恥不及、俗之凋弊、無甚於此、尤可有厳制乎」に「諸国諸侍」とくわえているように、大名にかぎらず家中をもふくむ。省略された「近日号婆佐羅、専好過差、綾羅錦繍精好銀剣風流服飾、無不驚目、頗可謂物狂歟」は諸法度第九条「衣装之品不可混雑事　君臣上下可為各別、白綾白小袖紫袷…、無御免衆猥不可有着用、近代郎従諸卒、綾羅錦繍等之飾服甚非古法」は建武第十三条「可専礼節事　…君可有君礼、臣可有臣礼、凡上下各守分際、言行必可専礼節事」をまじえつつ時勢にあわせている。のこる十二条「雑人恣不可乗輿事」は新式目最終条の「念仏者、遁世者凡下者、鎌倉中騎馬可被止事」に類似している。

第九条に「続日本紀制曰、不預公事、恣不得集己族、京裡二十騎以上不得集行云々」とあるのは橘奈良麻呂の乱をひかえた天平宝字元年（七五七）六月乙酉勅にもとづくが、つぎにわれわれもさかのぼって続日本紀に『白氏文集』将来以前の状況をさぐってみることにしよう。

一 『古今著聞集』のちょうど二年前の序をもつ『十訓抄』第二可離憍慢事に「文集一巻の凶宅の詩には、驕りは物の満てるなり、老は数の終りなり、ともいふ、…秦始皇帝の咸陽宮、おごりをきわめ、うるはしきをきはめたる、怨のためにもぼうされて、子孫伝ふることなかりき、…貞観政要に書かれぬるこそ、倹約の政のあるべきやう、いみじくめでたけれ、…」とあるのも、政道事の第一条が「可被行倹約事」である建武式目の論旨に通じよう。『古今著聞集』には『十訓抄』と同一の説話がおおいのでかつては同一作者橘成季とされたが、のちに追記抄入であることが判明するとまったくかえりみられなくなった。しかし、「凶宅詩」の例もそうであるが、五味文彦「説話集と家——『十訓抄』から『古今著聞集』へ」『書物の中世史』みすず書房、二〇〇三年十二月、三八五頁が指摘するように『古今著聞集』は『十訓抄』をつよく意識するのみならず、広相、在列、直幹、正通、倚平ら橘氏のエピソードがおおく、特に第六の「殷宗…、宋景…」には『本朝文粋』巻第二の菅三品の減服御常膳幷恩赦詔や『続日本紀』神亀二年（七二五）九月壬寅詔など類似句がすくなくないにもかかわらず広相の筆なるものをあげるなど、序の「草のいほりを東山のふもとにしめて、蓮のうてなを西の雲にのぞむ翁」をフィクションとみれば同一作者の可能性が再浮上するのではなかろうか。

二 宇都宮啓吾「智積院新文庫蔵『管見抄』（断簡）について」『白居易研究年報』一〇、勉誠出版、二〇〇九年。

三 源光行の子素寂の『紫明抄』は某院を「若河原院歟…融の大臣彼院に執心ふかくして亡魂とゝまりて望郷鬼となりけるにや」といい、その描写の典拠に「梟鳴松桂枝、狐蔵蘭菊叢、蒼苔黄葉地、日暮多旋風文集第一凶宅詩、」をあげる。後半は慈円、藤原定家の「文集百首」旧里付懐旧五首で和歌によまれている。夕顔については疑義があるが、四辻善成『河海抄』蓬生の「いとゝきつねのすみかになりてうとましくけとをき木たちふくろふのこゑを　白氏文集凶宅詩心也、在夕顔巻」は確実といえよう。さらに『太平記』巻第四備後三郎高徳事付呉越軍事にひかれ、謡曲でもうたわれるようになる。なお、『本朝文粋』巻第八「秋日於河原院同賦山晴秋望多」は藤原惟成が「藤十一大夫」すなわち村上天皇の同母姉康子内親王を母とする貴公子で三条家、西園寺家など閑院流の祖となる公季のともをして八月十三日河原院にいたったことをしるす。紫式部の父藤原為時の「去年（寛和二年（九八六））春、中書大王（具平親王）桃花閣命詩酒、左尚書藤員外中丞惟成、右菅中丞資忠、内史慶大夫保胤、共侍席、…」（『本朝麗藻』下）からみて「数氏相従」のなかに為時がいてもおかしくない。

四「因小以明大、借家可諭邦」は漢の司馬相如「上書諫猟」に「故鄙諺曰、…、此言雖小、可以喩大、臣願陛下留意幸察」、『史記』李将軍伝に「太史公曰、…諺曰、桃李不言、下自成蹊、此言雖小、可以論大也」、『周易』繋辞下の韓康伯注に「因小以喩大」とあり、小さいモデルで可否をかんがえて大きい現象に適用するのは合理的な思考法といえよう。

五「家」が「邦」のメタファーとあかすのも『周礼』天官、大宰の鄭玄注に「大曰邦、小曰国、邦之所居亦曰国」とあるから、文字の重複をきらいつつ大小を強調したのかもしれない。「国家」も『孟子』離婁の「天下国家」の趙岐注に「天下謂天子之所主、国謂諸侯之国、家謂卿大夫家」とあるように「帝王」「王侯」同様、いわば大小の類義字をかさねた熟語であろう。この「家」は庶民から天子まで共通するものではなく、「卿大夫」にかぎった用法である。なお、「名例律」の「八虐、一曰、謀反、謂、謀危国家」には「…不敢指斥尊号、故託云国家」と割注があり、「国家」は皇帝（天皇）と直接言及するのをはばかった表現である。日本でも「みかど（御門）」「御所」「院」など居所もしくは建造物で人をさす用法はおおく、「幕府」が「将軍」をさすのもこの例といえよう。また、小川環樹・西田太一郎『漢文入門』岩波書店、一九五七年十一月、九頁は「『国家』などのように、元来の意味は『国と家』であったが、のちには『国』だけを意味する場合もある」とする。

六 そもそも宅の吉兆については後漢の王充の『論衡』偶会第十が「世謂宅有吉凶、徙有歳月、実事則不然」、王符の『潜夫論』卜列第二十五が「吉凶興衰、不在宅明矣」と批判しているが、竹林の七賢の一人嵆康が「宅無吉凶摂生論」をめぐって反論をくりかえし、『隋書』経籍志三には宅吉凶論三巻がみえるなど、初唐の呂才が「逮於殷周之際、乃有卜宅之文、故詩称相其陰陽、書云卜惟洛食、此則卜宅吉凶、其来尚矣」というようにながい歴史がある。白居易自身も

「凶宅詩」とは対照的な「将所徙之居非吉土耶」という句をふくむ「記異」を元和八年（八一三）従祖兄から伝聞したとし、『太平広記』鬼二十九が「王裔老」と題して採録している。日本でも延喜二十二年（九二二）の対策で文章得業生大江朝綱が藤原博文の「居者必害、凶宅何利於稚川之方」という問（「論運命」）に対して「宅無吉凶、稚川之方可用」（『本朝文粋』巻第三）とこたえているが、「稚川」は抱朴子という号でしられる晋の道士郭洪の字である。大田南畝『一話一言』巻五平賀源内が「終に馬喰町の町屋に移る」に「一検校ノ住シ凶宅也」と傍注するのは（『大田南畝全集』第十二巻、岩波書店、一九八六年十月、二一〇頁）、『寝惚先生文集』に序をかいてくれた恩人の獄死をいたむ意であろうか。

七 「吉土」は『礼記』礼器の「因吉土以饗帝于郊、…而鳳凰降、亀竜仮、…是以聖人南面而立、而天下大治」を典拠とするが、鄭玄注、孔安国疏に「吉土、王者所卜而居之土也」「因其所卜吉土以為都」とある。これによれば、尊氏を「王者」に、「柳営」を「都」になずらえることになる。

八 「随衆人」は『白氏文集』で「凶宅詩」の直前にある「哭孔戡」の「形骸随衆人」など詩だけで四例ほどみえるが、みくだしたニュアンスがある。「衆人之情」は『三国志』呉志、諸葛滕二孫濮陽伝にみえる。呉の太傅諸葛恪（亮の甥）は大臣らの諫止をおしきり、「恪乃著論諭衆意曰、…聖人急於趨時、誠謂今日、若順衆人之情、懐愉安之計、…此吾所以長短息者也、…」と対魏戦争を敢行するが、戦果はえられず厭戦気分がたかまって族滅される。「聖人」と対比される「衆人之情」のほうがただしかったことになる。

九 佐藤進一「南北両朝の分裂と相剋」『南北朝の動乱』日本の歴史九、中公文庫、一五八―一六〇頁、二〇〇五年一月改版。

一〇 従来「平政連諫草」とよばれてきた、延慶元年（一三〇六）とされる中原政連諫草は唐の太宗、漢の高祖の故事のあとをうけて、「於関東者、自右大将家代、至武州鎮幕時、有恭倹、無奢靡、言其時、難称上代、履彼蹤、宜被中興」という。

一一 後高倉院（守貞親王）、土御門も後白河の子孫であるが、後白河に指名された後鳥羽、後鳥羽の後継者順徳を頑強に排除したことが重要で、政連諫草の「先祖右京兆員外大尹者武内大神再誕、前武州禅門者救世観音転身、最明寺禅閤者地蔵菩薩応現云々」と対照的である。

一二 佐藤前掲書一〇九―一一〇頁は「尊氏の求めた総追捕使は東国に限定されたものと見るほうが自然である。ある時期までのかれの行動には、直義と同様、尾張以西には手を触れまいとする考えが見えるから、この観察はいっそう有力である」という重要な指摘をおこなっている。つまり、すくなくとも建武式目の時点まではそうだったし、本心ではずっとつづいていたとかんがえうる。

一三 佐藤進一「寿永二年十月の宣旨について」『日本中世史論集』岩波書店、一九九〇年十二月。

一四 つとに笠松宏至は「幕府の居所として京都が選ばれることが、すでに既定の条件として存在し、そのことを前提として建武式目の勧進者たちは『政道』の項目を選定し、その内容を立案していた」「政権を京都におくということは、単に空間的な移徙ではなく、…政権の性格を変えねばならないことが見越されていた」「条文は何れも京都遷移に伴って必然的に要求される新しい政道のあり方を念頭にしていた」「『京都』の幕府を出発させようとする要請からすれば、武家法優位という現実をどうすることができなくとも、少くとも法理の淵源において両者矛盾せずとする是円のごとき法思想こそ、歓迎さるべきそれであった」「直義の『政道』が色濃く浮かび出てくる」とするどく看破している（「建武式目の成立」『日本中世法史論』東京大学出版会、一九七九年三月、三八、三九、四〇、四二―四三、四六頁）。本稿は同論文と『中世政治社会思想』上、日本思想大系二一、岩波書店、一九七二年十二月所収の校注および網野善彦編『シンポジウム日本歴史八　南北朝の内乱』学生社、一九七四年九月を前提とする。

一五 笠松前掲「建武式目の成立について」四二、四四―四五頁。

一六 貞和四年（一三四八）七月丹後国石丸保をめぐる相論である（『師守記』貞治六年〔一三六七〕五月十六日条紙背文書）。『見忌抄』本奥書に「文保二年〔一三一八〕三月廿七日、於丹州石丸保書写之了、此本之博士判官殿章重、抄物、御自筆也、依為末代重宝馳筆者也、　桑門真恵」とあるが、章重は曾祖父で、貞和三年（一三四七）九月十日真恵自筆本を書写した四条隆郷が「去五月十六日、真恵入滅了、年六十五、」とつげる翌年であるから、真恵の死と関係があるかもしれない。丹後国石丸保は「元弘三年（一三三三）五月廿四日　貞有」という署名のある「内蔵寮領等目録」に中原職政が得分を知行しているという。なお、稲田奈津子「東京大学史料編纂所蔵『見忌抄』の紹介と翻刻」（田島公編『禁裏・公家文庫研究』第五輯、思文閣出版、二〇一五年三月）がある。

一七 朗詠が鎌倉中期、白居易の「新楽府」とともに幼学書とされたことは、『石清水文書』五「宮寺縁事抄所々神領訴訟神事違例事」裏文書（年不詳）七月廿九日田中宗清書状の「八歳小法師教清〈今嫡弟〉楽府朗詠を可読之由存候」と行間の返事「如此幼学書、耄及病重、皆忘却候」にみえる。

一八　これらはさらに『史記』陳丞相世家「可娶妻、富人莫肯与者、貧者平亦恥之」をふまる。

一九　さらに政体の魏徴のこたえには「上之所好、下必従之」、論倹約では「上之所好、下必有甚」とあり、『礼記』緇衣「子曰、…上好是物、下必有甚矣、故上之所好悪、不可不慎也」をふまえる。

二〇　早川庄八『中世に生きる律令』平凡社選書、一九八六年十月。

二一　他に、第十条の「賄貨」は「賄賂」のようななじみはないが、六朝にはかなりもちいられ、「令義解序」に「富軽貧重、憲法帰賄貨之家、厳科所枉、剣戟謝其銛利、…故令出不行、不如無法」とあるほか、「過差」に関してくわしい規定をもつ弘長の公家新制にもみえる。第一、二条の「婆沙羅」「茶寄合」「連歌会」はこの時代の風俗として有名であるが、「過差」は第二条の「群飲」とともに貞観八年（八六六）正月廿三日の官符以来おなじみであるのに対し、武家法では弘長新制（一二六一）にみえるほか、前者は延応二年（一二四〇）三月十八日六波羅探題にあててはじめてあらわれ、さらに弘安六年（一二八三）宇都宮家式条くらいである。「過差」という語は『文選』の宋玉「登徒子好色賦」に「終不過差、故足称也」、嵆康「与山巨源絶交書」に「唯飲酒過差耳」とあり、過失、過度といった意味でもちいられているが、過度の贅沢という意味への特化は日本独自のようである。「倹約」についても弘長新制につづいて第八、九、十一、十三条などについても類似の規定がみいだせる弘安七年（一二八四）の新式目で強調されている。また、第五条の「如律条者、謀反逆叛之人、協同与駈率、罪名不同歟」は闘訟律に「若告謀反、逆、叛者、各不坐」など、賊盗律謀叛条に「諸謀叛者、絞、已上道者皆斬、〈謂協同謀計乃坐、被駆率者非、餘条被駆率者、準此〉」とみえる。第六条の「土倉」も鎌倉後期、法家中原氏の瀬多文書にみえるが、武家法には初登場であろう。

二二　住吉朋彦「『詩人玉屑』版本考」『斯道文庫論集』四七、二〇一二年、一六一頁は「現に本文中には、玄恵の加点に関わる内容は、全く認められないことが指摘される。本版の底本が来朝刻工の手に係ることを考えると、…この有跋本も南北朝後半以降の刊行と見なければならない。従ってこの跋は、観応元年（一三五〇）の玄恵歿後、その名声に因んで附刻されたと見られよう」という。

二三　前者は『満済准后日記』応永卅三年（一四二六）四月三日条「彼御時帳御願詞玄恵法印草進云々」にもとづくが、『伏見宮記録』所引の「粉河寺続験記」によれば「夢にみて候し事、久しくなりて候ほどに、おほへ候はて、あら／＼しるし候、…」という上杉清子の八月卅日仮名消息と、尊氏にあわせて頼朝の誕生年を二年おくらせ挙兵の年を「平定天下」とするなど無理をかさねて頼朝と尊氏がともに三十二歳で国家を平定したという敬白には距離がある。対句もとどのわず玄恵の作か疑問であるが、当時の情勢としては、一子の将軍義量にさきだたれ後継者のいない義持の晩年に尊氏出生にかかわる偽文書が作成されうることも、その死後還俗して将軍となった義教が永享三年（一四三一）十月廿八日すみやかな子孫繁栄をねがって戸帳を寄進したのも理解しやすい。後者も源氏の曩祖を鎌倉時代の頼義から義家にかえる役割をはたし、『難太平記』の義家置文や、義包（足利義兼）を為朝の子とするはなしとともに足利氏を源氏の嫡流に位置づけようとするこころみであろう。つまり、義家置文を保元の乱で対立した義朝ではなく、義家＝為義―為朝―義包と伝来されたとするのではなかろうか。

二四　建長改元の際、『葉黄記』建長元年（一二四九）三月十八日条に「執柄蜜々令立聞給云々」と割注があるが、『公光卿記』には「摂政於内侍所聴聞穿陣南壁、当内府座後」とあるから、「立聞」とは仗議に参加しない摂政近衛兼経が隣室できく非公式性をしめすのであろう。公式であれば、『園太暦』貞和五年（一三四九）七月十二日条、光明院の礼記談義の「近衛前関白、予、…等祗候、実音朝臣…等候簀子、師須、師貫、幷玄恵法印候乙板敷庇」のように、身分による座の差別が必要となるので、花園の場合も院司である日野資朝が非公式にきかせるべくセットしたのであろう。

二五　康永二年（一三四三）『五十四番詩歌合』の詩の「御製」は花園、和歌の「女房」は光厳とされ、詩で玄恵は「勝五　持一」、藤原藤範の子有範は「持二　負四」と圧倒する。『園太暦』には貞和五年（一三四九）七月十二日「今日新院（光明）御方可有礼記御談義、…玄恵法印候乙板敷庇」などの記事がみえ、玄恵は洞院公賢とともに詩歌会の常連であるのみならず、明経道の中原氏にまじってただひとり光明院の談義の席にもはべるなど公家との関係が密接である。

二六　「独清軒玄慧法印、師直ガ許シヲ得テ、時々参リツヽ、異国本朝ノ物語共シテ慰奉リケルガ」は、『平家物語』法皇被流の後白河、平清盛、静憲を直義、高師直、玄慧にいれかえたにすぎない。静憲は後白河の乳父信西の子である。

二七　「六喩」は無常をとくための六種の喩えで『金剛般若経』にいう夢幻泡影露電。

二八　真弟は実子で弟子。『園太暦』正平七年（一三五二）五月十八日条に「今日等持寺住持祖曇帰洛、是上皇等御出京事為秘計、依武名先日下向東条辺、故玄恵法印真弟禅侶、為楠木縁者秘計彼辺」とあり、かつて赤松俊秀「楠木正成の教養に就いて」『歴史と地理』三三―二、一九三四年二月が指摘した玄恵自身でなければ、祖曇の母が楠木の縁者となろう。

二九　佐藤進一『日本の中世国家』岩波現代文庫、二〇〇七年三月、一九六―二一七頁。建武元年内大臣吉田定房にか

わるまで民部卿をつとめた後任の権大納言九条光経は後醍醐の側近で、尊氏が入京した六月に出家したから「入道」で「前民部卿」とは称さない。一方、藤範の長男有範は従四位下で正月に任じられたばかりの大学頭を八省の卿と同日の人事で権中納言洞院実世と交代している。

三〇　佐藤前掲『南北朝の動乱』一二六―一二九頁。

三一　さらにさかのぼれば、高祖父孝範が南家の儒者永範に漢学をまなび文章博士となって子孫のために『柱史抄』『明文抄』『秀句抄』などをのこし、曽祖父経範が後嵯峨天皇の叔父土御門定通とむすんで従三位にのぼった比較的あたらしい家である。宝治二年（一二四八）十二月二十五日、院における宗尊の読書始で侍読をつとめたのも文章博士経範で、茂範は地下の文人の一人として参列していた。経範の死後、正嘉元年（一二五七）年正月広範が下向した。

三二　花園院は元亨四年（一三二四）四月十八日賀茂祭に際し、「今度両社行幸無制符、仍上下着綾羅錦繍、忘倹素事奢侈、見而何益」と批判していた。

三三　『太平御覧』巻九百五十二に「唐書曰、…、又曰」として引用部につづくが、『旧唐書』五行志には「代宗大暦十二年」ではなく「十二年五月甲子」で「爨」字はなく「天下泰平」のあとに「四字」とある。なお、「東京賦」の「中唐」は庭で、唐朝とは無関係である。また、「華平」は瑞木で、あえて草冠を付したのは「華」とそろえる視覚的な技巧である。山崎誠「文選巻二〈宮内庁書陵部蔵『管見記』紙背〉影印・翻刻並に解説」『鎌倉時代語研究』七、一九八四年五月、二八―二九頁には「植」が「殖」（「ウエ」と傍訓）、「豊」に「由」の傍書がある。小林芳規によれば、書写は院政初期をくだらず訓点は院政初期の加点で、山崎は蕭統原撰本の旧を全うする無注卅巻本で菅家の訓法によると推定する。

三四　佐伯有清『慈覚大師伝の研究』吉川弘文館、一九八六年五月、四六頁に「幕府判官亦同労問、然此判官姓蕭、名慶中」とあり、「慶中」がただしいとみられる。『慈覚大師伝』の編纂は菅原道真から女婿の斉世親王、外孫源英明にひきつがれたという。『智証大師伝』が三善清行によってかかれたことと対比して興味ぶかい。

三五　村上天皇の勅題「弁散楽」がコミカルなテーマだけに、ありもしない「散楽得業生」からいっても、秦氏安は『本朝続文粋』巻第三および『朝野群載』巻第十三の対策文にみえる大江匡房作の「和歌博士紀朝臣貫成」「和歌得業生…花園赤恒」同様、戯文にふさわしく仮託した架空の人物であるが、室町時代にいたり、世阿弥の『風姿花伝』第四や金春禅竹の『明宿集』『円満井座系図』によって秦河勝にはじまる円満井座の中興と位置づけられている。

三六　「祭」に草冠を付したのは「李」の木冠との対の文字遊びである。
三七　永井晋『金沢北条氏の研究』八木書店、二〇〇六年十二月、二三五—二三六頁。ただし、読点をあらためた。
三八　太田次男「東大寺宗性『白氏文集要文抄』」『旧鈔本を中心とする白氏文集本文の研究』下、勉誠社、一九九七年二月、五八頁によれば、菅原長成、公良、良頼らにおしえをうけ、『春華秋月抄』十九には菅家の系図が詳細に書入れされているという。
三九　増田欣は『吾妻鏡』の記事を詳細に検討し、特に風伯祭に関する勘申は内容から以前に同様のことはかんがえにくく、父の死の通知がなんらかの事情で一月あまり茂範にとどかなかったとして、啓状を康元二年（一二五七）とする（増田欣編『唐鏡 松平文庫本』解説、広島中世文芸研究会、一九六六年十一月）。精緻な議論ではあるが、『吾妻鏡』は前年の巻四十五建長七年（一二五五）が欠巻で断言しがたく、康元元年としておく。
四〇　外村久江『早歌の研究』第四章作者としての「藤三品」、至文堂、一九六五年八月。ただし、『拾遺風体和歌集』第十釈教の「けふぞみる五十あまりの春をへて別しまゝの故郷の花」（九三頁）は詞書にあるとおり『法華経』信解品の内容をよんだもので、広範の感懐ではない。なお、幕府山は南京郊外にもあり、南京大虐殺で問題となるが、『金陵梵刹志』所収、焦竑「幕府寺修造記」に「都城西北十餘里有幕府山、晋元帝自広陵渡江、丞相王公茂建幕府於此山、因以名」という。
四一　①『続日本紀』天平十二年（七四〇）十月二十九日条「勅大将軍大野朝臣東人等曰、朕縁有所意、今月之末、暫往関東」②同天平宝字元年（七五七）十二月九日条「淡海朝廷諒陰之際、義興警蹕、潜出関東」③『凌雲集』御製（嵯峨天皇）「餞右親衛少将軍朝嘉通奉使慰撫関東、採得臣　遠使辺城撫残虜、禁中賜餞送良臣、…」④、⑤『令義解』賦役令条（「釈云」以下は『令集解』）「謂、以近及遠者、仮令、大和国、紀伊国有造作事、応発関東民者、以美濃配紀伊、以尾張配大和之類也、…釈云、以近及遠、仮有倭国木国造作之事、応役関〈クヱン〉東丁夫者、以三野夫木国以尾張夫配倭国之類」⑥『田氏家集』巻之中「奉呈野秀才詩伯　関東作吏愧顓愚、…謾言濃土有還珠」⑦『菅家文草』巻十一「某人亡考周忌法会願文」貞観十年（八六七）「宿業所植、王命攸分、所天出在関東之外、弟子入居帝畿之内」⑧『本朝文粋』巻第九菅雅規「暮春於文章院餞諸故人赴任同賦風月一朝阻」「留而不留、関東之煙泛々、怨而復怨、湖南之草萋々」⑨『本朝続文粋』藤原敦光「勘申　変異疾疫飢饉盗賊等事」保延元年（一一三五）七月廿七日「（漢書）又曰、武帝元鼎二年…夏大水、関東餓死者以千数」。『令義解』の撰者には文章博士菅原清公がくわわっている。

四二　「楊公」は『後漢書』に「諸儒為之語曰、関西孔子楊伯起」とあり、「天知る、地知る、…」でしられる「震畏四知」は『蒙求』の一節である。「李将」は菅原文時作の藤原実頼辞状にもみえる前漢の将軍李広であるが、『史記』『漢書』の列伝には「李将軍広者、隴西成紀人也」「広曰、我嘗為隴西守」などとあることから、鎮西、西府の「西」を縁語に文武の代表としてこの二人を出したのであって、このころすでに九州が関西と呼ばれていたわけではなかろう。作者藤原明衡は、『本朝文粋』や『明衡往来』『新猿楽記』でしられるが、周光の祖父にあたり、周光の姉妹は蓮禅の兄嫁で、二人は明衡から「関西」の語をひきついだのであろう。これよりはやく直接「関西」はもちいていないが、『文徳実録』仁寿二年（八五二）二月乙巳滋野貞主卒伝に「貞主上表曰、夫大宰府者、西極之大壌、中国之領袖也、東以長門為**関**、西以新羅為拒」とある。この東西は大宰府に視点をおいた表現であり、後段には都を中心にマクロにみて「大唐高麗新羅百済任那等、悉託此境、乃得入朝、…可謂諸藩之輻輳、中外之**関**門者也」ともあるが、視野を「中国」の「西極」までに限定すれば長門の西は「関西」となろう。ただし、九渕竜賝「竹居西遊集序」が翺之恵鳳の寛正五年（一四六四）の周防行きを「奉使**関西**」とするなど山陰、山陽に拡大する例もみうけられる。

四三　たとえば、幸若舞「夜討曾我」に「すでに俣野は坂東国に聞こえたる相撲の上手、物その数にてなけれども、**関より東三十三か国**がその内に、…」とあるように文学芸能関係におおい。

四四　藤井譲治「秤座・枡座における東西分掌体制の成立」『幕藩領主の権力構造』岩波書店、二〇〇二年十月。

四五　公式令義解の「凡朝集使、東海道坂東、東山道山東、北陸道神済**以北**、山陰道出雲**以北**、山陽道安芸**以西**、南海道土佐等国、及西海道、皆乗駅馬、自余各乗当国馬」はほぼ遠国の範囲にちかいが、北陸、山陰の「以北」が令制の方位観念をしめし、『玉葉』養和元年（一一八一）九月二日条でも「伝聞、北陸道賊徒熾盛通盛朝臣不能征伐、加賀**以北**越前国中猶有不従命之族云々」としるす。「漠北」は地形的に不適当だが、「塞北」とでもいうべきであろう。金田章裕「古代北陸道のルート変遷と駅」『古代中世遺跡と歴史地理学』吉川弘文館、二〇一一年七月によれば、北陸道は近江—若狭—越前ルートから近江—越前ルートにかわったという。若狭—越前が支路に転落した結果、愛発関が廃止されたとすれば、三関は元来、各道いずれも二番目の国にはいった位置にあったことになる。

四六　兼実は頼朝謀叛の第一報を九月三日条にいずれも伝聞として熊野別当湛増謀叛のつぎに「謀叛賊義朝子、年来在配所伊豆国、…凡伊豆駿河両国押領了、又為義息、一両年来住熊野辺、而去五月乱逆之刻、赴坂東方了、与力彼義朝子、大略企謀叛歟、…是則偏以乱刑欲鎮海内之間、夷戎之類不怖其威勢、動起暴虐之心、将来又不可鎮得事歟」としるし、平氏政権への批判と関連づけている。『山槐記』は九月四日「今日或者、故義朝朝臣男兵衛佐頼朝起義兵云々、虜掠伊豆国、坂東騒動」、五日「後聞、今日被下東国追討使宣旨云々」とし「右弁官下　東海道諸国　応追討伊豆国流人源頼朝并与力輩事　…兼又東海東山両道堪武勇者、同令備追討…」と官宣旨をかきつぐ。

四七 他に巻第二、藤原忠通「狗馬詩」に「霞裏尋声桃浦地、雪間知跡**柳営**天」、巻第三、中原広俊「月下即事」に「漁客舟哥蘆浦雪、鴻賓陣引**柳営**霜」、巻第八、菅原是綱「秋日長楽寺即事」に「適辞万里**柳営**裡、閑到四禅蘭若前」。「蘆浦」は琵琶湖にのぞみ、「蘭若」は長楽寺をさすが、「桃浦」は白居易「和春深二十首」にみえ、中国の故事におもいをはせているのかもしれない。

四八 高橋昌明『武士の成立　武士像の創出』東京大学出版会、一九九九年十一月、四六―四九頁。その後、桃崎有一郎『武士の起源を解きあかす』ちくま新書、三一五頁、二〇一八年十一月、が「寛平遺誡曰、五月五日、九月九日、文人**武士**、行事繁多、不可怠、不可緩」（『河海抄』二、帚木）を指摘した。五月五日節は『儀式』『内裏式』に騎射、競馬の規定がある。桃崎は同頁で「武士」が漢語であることに注目しているが、「儒者」を儒学者と同一視し、当時における紀伝の優位に留意していない。「儒」は紀伝、明経、明法、算の四道のほか、三善為康の「算儒」は算博士、『師守記』の「音儒」は音博士である。錦織勤「平安期『武士』表―日記に見えるもの」『鳥取大学教育地域科学部紀要　地域研究』五―一、二〇〇三年五月、「平安期の日記に見える『武士』について」『史学研究』二四三、二〇〇四年一月。「鎌倉幕府法にみえる『武士』について」『日本歴史』六〇八、一九九二年一月、『明月記』にあらわれる『武士』の語義について」『史学研究』二二九、二〇〇七年七月、

四九 桃崎前掲書二七頁。『続日本紀』宝亀二年（七七一）十一月丙午条の「明経、文章、音博士、明法、算術、医術、陰陽、天文、暦術、貨殖、恪勤、工巧、武士」では「文章」が明経の下位にあったが、『続本朝往生伝』の「文士」ははるかに上位にある。ただし、「明経」を「明法」の下におくのは不当で意図的ではなかろうか。

五〇 いずれも前注錦織の表により、それぞれの典拠は、『中右記』永久元年（一一一三）四月卅日および『長秋記』大治五年（一一三〇）十一月八日、『台記』保延二年十一月二十四日、『兵範記』嘉応元年（一一六九）十一月廿五日、『玉葉』治承二年（一一七八）九月七日、『玉葉』治承二年十月二十九日。他に清遠（『長秋記』保延元年（一一三五）八月十四日）。

五一 錦織前掲「表」一頁。口頭報告とあるが、論文発表については未詳。

五二　五味文彦「初期鎌倉幕府の二つの性格」『日本歴史』三四五、一九七七年二月は頼朝に国家の検断権をあたえたものと評価する。

五三　『吾妻鏡』には「源家」が五十例ほどみえるほか、偽文書がすくなくない。慈円の貞応元年（一二二二）十二月願文に「保元乱世之後、執権武将平氏**源家**次第滅亡」とあり、「源家」の定着は承久の乱以降ではなかろうか。『愚管抄』では「武士家」という独特の表現をもちいるが、最晩年の願文には「**武家**廃君而久治於天下、将軍立身已領於海内、君之極悪以之可知」（大宮十禅師表白）、「宗廟之神、已被奉委附天下之政道於此将軍、…仍**武家**息災安穏転禍為福者、王法之本意、利生之素懐也、…将軍御祈者、惣以武士等祈祷也」（大懺法院再興願文）とある。なお、『続日本後紀』承和十年（八四三）二月壬戌の大野真鷹卒伝に「父子武家」とあるが、「武家」は熟した表現とはいえまい。

五四　わずか半年後には同じ茜部庄の訴状で「武家之罪科欲令治定之最中、夷族忽殞、帝徳再栄之間」と「夷族」にまで転落する。すでに筧雅博は「史料と歴史」『思想』八四七、岩波書店、一九九五年一月、五四―五五頁は、こうした「関東」の語義の変遷を指摘している。

五五　なお、太平記で「幕府」は巻第十二「聖廟事」の「延喜帝即御位給シ後ハ、万機ノ政併自幕**府**上相出シカバ、摂禄ノ臣モ清花ノ家モ無可比肩人」が右大将菅原道真をさすが、同巻「公家一統政道事」で大塔宮がかたる「抑我栖台嶺幽渓、纔守一門迹、居**幕府**上将、遠静一天下、国家ノ用レヲカ何為吉」は征夷大将軍で、両者が併用されている。

五六　天理本にはつづいて「爾ヨリ後ハ頭殿弥ヨ御学問可有トテ、天下無双ノ名匠玄恵法印ト云人ヲ被召テ師範トシ、聖談底ヲ究メラレシカバ、御政道誠ニ正シカリシ」という異文がある。ただし京大本、天理本は語り手を「御室」の僧としている。

五七　『南北朝遺文』関東編二、四〇頁。「幕」「常」は部首がおなじ、「府」「州」は縁語として対句にしたのであろう。

五八　古先和尚にあてた書簡の「不謂去年之春、**幕府**荐降祈願・諸山両帖、…如得春暖病安、一策上京、謁見**幕府**、致賀前後重畳衛法之恩云々」、「山城州東山建仁禅寺語録」の「師於康永四年乙酉二月十八日入院、…**幕府所委官**武州太守、…」はいずれも尊氏をさす。なお、雪村は元僧一山一寧に師事し入元したが、スパイ容疑で追放された四川で『岷峨集』「寄別李公叔二首」に「嘉陽**幕府**江山好」とよんだのは円仁以来の用法である。大有有諸撰『雪村大和尚行道記』（永享四年（一四三二）四月五日）によれば、「丙寅（一三二六）夏五、陵雲嘗茘支、泰定三月離蜀、七月嘉州、八九月巴峡・渝州・灔澦・堆雲安県」とあるから、泰定三年（一三二六）七月の作で、嘉陽・嘉州すなわち嘉定府路は四川の西端、現在の楽山市あたり、西に峨眉山がある。

五九 ただし、春屋妙葩編『夢窓国師年譜』建武三年（一三三六）条「是歳、大将軍請師於幕府、展弟子礼、勤求示誨」は将軍の居所である。

六〇 この一幅について玉村竹二は康暦二年（一三八〇）七月「九州探題今川貞世（了俊）が大慈寺の境致を愛し、…瞬庵宗久といふ者に託して、上京して、禅林の諸老、公卿大夫の詩歌に堪能なる者をして、大慈八景を咏ぜしめ、建仁寺大統院嘉隠軒の柏庭清祖（足利義満の兄）が、それを編次して巨軸とし、義堂に序を求めた」という。玉村編『五山文学新集』第四巻、七八七頁、および解説一二七〇—七二頁、川添昭二『今川了俊』吉川弘文館、一九六四年、六月、一七六—一七九頁参照。境致と無方宗応については同『五山禅僧伝記集成』の用語解説と本文参照。義堂周信の日記『空華日用工夫略集』三の康暦二年（一三八〇）七月十八日条に「為清祖侍者求改八景目子、蓋日向州竜興山大慈寺境致也」、同二十七日の条に「往雲居庵、与普明国師説話、則見出示大慈八景竜山寿望詩」とある。

六一 入矢義高校注『五山文学集』新日本古典文学大系四八、岩波書店、一九九〇年七月、三三一頁。

六二 玉村編『五山文学新集』第三巻、六一一頁、「水赴東溟走急湍、雲連北闕列層巒、方知玉帳有奇術、万国山河掌上看」。作者については「邵庵全雍集解題」九九一、九九四、九九五頁。『文選』所収の古楽府「長歌行」に「百川東到海、李善注に「尚書大伝曰、百川赴東海」とあるように、「中国には黄河、長江など川はすべて東流するのが自然の節理であるという観念がある。「北闕」といい、「万国」といい、まるで持氏を天子に擬しているかのようであるが、「玉帳」は楽府の出塞に用いられ、李白や杜甫の詩にもみえる幕府の美称で、新旧唐書によれば『玉帳経』という兵書もある。

六三 玉村編『五山文学新集』別巻一、「江雁来時忝寄声、豈図采録賤夫名、泥塗塌翼起無日、千里暮雲情更情、　関東従一戦兵戈、四塞無塵海不波、能使衆心存翼載、斉微管仲奈周何、　春満江東処々田、府君仁政四方伝、何時挈取病身去、牛巷烟簑借一廛」（二八〇—二八一頁）。江西は東常縁の伯父にあたり、本貫は下総国東庄である。さらに『続翠詩集』「春湖水嬉　官船載妓閙清晨、柳色初探湖上春、幕府少年無杜牧、多情黄鳥莫藏身」（同二一二頁）は晩唐の杜牧が江西観察使沈伝師や淮南節度使牛僧孺の幕下にあったことをふまえるが、「幕府少年」が前年十一月九歳で征夷大将軍に補任された義勝をいうとすれば、嘉吉三年（一四四三）七月に死ぬからこの年春の作となる。

六四 本文にあげた柏巖継趙から江西竜派への変化は「幕府」が将軍から管領にうつる過程をしめすが、文明四年（一四七二）小春十五日横川景三「遠仲宗久居士像賛」（太田と傍注あり）の「親入京兆**幕府**」「京兆」は細川勝元、丙午歳（一四八六）暮春之初「寄慶堂蔵主詩」（—適と傍注あり）「阿之使者帰国、便急也、…抑公之在彼也、出入**幕府**、密画陰翊、克使国人謳歌賢府君之盛徳則有補於教化者多矣」の「賢府君」は阿波守護細川成之である。さらに月舟寿桂『幻雲文集』「波多野茂林居士肖像」の「称臣入細川**幕府**、…臣事細川府君竜安寺殿」は管領細川勝元『幻雲北征文集』「印牧梁月宗奕居士肖像」の「越前州日下氏朝倉英林公、善将兵者也、**幕府**之賓、印牧広次居士、明応庚申（一五〇〇）夏、諸子命画師写居士寿像」は朝倉孝景、正宗竜統『禿尾長柄帚』「跋金剛経後」の「甲斐右金吾藤公敏光、奉**幕府**命提鉞遠江」は横川景三「送右金吾源公赴遠州詩并叙」の「甲斐右金吾源公、…丁酉〔文明九〕之春、奉府君之命、治劇遠州」（ここには「源公」とあるが、翌年の詩序に「甲斐右金吾藤公」、注に「藤公甲裴八郎右衛門」とある）とかさなり、『大乗院寺社雑事記』文明七年（一四七五）二月廿五日条「義敏息〔義良〕、甲斐八郎今月十九日懸御目、遠江守護代事甲斐蒙仰云々」をうけ、甲斐敏光は斯波義良とともに朝倉によって越前をおわれたが、「幕府」は将軍義尚か。なお、正宗は俗縁でも法系でも江西の甥である。翺之恵鳳『竹居清事』「蕉斎記　防之**幕府**、有吉田氏、世号顕族、家世以武勇而鳴、…其先人、余故人也、甲辰（文明十六，一四八四）偶入其疆、先人去已余十年」は大内政弘、蘭坡景茝『雪樵独唱集』五「前円覚明遠禅師」「見居防之乗福同照精盧、茲春、奉太守使命来洛、…特入上相**幕府**」の「太守」も政弘だが、「上相幕府」は将軍義尚か。天隠竜沢「奥本月仙居士預修法語」に「累代赴赤松**幕府**」とあるが、当主は再興した政則であろう。景徐周麟『翰林葫芦集』「印写法華寿量品銘有序　岐之**幕府**、有一佳士、曰斎藤藤四郎某、法名某、今茲歳次辛未（永正八、一五一一）、五月二十七日、以疾亡於宅焉」は美濃守護土岐政房。関東でも、万里集九『梅花無尽蔵』第六「万秀斎詩序　武蔵刺史之**幕府**、有爪牙之英臣、是曰大石定重」の関東管領山内上杉憲房以外に、第二「丁未〔長享元年、一四八七〕武蔵所作」「諱厳超、字然叟、…往来相陽太守賔鈞閣下之**幕府**」の「賔鈞」は相摸守護扇谷上杉定正の号であり、「曇英禅師語録」安養院殿瑞室賀公禅定門七周焼香之拙語の「定関東元帥**幕府**之安危」も古河公方ではなく関東管領山内上杉顕定、その実兄越後守護上杉定昌は扇谷上杉定正とのたたかいのなか上州白井で自害（『大日本史料』長享二年三月二十四日条）。なお、「相陽」は京都の「洛陽」に対して、鎌倉後期から禅僧が鎌倉をよぶ呼称になった。本来、『説文解字』に「陰、闇也、水之南、山之北也」、『左伝正義』僖公二十八年に「穀梁伝曰、水北為陽、山南為陽」とあるように洛陽も洛水の北に位置し、嵯峨天皇以来、淀川北岸の山崎を「河陽」とよんだ。中国では当然「—陰」もあるが、日本では「山陰道」「山陽道」以外、南北を意味せず、筑紫にちなんで九州、特に大陸への窓口博多のある筑前を「紫陽」、他の諸国も「―州」と同様に「―陽」とよび、丹波も丹後も「丹陽」である。景徐のいう「岐」は美濃で、「美陽」「濃陽」もあるが、例外的にもっぱら周の故地岐山にちなむ「岐陽」が義堂周信の「送的上人帰岐陽詩序　…岐陽的上人、通太守源公書、求籍于瑞鹿、弗達而帰也、群公餞而慰之」や応安元年（一三六八）の「送信侍者帰岐陽、兼簡大興広無涯　千里飛来玉鳳児、欲棲海樹老無枝、碧梧生在岐山頂、帰去何妨刷羽儀」以来、五山や妙心寺派の禅僧にひろくもちいられた。「岐山」はのちに金華山（稲葉山）とむすびつくようであるが、「岐陽」は仏光寺派の外護者である守護土岐氏の縁語とおもわれる。中世では国をさすケースがほとんどであるが、近世では「武陽」は江戸、「摂陽」は大坂のように、中心都市をいうことがおおい。

六五　佐藤進一、池内義資編『中世法制史料集』第三巻、岩波書店、一九五七年三月、一〇、四〇七、四一三頁。

六六　最後にかかげる「天下主領の人かならず威勢有べき事」の「一国の守護など所勘にしたがはざらんをばいかゞはせん、…朝敵に准じてすみやかに退治のさたに及べき事、理のをす所左右にあたはず」は義尚が陣没する六角征伐に影響したのではなかろうか。

六七　これにさきんじて「清三位来尋、因曰、前日見還梅花百詠之和一巻、此巻乃一条相公作也」と、いきなり兼良を話題にしている点も注目される。

六八　中国においては易姓革命以外、先帝が死去した翌年正月一日新帝の即位と同時に改元される。日本でも光仁天皇は桓武に譲位する年の正月一日に天応（七八一）と改元したが（辛酉の年であるのは偶然であろう）、この年十二月に死去したのが不吉とされたのか、以後元日の改元はない。『日本後紀』大同元年（八〇六）五月辛巳条が「改元大同、非礼也、国君即位、踰年而後改元者、縁臣子之心不忍一年而有二君也、今未踰年而改元、分先帝之残年、成当身之嘉号、失慎終無改之義、違孝子之心也、稽之旧典、可謂失也」と非難するとおり、践祚の年は改元しないのが先帝に対する礼であり、踰年改元が慣例化した。称光天皇の践祚による改元はおこなわれず、室町殿義持の死後、自身の死の三月前になって「代始」を名目に改元される。正親町天皇が譲位しても、六年後の文禄（一五九二）改元は秀吉が関白を秀次にゆずった翌年であり、秀次事件翌年の慶長（一五九六）、大坂夏の陣の年の元和（一六一五）と、武家の事由による改元がつづき（三鬼清一郎「豊臣秀吉文書の基礎的研究」『名古屋大学文学部研究論集』史学三四、一九八八年三月、三五一頁）、践祚による踰年改元が復活するのは桜町天皇の元文（一七三六）とおもわれる。

六九　天野忠幸『三好長慶』ミネルヴァ書房、二〇一四年四月、八九―九三頁。

七〇 阿部栄之助『濃飛両国通史』上巻、一九二三年七月、岐阜県教育会、六四五—六四六頁。阿部の付した訓点は「攸」の「トコロ」など適切であるが、引用では東京大学史料編纂所「所蔵史料目録データベース」で公開されている『蘭叔録』の画像どおりにはぶいた。また、「西伯」と「殷辛」のあいだに一字あけ「滅字脱スルカ」と傍注するとおりとおもわれるが、「克」「伐」など文字は特定しがたい。無年記「五月廿八日」とあるのみで、阿部は「天正三年の条に載する」というが、編年は徹底しておらず、扉に「蘭叔香沢水庵等之述」とあるように作者も混在する。「去載鏖南蛮、今年降西戎、日未幾東軍退散」に相当するのは永禄十二年（一五六九）からみて、美濃の南にあたる前年二月の北伊勢攻略、『言継卿記』正月十二日条の「就織田上洛、尾張、美乃、伊勢、近江、若狭、丹波、摂津、河内、山城、大和、和泉等衆、悉上洛、八万人計云々」、四月武田信玄が甲斐にかえったことをさすとみるのが妥当ではなかろうか。なお、岐阜の「阜」はふるく『文選注』に「陳云、鍾阜、謂建康之鍾山也」（第三十八巻、任昉「為范尚書譲吏部封侯第一表」の「悵望鍾阜」の注）とあり、禅僧が「瑞阜」「竜阜」「鹿阜」（瑞竜山南禅寺、瑞鹿山円覚寺）「亀阜」（霊亀山天竜寺）など山号の略称に常用したので「岐阜」は「岐山」にひとしい。さらに、『毛詩正義』大雅、文王之什、緜に「居岐之陽、山南曰陽、故知周之原、地在岐山之南也」とあるように「昔周…」の故地「岐陽」に対応する。

七一 「相攸」は寺地を相するという意味で五山文学にすくなからずみられ、慶長十九年（一六一四）四月の文英清韓による方広寺大仏鐘銘にも「豊国神君、…天正十六（一五八八）戊子夏之孟、相攸於平安城東、創建大梵刹、安立盧舎那大像矣」とある。寛永三年（一六二六）八月刊の古活字本は「秀吉公…大仏殿ヲ建立有ラント攸ヲ見タマフニ、平安城ノ東ガヨキ所ナレバ、天正十六年四月ヨリ初テ大伽藍ヲ建立アリ」と解説する（『中華若木詩抄他』新日本古典文学大系五三、岩波書店、一九九五年七月、五四六頁）。

七二 勝俣鎮夫『戦国時代論』岩波書店、一九九六年十一月、二二一—二二三頁。佐藤進一『花押を読む』平凡社、一九八八年十月、四三—四四、九二—九三、一九一—一九九頁。天文四年（一五三五）崇福寺の兵火をさけた仁岫宗寿はおくられた炭の礼を「謹拝烏銀一章　…　炭子苞苴得五枚、未投炉上禦寒来、千年一遇麟耶鳳、分此仁恵可与梅」とオーヴァーに詩によみ、『禅儀外文鈔臆断』『虚堂録臆断』『碧巌集景聡臆断』などの注釈書で謹厳なイメージのある景聡興勗をふくめ、宗瑾、興雅が次韻し、たがいに添削をこうた。麒麟炭や鳳炭など獣炭がふくまれていたのであろう。獣炭は粉炭を獣のかたちにかためたもので、麒麟炭は現在でも季語であるし、東陽英朝『少林無孔笛』に「毛錐子一枝、贈井上雅楽助答恵炭　鳳炭遠従丹岳来、寒爐頓覚挽春回、…」「寒爐　豪家獣炭幾通紅、…」、古剣妙快『了幻集』

に「口占　今朝正是十月旦、随例開爐無獣炭、等閑抛却死柴頭、一段光明何燦爛」、空谷明応『常光国師語録』「開爐上堂、風頭稍硬便開爐、…火筋軽軽敲**獣炭**、…」とある。

七三　普通は冬至の月を子とし以下十二支を十二月にわりあてて説明する。たとえば朱熹『論語集注』衛霊公に「天開於子、地闢於丑、人生於寅、…夏以寅為人正、商以為地正、周以為天正也」、為政に「三統、謂、夏正建寅為人統、商正建丑為地統、周正建子為天統」とあるのは『史記正義』周本紀の「按、三正、三統也」以下をうけている。商は殷の正称。

七四　原文は「**楚子曰**、…夫文**止戈為武**〈文字〉、武王克商、頌曰、載**戢**干**戈**、載櫜弓矢、〈戢蔵也、…詩美武王能誅滅暴乱而息兵、…〉〈…又作**武**、其卒章曰、耆**定**爾**功**、〈武頌篇名、耆致也、武王誅紂、致定其功、…〉…**夫武**、禁暴、**戢兵**、保大、**定功**、安民、和衆、豊財者也、〈此武七徳〉」である。「夫文」も、小字でしめした杜預注の「文字」も、「武」という字のなりたち「止戈」をいう。

七五　この書については古松崇志「『勅修百丈清規』版本小考」『古典学の再構築』12、二〇〇二年九月、「元代江南の禅宗と日本五山―『勅修百丈清規』の成立と流伝」『古典学の現在』V、二〇〇三年一月、同「附属図書館谷村文庫蔵『勅修百丈清規』元刊本・五山版―元代江南禅宗と日元文化交流の歴史を解明する重要資料」『静脩』四〇―三、二〇〇四年一月、参照。「綿蕞野外」は『史記』叔孫通伝にみえ、漢の高祖のとき、礼儀をならわせた故事。

七六　大塚光信編『続抄物資料集成 第八巻 百丈清規抄』清文堂、一九八〇年一月、一三八―一三九頁の影印より翻字。なお同書の社会的影響のひろがりについては、川本慎自「禅僧の荘園経営をめぐる知識形成と儒学学習」『史学雑誌』一一二―一、二〇〇三年一月を参照。

七七　「辛酉」ならば繋年は翌年となる。『三浦家文書』の系図の欠年の命日「五月十日卒、〈イ至徳三年（一三八六）丙寅、〉法名徳翁民公」と符合するといえようが、異本の没年はあやまりである。

七八　入矢義高校注『五山文学集』新日本古典文学大系四八、岩波書店、一九九〇年七月、三三二頁。

七九　「電転星飛」はすばやいこと、「陥虎之機」も『碧巌録』による。

八〇　それぞれ漢の高祖の歌「大風起兮雲飛揚、**威加海内**兮帰故郷、安得猛士兮守四方」、『虎丘紹隆禅師語録』の「一句定乾坤、**一剣平天下**、便見時康道泰、四海晏清、向我衲僧門下」にもとづく。なお、東陽英朝『少林無孔笛』の「住堆雲菴語」は将軍義尚の六角征伐をふまえて、『史記』絳侯周勃世家にもとづく禅語「寰中天子勅、塞外将軍令」とくみあわせ「寰中天子勅、一句定乾坤、塞外将軍令、**一剣平天下**」とし、末尾に「于時右大将義尚公卒、大軍討佐佐木六角於江州、六角出奔」と注がある。近年、当時において「天下」は五畿内をさすという説が流行しているが、応永九年（一四〇二）の奥書をもつ世阿弥『風姿花伝』奥義に云はくの「この位を得たらん上手こそ、**天下**にも許され、また、**遠国田舎**の人までも、あまねく面白しとは見るべけれ、この工夫を得たらん為手は、和州にも江州へも、もしくは田楽の風体までも、…いづれにもわたる上手なるべし」「**天下**に許されたる程の為手も、…少し廃るゝ時分ありとも、**田舎遠国**の褒美の花失せずば、…また**天下**の時に会ふ事あるべし」も、天下／遠国・田舎を対比していよう。しかし一方では「天下安全のため」（序）「天下治まり、国静かなり」「天下太平の御祈祷なり」（第四）とともにもちいられているのは、「天下」がフラットな地理的区分ではなく、都／畿内／畿外／化外や都／鄙、華（夏）／夷といった濃淡のある同心構造をもつ概念だからである。林望『すらすら読める風姿花伝』講談社、二〇〇三年十二月、四二頁の「実質的には都の文化圏にある人々のことを想定して『天下』と言っているのであろう。この時代なお文化というものは都にのみあって、鄙〈ひな〉は文化果つる所とおもわれていたのである」とまで極論しなくとも、能勢朝次以来おおくの訳注が実質的に「都」「京都」「中央」をさすなどとしている。すくなくとも建武以降地域的なまとまりとして意識されたことのない五畿内を超歴史的にとりあげたのは日本の地域区分として学習したキリスト教の宣教師によるものであり、他の国内史料をその周辺に補強するのは適当ではない。根拠とされる一五八五年十一月十三日フロイス書簡には「五畿内の領主になった者が、天下人、すなわち日本の君主（**Monarchia**）と呼ばれ、その力に応じて天下人になった者が、その他の諸国を服従させようとすることになる」（松田毅一監訳『十六・七世紀イエズス会日本報告集』第Ⅲ期第七巻、同朋舎出版、一九九四年三月、一六一頁）からなりたつのは、五畿内〈天下＝日本である（神田千里『織田信長』ちくま新書、二〇一四年十月、一〇八頁の改訳「五畿内の君主となるものを天下の主君、すなわち日本の君主国の領主と呼び」ではさらに明確である）。さらに、『上杉家文書』五一五上杉輝虎願文の前段には「かみ〔上〕はうちやう〔有頂〕、天下はこんりんさい〔金輪際〕迄」と日本どころか仏教世界のはてまでひろがりをみせており、「**分国**留守中きつかいなく**天下**へ令上**洛**」にみられるのは『風姿花伝』に類似する洛／分国の対比であり、五畿内をもちだす必要はない。さらに「天下」の類義語である織田信雄の「海内」は日本以外のなんであろうか。宣教師たちは「信長は都及び天下 **Tenca**（日本人は日本の王国 **monarchia** をかく称す）の主であるけれども」（一五八二年二月コエリョ）「天下 **Tenca**（すなわち日本王国）」（一五八二年十一月フロイス）「天下すなわち日本王国」（一五九

○年十月ヴァリニャーノ、一五九三年十二月カブラル）と異口同音に報告するとおり（村上直次郎訳『イエズス会日本年報』上、新異国叢書三、雄松堂書店、一九六九年五月、八四頁、二〇五頁、高瀬弘一郎訳・注『イエズス会と日本一』大航海時代叢書第Ⅱ期六、岩波書店、一九八一年一月、八一頁、一二七頁。後者は凡例に「イエズス会関係の未刊文書」とあり、一六一五年三月スピノラ以下多数の用例はいずれも秀吉、家康に関してもちいられている）、天下＝日本国が共通認識であった。フロイスは一五八四年一月には他とことなり「天下 Tenca すなわち都附近の諸国は何人の諸国は何人の手に陥ったか」（村上訳上二六九頁）とのべるが、一五八八年二月には「五畿内の領主となった者は天下 Tenca、すなわち日本王国の君と称し」（下一八三頁）と通常の表現となる。ポルトガル国立図書館ディジタルで https://digitalis-dsp.uc.pt/bg5/UCBG-VT-18-9-17_18/UCBG-VT-18-9-17_18_item1/P1.html、引用個所はエヴォラ版の①三五葉裏、②六一葉裏、③九二葉、④一八八葉裏にみえる。②でフロイスはコンマをもちい、村上は日本語として自然な括弧にかえたが、松田前掲監訳第Ⅲ期第六巻、一一九頁では「日本の君主国、すなわち天下と称する近隣諸国の征服に乗り出した」と「すなわち」の関係が倒錯している。④には quem se faz Senhor do Goquinâi, se chama senhor da Tenca, que quer dizer Monarchia de Iapão,とあり、高瀬訳「天下〈テンカ〉、すなわち日本王国の支配者〈シニョーレ〉と…」（八一頁）の原文も下線部とほぼ同一の表現ではなかろうか。②が異例なのは信長継承戦争が他の戦国大名に介入のすきをあたえず織田家中領国の内紛として秀吉が勝利する過渡期で、信長や初期の秀吉が「天下」を呼号しながら、実際は京都周辺を支配するにすぎない、二面性を念頭においたのではなかろうか。③はテンカやモナルキアの表記も通常とことなり、原書翰をふくめた検討が必要であろう。日文研データベースにはイタリア語版『一五八二、八三、八四年度日本年報』（一五八六年）『一五八七年度日本年報』（一五九〇年）が公開されており、フレデリック・クレインスの解説によれば、前者と同年に仏独西語版が、後者をもとに仏独西羅葡語版が刊行されひろくよまれたというから、一五九八年のエヴォラ版より随分はやい。前者は摘訳で、四六頁に incominciò à conquistare i Regni vicini, i quali con vocabolo generale si chiamano la Tenza, （一般的な語彙で Tenza とよばれる、近隣諸国の征服を開始した）と不適切に省略され、後者五頁は「誰が Tenza と、日本王国の主と呼ばれる五畿内の主となるか」と補足説明が並列にかかわるなど、重訳は伝言ゲームのように原義からはなれるが、原本より影響がおおきかったとみられる。アビラ・ヒロン『日本王国記』（佐久間正他訳『大航海時代叢書』Ⅺ、岩波書店、一九六五年九月）が天下＝五畿内を明言するのは不在時のみで、イタリア語訳的な先行文献によったのであろう。

Ⅱ　続日本紀と唐代史学

延暦十三年表と修『晋書』詔

続日本紀（以下「続紀」と略す）編纂の経緯は延暦十三年（七九四）上表文（『類聚国史』文部下）に「降自文武天皇、訖聖武皇帝、記注不昧、…但起自宝字至宝亀、…勒成一十四巻」とあるが、この表は唐の貞観二十年（六四六）太宗の「修『晋書』詔」をふまえている。

臣聞、黄軒御暦、沮誦摂其史官、有周闢基、伯陽司其筆削、故墳典新闡、歩驟之蹤可尋、載籍聿興、勧沮之議、允備暨乎、班馬佚起、述実録於西京、范謝分門、聘直詞於東漢、莫不表言旌事、播百王之通猷、昭徳塞違、垂千祀之炯光、史籍之用、蓋大矣哉、…修国史之遂業、補帝典之缺文、…銓次其事、以継先典、若夫襲山肇基以降、清原御寓之前、神代草昧之功、往帝庇民之略、前史所著、燦然可知、降自文武天皇、訖聖武皇帝、記注不昧、餘烈存焉、但起自宝字、至宝亀、廃帝受禅、韞遺風於簡策、南朝登祚、闕茂実於洛誦、是以…石川名足、上毛野大川〔官位姓省略〕等、奉勅編緝、合成廿巻、唯存案牘、類無綱紀、臣等更奉天勅、重以討論、…理帰勧懲、摠而書之、以備故実、勒成一十四巻、繫於前史之末（延暦十三年表）

朕…詳観典府、考亀文於羲載、便鳥冊於軒年、不出巌廊、神交千祀之外、穆然旒纊、臨睨九皇之表、是知右史序言、繇斯不昧、左官銓事、暦茲未遠、発揮文字之本、導達書契之源、大矣哉
蓋史籍之為用也、
自沮誦摂官之後、伯陽載筆之前、易代史臣、皆有刪著、仲尼修而采檮杌、倚相誦而闡邱墳、降

自西京、班馬騰其茂実、逮於東漢、范謝振其芳声、蕞爾当塗、陳寿敷其国誌、眇哉有宋、沈約裁其帝籍、至若梁陳高氏、朕命勒成、惟周及隋、亦同甄録、莫不彰善癉悪、振一代之清芬、褒徳懲凶、備百王之令典、惟晋氏膺運、制有中原、…及中朝鼎謝、江右嗣興、並宅寰区、累重徽号、足以飛英麗筆、将美方書、但十有八家、雖存記注、而才非良史、書虧実録、栄緒煩而寡要、行思労而少功、…遂使典午清塵、韜遺芳於簡策、…宜令修国史所更撰晋書、銓次旧聞、裁成義類、俾夫湮落之誥、咸使発明、其所須、可依修五代史故事、…（修晋書詔）

太宗の代には『三国志』以降でかけていた梁、陳、北斉（高氏）、北周、隋の五代史編纂につづいて、『晋書』は太宗みずから宣帝（司馬懿）、武帝、王羲之などの制を執筆し御撰とされたから、続紀編纂者があやかろうとするのも不思議ではない。

字句の対応はかなり前後しているが、まず三史および『三国志』に「前史」（『日本書紀』、以下「書紀」と略す）をかさねる。もっとも注目すべきは唐以前に編纂された「十有八家」の晋史は「雖存記注、而才非良史、…」として太宗が『晋書』を親撰した経緯に、前代の修史にあきたらない桓武朝の撰者が続紀の複雑な編纂過程を比す波線部であろう。

神護景雲三年（七六九）十月甲辰条には「府庫但蓄五経、未有三史正本、…伏乞、列代諸史」という大宰府に「詔賜史記、漢書、後漢書、三国志、晋書各一部」とあるから、『晋書』は当然編纂の参考にされえた。

延暦十三年（七九四）上表には「起自宝字、至于宝亀」とあるが、光仁朝に編緝された廿巻を十四巻にしたというから、宝亀八年（七七七）までとすれば〓、「今皇帝」をふくむ続紀の特色はすでに光仁朝の編纂に存在し桓武朝はこれを踏襲したにすぎないことになる。十三年表の「蕃国入朝、…摠而書之」のほか、十六年表にも「伏惟天皇陛下、…遂使仁被渤海之北、貊種帰心」とあるのは、宝亀八年（七七七）の遣唐使派遣や渤海の即位慶賀使の来朝が、大宝二年（七〇二）文武朝における遣唐使復活にも比すべき新皇統の国際的承認をしめす画期としたのではなかろうか。

帰国する渤海使に託した国王への書の「顧慙**寡徳**、叨嗣**洪**基、**若渉大川**、**罔知攸済**」（五月癸酉条）は東晋初代の元帝の即位詔の「惟朕**寡徳**、纘我**洪**緒、**若渉大川**、**罔渉攸済**」をふまえる。のちにふれるように続紀には唐の詔勅が利用されており、太宗の即位詔（『冊府元亀』巻七十八）も後半は同文であるが、前半に相当とする部分は「朕以**寡**昧、実膺統緒、辞不獲免、式纂**洪**業、…」で典拠としてはややおとる[三]。

光仁と八王の乱

渤海は宝亀二年（七七一）に来日した使節によって、前回天平宝字六年（七六二）当時の太上天皇（称徳）、天皇（廃帝）、大師（恵美押勝）ら全員が死に、新任の中納言であった白壁王が一人廟堂にのこって即位したことをしり、あらためて慶賀使をおくってきたのである。おもえば激動の十年であった。

一方、晋は二代恵帝が暗愚で、皇后賈氏の陰謀にはじまる皇族同士の八王の乱が匈奴の傭兵をまきこんだ永嘉の乱に発展して西晋の滅亡にいたった。これにともない（「修晋書詔」の「及中朝鼎沸」）江南で自立（「江左嗣興」）した東晋の元帝は、諸葛亮との対戦で有名な魏の将軍司馬懿（仲達、宣帝）の曾孫、父は初代武帝の従弟で、琅邪王を世襲し西晋滅亡をうけて即位したが、南宋と同様、決して唐の太宗のような吉例とはいいがたい。体面上、外交文書にもちいるのは疑問で、中興というなら後醍醐も「建武」という年号であやかった後漢の光武帝が順当であろう。そもそもなぜ典拠とされたか。

天平宝字元年（七五七）四月辛巳太子廃立を宣した勅の「(道祖王)忽出春宮、夜独帰舎、云、臣為人拙愚、不堪承重」を廃帝即位前紀は「高野天皇、皇太后、与右大臣従二位藤原朝臣豊成、大納言従二位藤原朝臣仲麻呂、…等、定策禁中、廃皇太子、以王還第」と表現しており、両者あいまって八王の乱中に皇太子成都王穎を廃し予章王熾を皇太弟とする『晋書』恵帝紀の「成都王穎自在儲貳、政績虧損、四海失望、不可承重、其以王還第、予章王熾、先帝愛子、…今以為皇太弟」や廃帝海西公紀の「今廃奕為東海王、以王還第」に対応する四。

つづいて「先是、大納言藤原仲麻呂、妻大炊王、以亡男真従婦粟田諸姉、居於私第、遂迎大炊王於仲麻呂田村第、立為皇太子」とあるように禁中ではなく仲麻呂の私第にむかえていた。ちなみに七年後十月壬申宣命の「帝位乎方退賜天、親王乃位賜天淡路国乃公止退賜」で、廃帝はもとの王ではなく特に親王とされ、漢の封地のように、淡路に配流されたのである。

ところで、勅の前段「先帝遺詔、立道祖王、昇為皇子、而王諒闇未終、陵草未乾、私通侍童、無恭先帝、居喪之礼、曾不合憂」の類句には宝亀元年（七七〇）八月道鏡を配流する皇太子（光仁）令旨の「如聞、道鏡法師、窃挾舐粳之心、為日久矣、陵土未乾、奸謀発覚」、延暦元年（七八二）閏正月丁酉の不破内親王を処罰する詔の「但以諒闇之始、山陵未乾、哀感之情、未忍論刑」がある。典拠の類例としては、唐の太宗が執筆した『晋書』宣帝紀の制に「陵土未乾、遽相誅戮、貞臣之礼、寧若此乎」、干宝「晋紀総論」（『文選』）によった孝愍帝紀に「武皇既崩、山陵未乾、而楊駿被誅、母后廃黜、…」などがある。

橘奈良麻呂の乱の天皇候補という四王のうち黄文、道祖は獄死、安宿は配流、ゆるされた塩焼も「今帝」として仲麻呂の乱と運命をともにした。くわえて船、池田は配流、その後、和気、大炊（廃帝）もころされたから、まさに「八王」の乱といえる。両乱の関係者は「先後逆党」「前後逆党」

「両度逆党」などとよばれ[五]、弟仲麻呂に誣告された豊成らをのぞいて大赦からも除外されたが、光仁朝には連坐した人びとの復権記事があいつぐ。

とすれば、続紀はやはり聖武後継をめぐる混乱を八王の乱に擬し、光仁を東晋の元帝になぞらえ、さらに続紀上表文が光仁を「南朝登祚」とするのは、東晋が南朝最初の王朝であり、南北が逆転するとはいえ平安遷都を晋の東遷に比しているとかんがえられる。とすれば、『晋書』は上表文のみならず、このとき撰上された十四巻の構想全体に影響をあたえたようである。

しかしながら、八王の乱のアナロジーは天平宝字元年（七五七）にさかのぼるから今回の撰進の範囲をはみだしている。系譜は厳密には照応しないものの、晋と日本の類推をおしすすめれば、宣帝司馬懿が天智、武帝は天智の女婿でもある天武でこれらは前史（書紀）の範囲、文帝は文武として、問題の恵帝は聖武、賈皇后は光明となるが、聖武までは「記注不昧」として撰進の範囲外である。武帝の皇統につながる懐帝、愍帝は廃帝、称徳に、武帝の系統ではない東晋初代の元帝は光仁にあたるが、このアナロジーは公言できまい。当時『晋書』をよんだ人はきわめて少数であったろうが、典拠がほのめかしallusionにとどまるのはそのためかもしれない。

『後漢書』と女主

上表文が修晋書詔の「逮於東漢、范謝振其芳声」を「范謝分門、聘直詞於東漢」ととらえなおした点もみすごせない。范曄の『後漢書』には志がなく晋の司馬彪の『続漢書』志でおぎなっているが、『後漢書』皇后紀下、附皇女の「事在百官志」に関する李賢注には「沈約謝儼伝曰、范曄所撰十志、一皆託儼、…其志今闕」とある[六]。初唐には太宗による史書の編纂につづいて、皇太子であった承乾が顔師古に『漢書注』を編纂させ、高宗の皇太子であった李賢によって『後漢書注』がつくられた。

近年書紀研究を精緻にすすめた池田昌広によれば、書紀は『漢書』『後漢書』を類書『華林遍略』によっていて直接利用はなく、『後漢書』の伝来は天平七年（七三五）吉備真備の帰朝によるという七。

紀伝体の史書では、漢の呂太后や唐の則天武后には例外的に本紀があるが、『後漢書』は「東京**皇統屢絶**、権帰**女主**、**外立**者四帝、**臨朝**者六后、莫不**定策**帷帟、委事父兄、貪孩童以久其政、抑明賢以専其威、…故考列行跡、以為皇后本紀」と序す皇后紀二巻をもつ点が特異である。「東京」とは長安に対する洛陽、洛陽を都とした後漢をいい、「外立者四帝」は傍系をさし『後漢書注』に「謂安、質、桓、霊」とあるが、他に安帝の死後、閻太后がたてたものの年内に夭折した少帝懿がいる。

同姓不婚の中国とことなり、日本では立后され即位した皇女は皇后紀とはならないが、巻廿二を六月の光明皇太后葬送でおえるのは「皇后紀」の可能性を示唆する。「臨朝者」に相当するのは持統、元明、元正、光明、称徳であり、未然に廃されたのが井上、附載されるべき皇女には吉備、不破、飛鳥田、難波、酒人、朝原らが該当するから八、後漢との相似は明白であろう。特に吉備、不破、井上らの内親王は「女主」として君臨する可能性があったからこそ皇統確立の攪乱要素として排除された。元正や孝謙が未婚のままとされたのも庇護者どころかもっとも強力なライヴァルとなるからであろう。

定策禁中

後漢では初期をのぞいて先帝が崩ずるや、実子のいない太后がつぎの皇帝をあえて遠縁の年少者からえらび、ひそかに近親を使者として封地からむかえた。「持節」は「天子の使者であることのシンボル」であり、皇太子、皇子の車である青色の傘の「王青蓋車」をもちいる。『後漢書』本紀には「外立者四帝」にくわえ、本紀のない少帝懿も安帝紀の末尾と皇后紀下がふれているので都合六度登場し[九]、□にはいるのは五件とも兄か父である。初例の安帝紀延平元年（一〇六）八月条をあげよう。

殤帝崩、太后**与**兄車騎将軍鄧騭**定策禁中**、其夜使騭**持節**、以**王青蓋車迎**帝、斎于殿中、…皇太后詔曰、…其以祜**為**孝和皇帝**嗣**、…即皇帝位、年十三、**太后猶臨朝**、

陰皇后が巫蠱によって廃されたのち和帝の皇后となった鄧太后は、和帝の子平原王を痼疾としてしりぞけ、生後百余日の弟殤帝が翌年死んだので、その従兄にあたる十三歳の安帝を和帝の嗣として臨朝をつづけた。

吉川忠夫が「禁中において、誰を次の天子に立てるべきかを相談する」と注するとおり、「定策」は政策を定めるなどという一般的な意味ではない[一〇]。白川静によれば、「文字をしるす簡策の策は冊が本字」「金文にいう冊命・作冊は、文献にいう策命・作策である」「詔によって后妃・諸侯を立てることをも冊立という[一一]」。『文心彫竜』巻四は「史伝」「諸子」「論説」につづいて「詔策」をたて、『文選』巻三十五「冊」には潘勖「冊魏公九錫文」が収録されている。後漢の献帝が禅譲への前段階として曹操を魏公とし九錫をおくったもので、後漢から隋までの王朝交代や唐の譲位、伝位にも「冊（策）」が重要なてつづきであったという[一二]。

書紀では顕宗即位前紀の「白髪天皇、…**与**大臣大連**定策禁中**、…使臣連**持節**以**王青蓋車**迎入宮中」が、子のない清寧が履中の孫の存在をきき、又従弟にあたる仁賢、顕宗兄弟を播磨からむかえるくだりで、表現の定型をしめす。

しかし決定的に重要なのは、続紀がついだ「前紀」すなわち書紀全三十巻の結句が持統十一年「八月乙卯朔、天皇**定策禁中**、禅天皇位於皇太子」で、持統紀がその死や葬送までかたらず、紀伝体と

しては体裁上未完であることをえらんでまで、この譲位を重視していることである。持統は前年天武の庶長子高市との生存競争にかち、嫡孫文武への譲位にこぎつけた[13]。持統紀、ひいては書紀全体は続紀にむかってひらき、持統の子孫が天皇として君臨するプレヒストリーとなっているのである。

続紀全体が完成し書紀に接続した延暦十六年表には一度も書紀にふれないのに対し、延暦十三年表の「**前史**所著、燦然可知」は一般的な賛辞としても「勒成一十四巻、繋於**前史**之末」はどういう意味であろうか。このときの撰進分の巻頭は廃帝即位前紀で、きわめて簡略な廃帝の出自のあと、「天平勝宝八歳、皇太子道祖王、諒闇之中、心不在」につづき、「高野天皇、皇太后…等、**定策禁中**、**廃**皇太子、**以王還第**」とあるのは、さきにひいたとおりである。つまり、六十年をへだて「定策禁中」で前後照応させたのではなかろうか。

天平宝字二年（七五八）八月の仲麻呂ら百官が尊号をたてまつる表は、孝謙ではなく光明を「遂乃欽承顧命、議定皇儲、**棄親挙疎**、心在公正」とたたえ、翌年六月甲戌廃帝の宣命がひく太皇太后（光明）のことばに「吾子為弖皇太子止定弖」とあるから、実際には『後漢書』のいう「定策禁中」はすんでおり、主体は光明、相談相手は仲麻呂であったとみられる。後漢では鄧太后のみならず、閻皇后が安帝の実子順帝を廃太子させ、その実母李氏を害したように、異腹の「棄親挙疎」は通例である。ここでも聖武の女婿塩焼王の弟で、聖武に指名された道祖王を廃し、その甥にあたる外孫の即位の可能性をけすことのほうが、だれをたてるかよりも重要であったかもしれない。

前史をひきつぎ

さらに草壁―文武の皇統の最後の天皇である称徳の死をつげる宝亀元年（七七〇）八月癸巳条に

も「天皇崩于西宮寝殿、…左大臣従一位藤原朝臣永手、…等、定策禁中、立諱為皇太子、…永手受遺宣曰、…」とあり、翌年二月癸酉の永手薨伝もこれを「洎于宮車晏駕、定策遂安社稷者、大臣之力居多焉」と一四、「定策」の語を使用している。

つまり、続紀は前史（書紀）をひきつぎ「定策禁中」をもって文武—聖武、廃帝、光仁—桓武の三皇統創始の標識とし、三部構成となっているが、廃帝の失敗と光仁の成功が延暦十三年（七九四）に完成した部分のテーマである。その編纂を先行させたのみならず、光仁即位前紀は童謡をかかげて天智紀の末尾に対応させる。上表文の「繫於前史之末」も、『神皇正統記』のごとく明言しないものの、壬申の乱から聖武—称徳にいたる天武＝持統の皇統を傍系の時代として、光仁—桓武の皇統を天智に直結させる意ではなかろうか一五。

それに対して廃帝紀と称徳紀は同一巻であつかわれる。称徳は二度の失敗にまなび、天平宝字八年（七六四）十月丁丑の宣命で、皇太子をさだめぬ理由を皇位は天命であると説明する。なお、重祚の記述がみえないのは上級の皇帝権を保持しており、のちの後醍醐と同様に必要とみとめなかったかもしれない。

その二年まえ称徳孝謙は廃帝と不和になるや六月甲戌の宣命で「岡宮御宇天皇乃日継波、加久弖絶奈牟止為、女子能継尓波在止母欲令嗣」というかつての光明のことばを発表した。つまり、光明は自分に他に子がないことをもって聖武の女婿、外孫をたてる可能性を拒否し、「外立」「定策」することにきめた。かつて立后直前に吉備内親王＝長屋王夫妻が抹殺されたのと同様である。

称徳孝謙は二年後乱に勝利したが、十月壬申今度は先帝聖武の口勅を「王乎奴止成止毛、奴乎王止云止毛、汝乃為牟末仁末仁、」として引用するものの、遺宣にいたるまで実行しない。かつての高市と持統のように白壁（光仁）の死をまってその子他部、未成年ならば他部の母井上を指名するつもりだったのではなかろうか。つまり、外孫につたえて聖武の皇胤をのこそうとする聖武―孝謙と、意のままになる「定策」をめざす光明―仲麻呂に路線のちがいがあったとみられる。

さて、『後漢書』皇后紀の表現でいえば、「外立者」は廃帝と光仁、即位までいたらずに廃された道祖王であるが、書紀の工夫はイローニッシュな結果におわった。三皇統といっても、孝謙は聖武の遺詔をかざして廃帝の廃立ともにかかわり、光仁も孝謙の遺宣で擁立される。

続紀は聖武の後継をめぐる混乱を晋の八王の乱になぞらえたが、生命力のよわい草壁―文武―聖武―某王と男系をつないだ持統、元明、元正、光明、称徳孝謙の皇后、女帝たちに、後漢の太后臨朝の「権帰女主」「臨朝者六后、莫不**定策**帷帟」との近似性をみたのであろう。『後漢書注』は『周礼』の鄭玄注をひき「帟、帷中坐上**承塵**也」という。天平宝字元年（七五七）孝謙天皇の太子廃立の勅に「三月廿日戊辰、朕之住屋**承塵**帳裏、現天下大平之字、灼然昭著」とある、あの「承塵」は「禁中」よりも「女主」の内密性を表現している。

他方、聖武の遺詔が指名した道祖王は「不順勅教、遂縦淫志」、船王は「閨房不修」としりぞけられ、池田王の「孝行有闕」をのぞいて女性関係を理由に不適格とされて、消去法により「唯大炊王、雖未長壮、不聞過悪、欲立此王」となる。

無礼と婦言

問題は「塩焼王者、太上天皇責以**無礼**」で、天平十四年（七三九）十月女孺四、五人とともに禁獄をへて配流されたことをさす。聖武のことばとしては他に天平宝字八年（七六四）十月壬申詔の「立乃後仁汝乃多米仁**无礼**之天不従、奈米久在牟人乎方帝乃位仁置許止方不得」があるが、これから想起されるのは隋の高祖（文帝）の寵姫宣華夫人陳氏が皇太子であった煬帝にせまられ、なきながら病床の帝につげた「太子無礼」という一句である（后妃伝）。高祖は激怒して「独孤誠誤我」といい廃太子勇をよびもどそうとするが、煬帝に通知されて急死する。さきに言及した太子廃立の勅の「好用婦言」は、高祖が故独孤皇后の言にしたがい太子廃立のあやまった『隋書』高祖紀下の「唯婦言是用、廃黜諸子」をふまえる一六。

勅の前段の「諒闇未終、陵草未乾、私通待童、無恭先帝、居喪之礼、曾不合憂」は煬帝紀下の「自高祖大漸、暨諒闇之中、烝淫無度、山陵始就、即事巡遊」「又引少年、令与宮人穢乱、不軌不遜、以為娯楽」に対応する。廃太子に反対した高熲は独孤を「一婦人」といって讒言され、王世積が尋問されて誅された際、「宮禁中事」を高熲からきいたと白状したため「熲竟坐免、以公就第」と失脚した。これはつづく「機密之事、皆漏民間」とかさなる。

独孤皇后は姉が北周明帝の皇后という名門出身でプライドがたかく、高祖に簒奪をすすめ宮中ではともに「二聖」と称された女傑であるが、嫉妬ぶかく異腹の子をつくらないと誓わせ愛妾をころし、長男の皇太子勇の「内寵」のおおさをきらって廃立をしむけた点は、女性関係を理由とする消去法に符合する一七。「二聖」とは『文選』班固「典引」の「高光二聖」が漢の高祖、光武帝をいうように二人の皇帝を意味して高祖と独孤皇后をさし、唐の高宗（天皇）と則天皇后（天后）にひきつがれる。

続紀では持統、元明、元正、光明らの「並坐」がこれに対応するが、天平勝宝六年（七五四）十一月戊辰条の「勅、朕以至奉款為二尊御体平安、宝寿増長」は父母である聖武、光明を「二尊」という。これは孝謙が『漢書』とともに吉備真備から受講した『礼記』喪服四制の「天無二日、土無二主、国無二君、家無二尊、以一治之也」に反する。『隋書』后妃伝は首尾二度にわたり『尚書』牧誓の「牝雞之晨」という語をもちいて儒教的に批判し、『文心雕竜』史伝は『史記』『漢書』が呂后の本紀をたてたことを批判して「庖犠以来、未聞女帝者也、…牝雞無晨、武王首誓、…豈唯政事難仮、亦名号宜慎矣」と痛論するが、続紀の態度は儒教といっても孝が優先され、微妙である。中国では隋唐における女性の政治進出を北方民族の影響とする説がある。日本でも称徳孝謙ののち、徳川秀忠の外孫である明正まで八百六十年も女帝があとをたち、明治以後女帝が公式に否定されるのは、続紀をとおして中国史書の間接的影響があるかもしれない。

出震登乾

天平宝字二年（七五八）八月朔、仲麻呂ら百官が宝字称徳孝謙皇帝という尊号をたてまつった表の「臣聞、**星廻日薄**、**懸象著名之謂天**、出震登乾、**乗時**首出**之謂聖**、**天以不言為徳**、**非言無以暢其神**、**聖以無名**体道、非名安可詮**其用**、冬穴夏**巣之**世、**猶昧典章**、雲官火紀**之君**、**方崇**徽号」は則天が臨朝称制する文明元年（六八四）の「高宗天皇大帝諡議」の「窃**聞**、**星廻日薄**、**懸象著名之謂天**、竜躍鳳翔、握鏡**乗時之謂聖**、**天以不言為徳**、**非言無以暢其神**、**聖以無名**会道、佇名然後筌**其用**、営窟橧**巣之**代、**猶昧典章**、如雲類海**之君**、**方崇**号諡」をふまえる。

唯一典拠にない「出震登乾」は『春秋左氏伝』昭公三十二年の杜預注に「**乾**為天子、**震**為諸侯」とあって、諸侯から天子になることであるから光仁ならぬ孝謙には不適当で、『旧唐書』粛宗紀の「我国家**出震乗乾**、立極開統、謳歌暦数、啓開千齢、…安禄山夷羯賤類、…朕興言痛憤…」は唐の建国を安史の乱中に回顧したものである。礼儀志の「非夫帝子天孫、**乗乾出震**者、不得升祔於斯矣、但皇后祔廟、配食高宗、位号旧章、無宜称帝」は開元四年（七一六）姜皎らが則天の題を「天后聖帝武氏」から「則天皇后武氏」つまり皇帝から皇后への変更をもとめる上表であるが、これを女帝にかかわる表現と誤解したのでなければ、孝謙をおとしめる意図を秘めているのであろう。

百官表はここまでを序として「伏惟、皇帝陛下、…」と治世を総括するが、『尚書』大禹謨による賛辞をはさんで、問題は「曁乎国絶**皇嗣**、人懐彼此、…損**乾**徳於**坤**儀、鴻基遂固」である。この「皇嗣」は光明崩伝に「生高野天皇及**皇太子**、其**皇太子**者、誕而三月立為皇太子、神亀五年、夭而薨焉」と固有名詞なしの聖武の最初の皇太子某王ではなかろうか。「人懐彼此」はたとえば「于時奈良麻呂謂全成曰、陛下枕席不安、殆至大漸、然猶無立**皇嗣**、恐有変乎、…」で「陛下」すなわち聖武はすでに孝謙に譲位しているが、未婚の女帝には則天に譲位した子睿宗のような「皇嗣」が存在せず、聖武の遺詔で指名された道祖王を廃した際に「当立誰王以為**皇嗣**」が問題となる。「損**乾**徳於**坤**儀」には、長安二年（七〇二）蘇安恒が則天に李氏への大政奉還をもとめた上疏の「陛下自**坤**生**徳**、乗**乾**作主」（『旧唐書』忠義伝上）のように女性（坤）の即位（乾）という意で、「損」はやはり貶意となろう。

　日本に女帝はすくなくないものの、持統や元明は後漢でいえば太后臨朝であり、未婚の元正もひきつぐが、奈良麻呂の乱後の宣命にも「皇太子乎退而、次者皇太后朝乎傾」とあるように、光明が女主であり、光明の存命中、孝謙は排除の対象にすらならず、周囲からほとんど無視される存在であった。つづく「展誠敬而追遠、攀慕惟深」は聖武の服喪を意味するから、三回忌をすぎての譲位は理解しやすい。孝謙と廃帝の不和が顕在化するのも光明の三回忌の直前である。

　廃帝紀冒頭の譲位記事と式次第がことなる、正倉院文書「孝謙天皇詔勅草」の評価は従来ひくかったが、西本昌弘が詳細に比較検討し、続紀の改変をへないオリジナルの記載をとどめる本来の配列であるとした[一八]。これにしたがえば、孝謙が尊号を受納して叙位をおこなったのち譲位したにもかかわらず、続紀は譲位後の叙位とし、そののち孝謙に尊号がたてまつられたと改変したことになる。しかし「皇帝」「皇太后」や尊号受納勅の叙位文言はもとのままなので矛盾が生じている。

恩寵を廃帝に帰すことは光仁・桓武朝にとって特に必要とはみとめがたいから、仲麻呂による作為をそのまま採用もしくは看過したにすぎないのであろう。仲麻呂は廃帝紀を自分の新時代として優先的に編纂させたのではなかろうか。

続紀後半撰進の三年後、延暦十六年（七九七）に撰進された前半では巻第六を霊亀元年（七一五）九月庚申、元明の譲位詔でおえ、巻第七を元正即位前紀につづいて同日の即位詔からはじめる本紀の体裁をとる。これに対し、孝謙紀とよぶには即位前紀もなく巻もあらためず、天平勝宝元年（七四九）聖武紀からなしくずし的に「秋七月甲午、皇太子受禅、即位於大極殿、詔曰、…、又、…」と聖武の譲位宣命、孝謙の即位宣命を「又」の一字をはさむだけでつなげている。しかし廃帝紀冒頭にほどこしたほどの作業をへずとも、元明、元正紀のように両者を分離し孝謙紀の体裁をととのえるのは簡単である。

廃帝自身も即位から一年もたたない天平宝字三年（七五九）六月庚戌の宣命で「太皇太后」（光明）のことば「**吾子為**弖皇太子止定弖」を紹介し、「朕又念久、前**聖武天皇**乃**皇太子**定賜比弖、…私父母兄弟爾及事得牟」と孝謙ではなく聖武の皇太子、光明の子を自認していた。伯母—甥の関係である元正—聖武、孝謙—他部なら母子にも擬されようが、おそらく、聖武の遺詔で皇太子とされた道祖王や、のちの光仁もおなじであろう。さきにひいた『後漢書』安帝紀の「以祜為孝和皇帝嗣」が安帝劉祜を夭折した殤帝ではなく、鄧太后の夫である殤帝の父和帝の嗣としたのと軌を一にする[一九]。

称徳孝謙紀の非自立性

奇妙なことに、まるで廃帝に敬意を表するがごとく称徳紀は形式的には乱の翌年正月から開始される。記述にしたがえば天平宝字八年（七六四）九月乙巳の「太師藤原恵美朝臣押勝逆謀頗泄、高野天皇、遣少納言山村王、収中宮院鈴印」ないし「…故是以帝位平方退賜天親王乃位賜天淡路国乃公止退賜止勅御命乎聞食止宣」という同年十月壬申詔が画期であり、称徳、光仁両紀のようにかさなる時期があってもよいわけであるから、ここでもあえて独立させなかったのであろう[二〇]。

同様な体裁の桓武紀は光仁との一体性、連続性を強調するものといえようが、内乱による廃帝／称徳ではありえない。孝謙紀、称徳紀とも空位であるかのように、前代をひきつぐ体裁をとるのは、やはり撰者がことさらに称徳孝謙をおとしめようとしたものとおもわれる。

しかも葬送後の「自太師被誅、道鏡擅権、…公私彫喪、国用不足、政**刑**日峻、殺戮妄加、**故後之言事者**、頗**称其冤**焉」という総括は、光仁の「宝亀**之**中、四海**晏**如、**刑罰罕用**、遐邇欣載」といちじるしいコントラストをなす。原拠の『漢書』高后紀の「賛曰、孝恵高后**之**時、海内得離戦国之苦、君臣倶欲無為、…而天下**晏**然、**刑罰罕用**、民務稼穡、衣食滋殖[二一]」、『後漢書』明帝紀の「論曰、明帝善**刑**理、法令分明、…断獄得情、号居前代十二、**故後之言事者**、莫不先建武永平之政」との反転ぶりがおもしろいが、あいまって称徳期を秦末、前漢末の「戦国」に、光仁期を呂后や光武、明帝の民力休養、「無為」の時期に比している。『晋書』は賈皇后に廃され八王の乱の発端となった愍懐太子の冤を上書した閻纘の伝で「史臣曰、愍懐之廃也、天下**称其冤**」としているが、続紀のばあい桓武の正統性にかかわるので、直接的には無関係な長屋王の誣告を暴露する程度である[二二]。

さらに元明・元正は聖武、前代の持続は草壁・文武という皇嗣をもっていたが、孝謙には逆に光明という女主がひかえていた。聖武は外孫に皇統を継承させようとしてその叔父にあたる道祖王を指名したのであろうが、光明には他人であるから後漢の皇太后と同様これを廃して廃帝をえらんだ。さきにもふれたように、皇嗣をあかさなかった称徳の意中にはおそらく他部があって聖武の皇胤をのこそうとしたが、自分より年長の光仁との生存競争にかてず、持統のようには意志を貫徹できなかった。つまり、他の女帝や皇太后のように女主たりえなかったのである。このばあい光仁が順当で称徳にも承認されるというのが永手らの定策であろう[二三]。

則天と孝謙のミッシング・リンク

天平宝字八年（七六四）正月己未恵美押勝の乱直前のめまぐるしい人事のなかで大宰府からよびもどされた吉備真備が唐に留学したのは[二四]、武恵妃（則天の従父兄子攸止の女）が玄宗の事実上の皇后となり、則天の評価が再浮上した時期であるから、春宮大夫兼学士としてさずけた帝王学が中国史上唯一の女帝則天を範とするのは不思議ではない。ちなみに玄宗は母竇徳妃が則天に朝したのちころされ、楊貴妃におぼれたのは武恵妃をうしなったのちである。『神皇正統記』称徳天皇条の「則天の朝よりこの女帝の御代まで六十年ばかりにや、両国のこと相似たりとぞ」は真備という媒介を発見できなかったのである。

また、則天の没年に張柬之らがクーデタで中宗に譲位させた状況と称徳の遺宣とは、武力行使の有無に相違はあるものの、にているともいえよう。

そもそも「天后」と称した則天に国事をゆだねようとしたのは病弱な夫の「天皇」（高宗）であったが、「今陛下奈何遂欲躬自伝位於天后、況天下者、高祖太宗二聖之天下、非陛下之天下也、陛下正合謹守宗廟、伝之子孫、誠不可持国与人、有私於后族」（『旧唐書』郝処俊伝）と反対されて断念した。これは『漢書』佞幸伝、酒席で寵臣董賢に禅譲しようといった前漢末期の哀帝に王閎が諫言した「天下乃高皇帝天下、非陛下有之也、陛下承宗廟、当伝子孫於亡窮、統業至重、天子亡戯言」に類する。則天が息子の中宗を廃した理由は、韋后の父韋玄貞を侍中にしようとして反対され「我譲国与玄貞豈不得、何為惜侍中也」（『旧唐書』裴炎伝）すなわち玄貞を皇帝にすることもできると放言したことによる。

天平宝字八年（七六四）十月壬申廃帝を断行した称徳の宣命が先帝聖武の口勅として引用する「王乎奴止成止毛、奴乎王止云止毛、汝乃為牟末仁末仁、」は、道鏡事件において神護景雲三年（七六九）九月己丑条の大神託宣で中宗と同様に「我国家開闢以来、君臣定矣、以臣為君未有之也」と否定される。

廃帝即位前紀の廃太子をめぐる一件でも、批判者と被批判者の言動が典拠と続紀ではいれかわっていたが、こうした手法には風刺的な意味がこめられているかもしれない。

天下者非一人之有

宝亀三年（七七二）五月丁未光仁は皇太子他部を廃する宣命で「其高御座天之日嗣波、**非吾一人**之私座止奈毛所思行須」と皇位の公的性格を強調する。唐の中宗が急死し、李隆基（玄宗）がクーデタで韋皇后一族を一掃して父睿宗を重祚させた。嫡長子で元皇太子の成器が功労者である異母弟玄宗に皇太子をゆずった際の「儲副者、天下之公器、…」と論旨は共通する。

同十一年六月十六日太政官符の「其権入食封、限立令条、比年所行、甚違先典、…**永入件封**、今謂**永**者、是一代耳、自今以後、立為恒例、前後所施、一准於此」は「専自参向於東大寺、**永用件封入**寺家訖」の文言をもつ天平宝字四年（七六〇）四月廿三日勅を意識しているとおもわれる。後者は聖武、孝謙、光明の施入であり、さらに中間の「天長地久、帝者代襲、物**天下**物、**非一人**用」と、聖武の有名な「夫有**天下**富者朕也、有**天下**勢者朕也」を対比すると、聖武の女婿として即位した光仁が、聖武一家へのアンチテーゼを提示したものといえよう。

延暦四年（七八五）六月廿四日太政官符も先帝の宝亀十一年格を天平八年格にもどすにあたり、「国非一人独理、委之牧宰、輯寧兆庶」と天皇独裁ではなく官僚の役割を強調する。
弘仁十四年（八二三）四月嵯峨が淳仁に譲位すると、平城は嵯峨に尊号辞退をもうしでたが、二十七日嵯峨が淳仁から拒否されたと返答するなか、平城からついだ皇位を淳仁につたえたとかたるくだりで「臣蒙殊奨、忝嗣鴻基、励治十有餘載、然大宝者、是至公之器、天下者、非一人之有也、…故以、万機之務、伝於賢嗣」という。薬子の乱で平城の皇子高丘親王を廃し、一旦辞退したものの淳仁によって皇子正良親王（仁明）を立坊される嵯峨としては、光仁同様、私欲ではなく公的行動であるとアピールする必要があった。

『六韜』に再三みえる文王に対する太公の語をふまえたこの表現は延喜四年（九〇四）二月五日群臣の再度の上表をうけて醍醐が皇太子をたてる際にも「勅、伝曰、**天下者**天下、**非一人之天下**」とみえるが、徳は尭舜におよばないから禅譲せず、わが子を皇太子とすると逆転する。

ここにいたるまでには藤原基経の女穏子の入内をめぐる醍醐=藤原時平と宇多=菅原道真の対立、後者により橘広相の外孫で道真の女婿である斉世親王擁立疑惑があったとみられ[二五]、配流された道真が前年大宰府で死に、十一月穏子に皇子が誕生するや、正月から「元子継明」「立嗣必子」という文言をふくむ群臣の上表がつづいた。しかし、時平についで、かれを外戚とする父子二代の皇太子があいついで夭死すると、道真のたたりとされ、延長八年（九三〇）醍醐も清涼殿落雷ののち病死した。

ことさらにこの語をもちい、嵯峨のように兄弟相承ではなく時平との直系に継承させるというつよい意思表示——聖武の路線への復帰が、天神により否定されたことになる。

鎌倉後期、皇統が分裂すると、永仁三年（一二九五）九月十四日伏見天皇告文案に「天下非一人之天下須、即天下之天下也、然れば祈請の心、非先身須、安全の思、偏為世なり、神は受徳与信天、不受物備須」とある。践祚以来九年におよび皇太子はのちの後伏見で、持明院統得意の時代といえそうであるが、浅原事件のほとぼりもさめて、大覚寺統の関東への運動がはげしくなってきたという。これにならって嘉暦元年（一三二六）五月廿九日後伏見上皇願文案の「眇身者受皇統之正流、備先院之長嫡、初逃膺図、後去機務、唯知非一人之天下、偁為継両流之皇基也、是已為人忘身、以自替他」は大覚寺統の東宮邦良親王の死をうけ、量仁親王（光厳）の立坊をねがうが、ともに両統迭立のなかで、自分のためではなく世の為人の為であるという論旨をみちびくための枕詞的にもちいられている。

翌年九月四日「あめのした」と和語になだらめ、光厳の践祚をねがう「賀茂社御願書」では後醍醐を「これしかしながら身のためにして世をかたぶくるにあらずや」と批判し、御成敗式目にもひかれた何晏『論語集解』八佾の「神不享非礼」にもとづき「ほしきまゝにじやねいをもちて正ろをふさがんこと、神としてあにうけたまはんや」とうける[二六]。さらに翌嘉暦三年事書幷目安案はいみじくも「承久以後関東代天、被計申重事之条、綷起自冥慮、已為公私之佳例」と鎌倉幕府を天の代行者に比す。

足利氏のうち「政道のたゞしかるべきを可仰」とする今川了俊『難太平記』は「今度鎌倉殿（足利満兼）思食立ける事は…只天下万民のための御むほんとあまねく聞えしかば」、義満も反省して「関東御調伏」などやめ「天下の天下たる道」をかんがえるべきと批判する。

また、『明史』日本伝によると、国内的な分裂状態を反映してか、日本国王良懐の上言は洪武十四年（一三八一）中華の主が弱小国に遠征するのは無用であると、この語を空間的な並立関係でといた。

徳川氏につかえた林羅山、鵞峰父子の文集にはこの語の典拠や擬対策文への利用など研鑽ぶりがうかがえるが[二七]、『太閤記』（寛永二年〔一六二五〕序）巻十七は豊臣秀次の族滅ののち洛の辻々に「天下は**天下之天下**なり、…今日之狼藉、甚以自由なり、行末めでたかるべき政道に非ず、吁、因果のほど御用心候へ〳〵」とかいてあったと秀吉を批判し、これに応ずるかのように『武野燭談』（宝永六年〔一七〇九〕序）第三、大臣勘弁之事は家康の談として「我モ昔シ天下ニ忠ヲ心掛シ故ニヤ、自ラ天下ノ権柄我家ニ帰シタリ、去共天ヨリ預ル処ノ、毫髪モ邪ナル事アラハ、上帝必ス免シ玉ハシ、忽権柄ヲ可被召上也、…去レハ天下ハ**天下之人ノ天下**ニシテ、我一**人ノ天下**トハ不可思」という。室鳩巣『駿台雑話』（享保十七年〔一七三二〕序）巻三「天下は**天下の天下**」も洪武帝をひきあいにだして家康の秀吉との和睦を称賛している。

以上では天皇ではなく覇権の移動に関心がうつっていたが、林家の門人から賀茂真淵に入門した平賀源内『風流志道軒伝』（宝暦十三年〔一七六三〕）では蘭学というより『和漢三才図会』的な世界観で日本国王良懐にもみえる中華的天下観を相対化し、戯作者流の口調で易姓革命の「唐の風俗は日本と違ふて、…天下は**一人の天下にあらず**、**天下の天下なり**と減らず口を云ちらして、主の天下をひつたくる不埒千万なる国ゆゑ、聖人出て教へ玉ふ」といい[二八]、国学の影響によるのか、ふたたび天皇にもどると同時に日本には該当しないとする。

これに対し、美濃部達吉『憲法講話』の一九一八年（大正七）改訂版は第一講、一国家の性質にながい加筆をほどこし「国家とは何であるか」「国家の本質についての二種の見解」として君主説と団体説をあげ、前者の誤謬を論駁するなかで[二九]、「一つは国家を以て君主の持ち物の如く考える思想で、一つは国家を以て国民の共同団結として考える思想であります。言い換えれば一つは**天下**

は一人の天下なりとする思想と、一つは**天下は天下の天下なり**とする思想とであります」と、洋の東西を通じた普遍的な二類型とし、君主説はむしろ西洋の神授説や日本の封建時代の諸侯に領地についての思想であると、批判克服すべく誘導する。

美濃部が戦後、『法の本質』「歴史的事実と法」の、慣習法が一般人の心理にもとづくという例を「就中憲法の領域に於いては、事実の力に依り法が形成せらるるに至ることの現象は最も著しい。…天皇の親政が廃れて、藤原氏の摂政関白政治となり、…転じて武家政治となり、…更に織田氏・豊臣氏を経て徳川幕府の成立を見るに至つたが如き、何れも其の初に於いては単純な事実であつたのが、事実の力に依つて人心を支配し、以て法を形成するに至つたのである」にさしかえたのは[三〇]、天皇親政に対して、摂関政治、院政、幕府が変態とされた時代には明言しづらかったからであろうか。

天長節存疑

近代と光仁朝のつながりといえば、天長節がある。宝亀六年（七七五）九月壬寅条の「勅、**十月十三日**、**是朕生日**、毎至此辰、感慶兼集、宜令諸寺僧尼、毎年是日、転経行道、**海内**諸国、並宜**断屠**、内外百官、賜酺宴一日、仍名此日、為天長節、庶使廻斯功徳、虔奉先慈、以此慶情、普被天下」は『隋書』高祖紀仁寿三年（六〇三）五月癸卯詔の「六**月十三日**、**是朕生日**、**宜令海内**為武元皇帝、元明皇后**断屠**」をふまえる。

光仁は天応元年（七八一）丁未条の「太上皇崩、春秋七十有三」から逆算すれば和銅二年（七〇九）誕生となる。続紀にはみえないが、『類聚三代格』巻十七には「勅、先帝丙辰八月九日崩、施基皇子、…白壁天皇即位之後追称御春日宮天皇、霊亀二年（七一六）、…、贈大□言正一位諸人女〔朱筆〕皇太后己酉九月十四日崩、和銅二年、右件御墓自今以後、称山陵、宝亀三年（七七二）五月八日」とあるから[三二]、光仁は九月十四日に死んだ母親から十月十三日にうまれたことになる。

ただし「皇太后己酉…」がのちの合載であることはつぎの「勅、先妣紀氏未称尊号、自今以後、宜奉称皇太后、御墓者称山陵、宝亀三年九月十三日」からわかる。続紀はこれを前年十二月丁卯条にかけているが、山陵については夫の施基（続紀では志紀、志貴親王）に先行することになるから不適当で、忌日の前日である九月十三日のほうが理にかなう[三三]。『類聚三代格』で九月十三日格が五月八日格に吸収されずにのこされた理由であろう。

宝亀三年五月八日という時点は、すでに三月に井上皇后を廃し、この月丁未（二十七日）にはその子皇太子他部も廃するから、聖武の皇統からの自立を意識したもので、格の編纂でも追尊天皇にすぎない施基皇子に「先帝」をもちいたとおもわれる。

そもそも続紀の誕生記事は光明所生の皇子某王だけで、聖武すらおそらく年齢から逆算した大宝元年（七〇一）末の「是年、夫人藤原氏誕皇子也」のみであるから、乳幼児死亡率がたかい時代に傍系の二世王にすぎない六十七歳の光仁が自分の誕生日をしっていたかうたがわしい。

唐使が大宰府にいた

四年後の宝亀十年（七七九）十月己酉条にふたたび「是日、当天長節、仍宴群臣、賜禄有差、又詔、贈外祖父従五位上紀朝臣諸人従一位」とあり、天長節に際して贈位されたともかんがえられるが、四日後の「癸丑、勅太宰府、唐客高鶴林等五人、与新羅貢朝使共令入京」という記事に注目したい。

この年七月大宰府が報告した、遣唐使第四船で耽羅に漂着した海上三狩の帰国には唐使判官高鶴林が同船していたのである。第三船で前年十月肥前国についた孫興進ら唐使はすでに五月に帰国している〔三三〕。

問題は八月五日が玄宗の「天長節」、九月三日は粛宗の天平地平節、十月十三日は偶然の一致かなんと当時の唐の皇帝代宗の誕生日であることで〔三四〕、唐使高鶴林が玄宗以来盛大に祝賀された皇帝誕生日の祝賀を要求し、大宰府からあらためて奏があっても不思議はない。そうなると国史にふさわしからぬ唐帝の誕生日の記事を光仁にすりかえたうたがいが生じる。

さかのぼって宝亀六年九月壬寅条の内容は亡母の追善のほうがふさわしい。「甲辰」（十三日）のあとに「壬寅」（十一日）の記事がある編集ミスは、本来十四日の亡母の仏事の記事のなかにあった壬寅勅の内容を天長節にすりかえたものの、位置をそのままにした結果で、天長節を例年の行事であるかのごとくよそおうための改変ではなかろうか。

この推論がただしければ、続紀の撰者は宝亀十年条にいたってはじめて天長節の問題に遭遇したことになる。光仁朝の草稿をもとに延暦十三年（七九四）に撰進された十四巻は続紀の巻第廿一巻―巻第卅四巻とすれば〔三五〕、巻第卅五の宝亀十年（七七九）条は桓武朝の編纂による。続紀が桓武の祖父母にかかわる重要な格にふれなかったり日付をかえたりしたのも、時代があたらしく当時も有効な規定だけに、単なる編集の不備ではなく天長節の記事を優先させ矛盾をさけた結果かもしれない。

天長節が虚構であれば、桓武朝にうけつがれず、唐風の全盛時代といわれる嵯峨朝にも復活しなかったのは当然であろう。また、延暦四年（七八五）、同六年冬至の「祀天神於交野」もはたして唐制の導入なのか、百済の始祖神話の日光感精伝承にかかわるか、土俗的祭祀の潤色か疑問となる。『大唐開元礼』そのものである六年十一月甲寅条の祭文のみが神武四年紀の「郊祀天神」や『経国集』巻第廿の対策にみえる「郊祀之礼」との相違を保証してきたからである。

郊祀が文徳天皇の斉衡三年（八五六）に実施され、「天長節」も明治に復活するから、続紀に記載されたという事実のほうが、天皇以下群臣が列席しない郊祀が実際におこなわれたかどうかよりも重要かもしれない。しかしながら、続紀には従来かんがえられた以上に作為がありそうである。

編者の述作か、当時の史料か

東野治之は大宝元年（七〇一）八月癸卯条の大宝令撰定に関する「遣…等、撰定律令、於是始成、大略以浄御原朝庭為准正、仍賜禄有差」は『冊府元亀』刑法部、定律令にみえる「詔遣…之徒、定律令、数歳始成、大略以開皇為准、正五十三条、権用班行」（…は人名を省略）の「原書の文の誤読に起因するとみるのが妥当であろう」と指摘した。東野自身は慎重に「続紀のこの条が編者の述作か、大宝当時の史料に基づくものかは明らかではない」と断定をさけたが[三六]、前者の可能性を他の詔勅について検討してみよう。

池田昌広によれば、書紀に『漢書』の直接利用はなく、大宝令の注釈書である「古記」佚文三条（『令集解』所引）の『漢書』顔師古注の引用が顔師古本より直接引用した最初であって、吉備真備の教導をうけた大和長岡によるという[三七]。

ところが、書紀奏状の翌年、真備の帰朝にさきだつ養老五年（七二一）三月乙卯詔の「制節謹度禁防奢淫、為政所先、百王不易之道也、王公、卿士及豪富之民、多畜健馬、競求亡限、…其為条例令限禁焉、有司条奏」は『漢書』哀帝紀の「制節謹度以防奢淫、為政所先、百王不易之道也、諸侯王列侯、公主、吏二千石及豪富民、多畜奴婢、田宅亡限、…其議限列、有司条奏」に「其議限列」に関する顔注の「師古曰、令条列而為限禁」をいれかえ、はめこんで転用している。こんな細工も夾注本ならたやすい。これは池田説を否定するであろうか。

この三年前の養老二年（七一八）十二月丙寅詔の「庸愚之民、自挂疏網、有司之法、寘于常憲」が二年後の開元八年（七二〇）玄宗の「按理枉濫詔」の「庸愚之人、自犯疏網、至于公憲」にもとづくとすれば[三八]、当然原史料ではありえない。他に典拠があるか、日唐いずれかの編年のあやまりが証明されないかぎり、まずは続紀の詔勅には原史料ではない撰者の作文が存在するとかんがえるべきであろう。したがって、養老五年詔も真備の将来による夾注本を利用した続紀の文飾とかんがえられる。

『菅家文草』「書斎記」に「学問之道、抄出為宗、抄出之用、稿草為宗、余非正平之才、未免停滞之筆、故此間在短札者、惣是抄出之稿草也」とあるとおり、菅原道真ですら執筆には抄出したおおくの短札が必要であった。続紀の編纂には膨大な短札が利用されたとおもわれるが、編年などの作業用にはメモ的な木簡の併用が便利であったかもしれない。

唐詔利用の検出

隋唐の詔勅の利用が続紀本文にみられることは、天平宝字元年（七五七）四月辛巳勅と天宝三載（七四四）十二月二十五日赦文の「宜令天下家蔵孝経一本」、和銅元年（七〇八）二月戊寅平城遷都の詔と隋高祖の新都創建の詔、延暦六年（七八七）十一月甲寅祭文と唐の郊祀の祝文などの相似がつとに伊藤東涯『制度通』、河村秀根、益根『続紀集解』、狩野直喜らによって指摘され、近年では高松寿夫が平城遷都の詔のほか、霊亀元年（七一五）九月庚辰元明天皇譲位詔と唐の高祖の「禅位皇太子詔」について比較している[三九]。『孝経』についてはは日本の実情を無視したと批判されるが、唐でも無理であるにもかかわらず開元二十一年（七三三）正月朔にも「制令士庶家蔵老子一本」とあるから、もともと理念的なスローガンにすぎないであろう。

　天平宝字元年（七五七）六月壬申の任官記事の「大倭宿禰小東人」は十二月壬子太政官奏に「正五位上大和宿禰長岡」とあり、同人は天平年間の大養徳国への改称、復旧にも氏の表記をあらためていたから、記事がみあたらない大倭国の大和国への改称はおそらく六月ころから[四〇]、十二月以前となるが、奈良麻呂の乱後、八月の天平宝字改元前後が改字にふさわしい。この重要な国名変更記事の脱落も延暦十六年（七九七）上表の「宝字元年之紀、全亡不存」の一つの傍証かもしれない。とすれば、この年の「令天下家蔵孝経一品」をふくむ四月辛巳勅も作文されやすい環境にあったことになる。

　このほか、和銅四年（七一一）六月乙未詔の「去年霖雨、麦穂既傷、今夏亢旱、稲田殆損、憐此蒼生、仰彼雲漢、今見膏雨」は唐太宗の旱蝗大赦詔の「惟以蒼生存念、…去歳霖雨、既損秋場、今茲旱蝗、又傷宿麦、…而膏沢不降、仰彼雲漢」を、同六年三月壬午第二詔の「諸国之地、江山遐阻」は高祖「授張鎮周・周知略、淮南・嶺南行軍総管詔」の「三楚之地、江山遐阻」をふまえる。また、養老四年（七二〇）六月己酉詔の冒頭の一句「人稟五常、仁義斯重、士有百行、孝敬為先」も高祖の武徳二年（六一九）「旌表孝友詔」の冒頭の「人」を太宗李世民の偏諱「民」をさけたテクストによっている[四一]。この詔が漆部司の漆をぬすんだ丈部路石勝の子らが官奴となって父の罪をあがなうことをききとどけ、共犯者の秦犬麻呂は刑部の処断どおり流罪とするのは[四二]、意図的にコントラストをつけたのであろう。

　以上、検出しえた唐詔の利用が、百官表をふくめ天平宝字と延暦の長文の例をのぞいて、いずれも和銅—養老すなわち元明—元正朝にめだつ。元正にのみ即位宣命のかわりにみじかい漢文詔があり、前の巻に唐の高祖の譲位詔を模した元明の譲位詔がおかれているのは、史料がかけていたために創作されたのであろう。漢文とちがって、天皇の意思をリアルにつたえる和文の宣命の創作やおおきな改変をはばかるのは理解できる。

聖武朝で一旦きえるが[四三]、さきにふれたように延暦十六年（七九七）上表の「宝字元年之紀、全亡不存」が事実とすれば、「綴叙残簡、補緝缺文」に唐詔を利用したのではなかろうか。史料不足をおぎなうと同時に文体を荘重にし、「昭徳塞違」「飛英騰茂」「垂風」「彰善癉悪」「伝万葉作鑑」といった目的にかなう史書とするためとかんがえられる。

石勝の子らの孝子表彰も「語関声教、理帰勧懲、総而書之、以備故実」であり、良吏伝のジャンルで注目されてきた道首名卒伝も、指摘どおり系譜関係は不明ながら桓武の曾祖妣道氏の一族としてえらんだ桓武朝の続紀編纂者の作為として一括して把握すべきではなかろうか。

春秋之義、母以子貴

道氏をふくめて光仁―桓武が追尊をおこなったのは、光明のすすめにしたがった天平宝字三年（七五九）六月庚戌廃帝の先蹤をおうが、文武もふくめ父母が天皇ではない孫王が天皇となったためである。

中国では清の趙翼『廿二史箚記』後漢書が「東漢諸帝多不永年」「東漢多母后臨朝外藩入継」につづいてあげる「外藩入継追尊本生」に対応する。『後漢書』皇后紀下、陳夫人によれば、「**春秋之義、母以子貴**、隆漢盛典、尊崇母氏、…今沖帝母虞大家、質帝母陳夫人、皆誕生聖皇、而未有称号、夫臣子雖賤、尚有追贈之典、况二母見在、不蒙崇顕之次、無以述遵先世、垂示後世也」という上言をうけた霊帝は虞大家を憲陵夫人、陳夫人を渤海孝王妃とした。ただし、霊帝は夭折した沖帝や質帝とは桓帝をはさんで間接的な関係なので二母の政治的影響はない。陳夫人は「少以声伎入孝王宮、得幸生質帝」とあるとおり貴種ではなかった。

また、『晋書』后妃伝下にも、簡文宣鄭太后に「〔孝武〕帝以問太子前率徐邈、邈曰、臣案**陽春之義、母以子貴**、…其崇尊尽礼、由於臣子、故称太后、陵廟備典」、孝武李太后は「本出微賤」であるが、「**陽春之義、母以子貴**」とある。簡文帝は東晋初代の元帝の少子で、兄明帝の孫海西公の廃帝後、即位したが、二年で死に、追尊は子の孝武帝にもちこされた。『**春**秋』を「陽秋」というのは鄭太后の諱阿**春**をはばかったものである[四四]。

陳夫人や李太后のように「微賤」であっても「春秋之義、母以子貴」とされるのは、高野新笠を生母とし、井上皇后、他部親王母子が廃されたのち立太子した桓武にはまことに好都合な論拠である。

おなじ典拠をもちいて逆に罪人の子を廃する例が『隋書』文四子伝にみえる。高祖の第三子秦孝王俊は奢侈のゆえに廃され「免官、以王就第」とあるが、すこぶる好色で、嫉妬ぶかい妃崔氏に毒をもられ病死した。子が二人いたが、群臣の議は「**春秋之義、母以子貴、子以母貴**、貴既如此、罪則可知、…今秦王二子、母皆罪廃、不合承嗣」であった。宝亀三年（七七二）三月巫蠱に坐した母井上の廃后後も皇太子にとどまった他部を廃するには恰好の論拠であるが、同年五月の廃太子宣命には「皇太子位仁、謀反大逆人之子乎治賜部例婆…恥志賀多自気奈志」とのみある。

また、「春秋之義」といっても日本でおこなわれた『春秋左氏伝』には注に「礼、**母以子貴**」とある程度で、『後漢書注』皇后紀下などの「公羊伝曰、桓公幼而貴、隠公長而卑、桓何以貴、母貴也、母貴則子何以貴、**子以母貴、母以子貴**」で桓公は他部、隠公は桓武に相当するが、日本の学令では『春秋穀梁伝』とともにのぞかれた『春秋公羊伝』であることをしりうる。

母を祖にかえると

東野治之は、延暦四年（七八五）五月丁酉の「詔曰、春秋之義、祖以子貴、此則典経之垂範、古今之不易也」、同九年十二月壬辰朔の同様の詔が『春秋公羊伝』を改変引用していること、後者の「九族」や同十年三月癸未の太政官奏「謹案礼記曰、…注曰、舎親尽之祖、而諱新使者」の注が『春秋左氏伝』の杜預注であることに注目し、五年にわたって大学頭をつとめ皇太子となった桓武と春宮大夫藤原是公が新皇統の基盤を理論でかためるために伊予部家守を宝亀八年（七七七）遣唐使に同行させて意図的に春秋学を摂取したとしている[四五]。『令集解』がひく延暦十七年（七九八）の官符によれば、家守は請益生であるから、あらかじめ準備し唐で疑問点をただしてきたのであろう。

続紀の編纂者の筆頭藤原継縄は仲麻呂の兄豊成と路真人虫麿の女の二男であるが、長兄良因は早世したらしい。末弟縄麻呂は母が房前の女なので嫡子として、父の復権とともに参議、中納言をつとめたが、宝亀十年（七七九）に死んだ。兄の継縄はそれぞれ二年、九年おくれる。したがって継縄も桓武や隠公と同様「長而卑」であった。『日本後紀』延暦十五年（七九六）七月丙申の薨伝に「歴文武之任、居端右之重、時在曹司、時就朝位、謹恭自守、政迹不聞、雖無才識、得免世譏也」とあり、昇進もおそく藤原魚名や同年齢の是公にぬかれたが、妻が百済王明進であることは、桓武や実際に編纂する百済系の菅野真道らにとって好都合であったろう。

桓武の即位五年、十年を期し、延暦四年五月丁酉「春秋之義、祖以子貴、此則、典経之垂範、古今之不易也」と「母」を「祖」にかえて外曾祖父に正一位太政大臣、曾祖母に太皇大夫人を追贈し、光仁と桓武の諱をさける詔が、同九年十二月朔外祖父母に正一位を追贈し土師氏を大枝朝臣とする詔がだされる。前者で外曾祖母がもれているのはすでに不明だったのであろう。

そもそも天平元年（七二九）八月壬午光明立后の宣命は和文であるので『春秋』との関係は明確

ではないが、「此乃間尓天都位尓嗣坐倍伎次止為氐皇太子侍豆、由是其婆婆止在須藤原夫人乎皇后止定賜」と故皇太子の存在による「母以子貴」のロジックを、祖母元明が不比等を評価して命じる「其父侍大臣乃、皇我朝乎助奉輔奉氐、…我児我王、過無罪無有者、捨麻須奈忘麻須奈止」の「子以祖貴」によって補完している。

漢文では天平宝字四年（七六〇）八月甲子勅の「子以祖為尊、祖以子亦貴」も『公羊伝』の文言と同様、一見トートロジーのようにみえるが、『礼記正義』王制の「以祖為尊」と「母」が「祖」にかわり、祖父母まで両性三世代となれば、その子孫には男系つまり外戚の内孫もはいる。勅の順序とは逆に孝謙を起点として「祖以子貴」によって母系をさかのぼり、外祖父不比等、継室狗養橘三千代を追尊すると同時に「子以祖為尊」を男系にシフトさせ、不比等の子南北両左大臣への太政大臣追贈を奏すると、終点は嫡孫押勝夫妻となる。

再嫁させた粟田諸姉（亡男真従の未亡人）を介し天皇の義父としてふるまうとすれば、叔父房前が押勝の岳父（袁比良女の父）であるうえ三千代の女婿（牟漏女王の夫）であることも無視できない。前月光明皇太后の七々斎をおえた押勝は、これまで母后として君臨してきた光明にかわる、あらたな権威をせおう必要があり、いくつものルートをへた追尊の光輝が押勝夫妻にそそぐようしくんだのである。しかし、急激な権威の付与はかえって貴族層からの遊離、孤立をうむ。これは道鏡の弓削御浄朝臣でも縮小再生産された。

後宮を無力化する

光仁、桓武朝にも施基をはじめ追贈があいつぐが、長期的には土師氏からでた菅原、大江両氏が儒者として貴族社会の一角に地位をしめるくらいで、おおきな勢力たりえない。桓武が同母弟早良の立太子をのぞんだかどうかは微妙であるが、延暦四年（七八五）五月丁酉「春秋之義」をはじめて明言すると同時に「又臣子之礼、必避君諱」とみずからを超越的な存在とする詔を発している。むしろ前代の反省にたち有力な外戚をもたない出自を逆手にとって後宮および公卿を無力化する方向をえらんだのではなかろうか。

中国では漢の武帝が外戚の専横を予防するために昭帝を皇太子にたてると同時に生母を殺害している。桓武が皇后、夫人とした乙牟漏、旅子の父良継、百川は嗣立の功臣ではあってもすでに死後である。平城の皇后も追贈のみであり、嵯峨の皇后はなんと橘奈良麻呂の孫で父は死去している。しかし、この路線は薬子の乱で嵯峨が皇太子を廃立し淳和（旅子の子）に嫡女正子内親王を配したことで変化する。さらに承和の変で太皇太后橘嘉智子が藤原良房をたより皇統を嵯峨と自身の男系にかぎろうとしたのは持統や光明皇后の行動様式に類似する。

曹案と唐代史学と

以上のように続紀は、吉備真備から伊予部家守まで唐でまなんだ『後漢書』や『春秋公羊伝』のみならず、『隋書』『晋書』など太宗のもとで編纂された史書、および顔師古『漢書注』や高宗期に編纂され玄宗期に復活した李賢『後漢書注』など、初唐から盛唐にかけての史学の成果にもとづいている。

唐詔の利用について従来は『太宗実録』などが候補とされてきたが、玄宗の詔勅までみられるから、昌泰四年（九〇一）の三善清行「革命勘文」が「唐暦以後、無唐家之史書」といい、『新唐書』柳芳伝に「粛宗詔芳与韋述綴輯呉兢所次国史、…興高祖、訖乾元、凡百三十篇、叙天宝後事、棄取不倫、史官病之、上元中、坐事徙黔中、…高力士亦貶巫州、因従力士質開元天宝及禁中事、具識本末、時**国史**已送官、不可追刊、及推衍義類、倣編年法為**唐暦**四十篇、頗有異聞」とある柳芳『唐暦』以前の「国史」のいずれかではなかろうか。

　史書に五経正義などの序や上表がかかげられていれば、かならずしも当該書自体の将来を必要としない。延暦十三年（七九四）上表が前代の草稿を「只存案牘、類無綱紀」と批判し、「重以討論、**芟**其蕪穢、以**撮機要**」（典拠は『尚書正義』序の「**芟**煩乱而翦浮辞、挙宏綱而**撮機要**」）にあたっては唐代史学によるところがおおい。

　さらに「刊彼此之枝梧」「至如時節恒事、…其例已多、今之所修、並所不取」として二十巻を十四巻に、前半も「語多米塩、事亦疎漏」「細語常事、理非画策者、並従略諸」として曹案三十巻を二十巻にしたのだから、おおまかにいって三、四割けずる一方、「摭其遺逸、以補闕漏」「捜故実於司存、詢前聞於旧老、綴叙残簡、補緝缺文」と加筆したとみられる。「臣等学謝研精、詞慙質弁」というから、かならずしも原史料によらず、多分に作文をふくむ。今日からみれば「断爛朝報」（官報のきれはし、『宋史』王安石伝）のようなものでも原史料のほうが貴重であるが、それでは散佚をまぬがれなかったであろう。

　延暦二十二年（八〇三）二月三日『官曹事類』（『本朝法家文書目録』雑、太字は続紀両上表との一致）は続紀の編纂者三人に勘解由主典賀茂県主立長の連名で「事類者、続日本紀之雑例也、**起文武天皇元年歳**在**丁酉**、**至聖朝延暦十年**辛未、将一百世歴八朝、行事既多、綜緝稍広、若夫事合書策、理開垂訓、則備加**討論**、載之於紀、…至如**米塩**砕簡牘常語[四六]、或文古朴而難解、或理蒙籠而不明、然而既経行、用事須**司存**、故全取本案、別成巻帙、以類相附、令易披尋、合卅巻、名曰官曹事類、蔵之曹司、以備引閲、開巻而了故事矣、无訪張純、**触類而**弁朝章、無待胡広、疑議無滞、指掌有帰、**其目如**右」という。「八朝」は称徳孝謙を一朝とするのであろう。中略部分の「隣国入朝、朝廷出

使、如此之類、別記備存」は渤海、唐を意識していよう。

続紀撰者の『後漢書』愛好は「純在朝歴世、明習故事」「達練事体、明解朝章」と伝にある張純、胡広を例にあげるところにもあらわれている[四七]。しかし、『愚管抄』巻第七によれば、「コノ外ニモ官曹事類トカヤ云文モアムレドモ、持タル人モナキトカヤ、蓮華王院ノ宝蔵ニハヲカレタルトキコユレド、取出シテミムト云事ダニモナシ 」というありさまで『政事要略』などに引用された以外は散佚した。

続記に漢詩の引用がないのはむしろ不思議であるが、東野治之は『経国集』一、藤原宇合「棗賦」が神亀三年（七二六）九月壬寅条「文人一百十二人上玉来詩賦」に該当すると指摘した[四八]。序に「于時天平勝宝三年〔七五一〕歳在辛卯冬十一月也」という『懐風藻』の典拠について一例をあげれば、大友皇子伝の「巨猾間釁」がふまえる『文選』所収の張衡「東京賦」は「窃弄神器」とつづき、注には「巨、王莽字巨君也」とあって天武を王莽に擬するのはあまりにも大胆すぎる。すくなくとも桓武の立太子以後の編纂とすれば、序の年月に入唐副使に追加で任命された吉備真備への仮託とおもわれるが、なお全体にわたる詳細な検討が必要であろう[四九]。

古事記序と葛城王等上表

また、天平八年（七三七）十一月丙戌条、母の橘氏をつぐことをのぞんだ葛城王らの上表（C）は「進五経正義表」（A）を模した古事記序（B）に類似する[五〇]。

A伏惟、皇帝陛下、得一継明、通三撫運、乗天地之正、斉日月之暉。敷四術而緯俗経邦、蘊九徳而弁方軌物。御紫宸而訪道、坐元扆以裁仁。化被丹沢、政洽幽陵。三秀六穂之祥、府無虚月、集囿巣閣之瑞、史不絶書、（進五経正義表）

B伏惟、皇帝陛下、得一光宅、通三亭育。御紫宸而徳被馬蹄之所極、坐玄扈而化照船頭之所逮。日浮重暉、雲散非烟。連柯并穂之瑞、史不絶書、列烽重訳之貢、府無空月、（古事記序）

C伏惟、皇帝陛下、光宅天下。充塞八埏、化被海路之所通、徳蓋陸道之所極、方船之貢、府無空時、河図之霊。史不絶記、（葛城王等上表）

AとBCの共通部分、BCのみの共通部分をそれぞれ太字、傍線でしめしたが、ACの共通部分はすべてBとも共通している。そのうち「史不絶書、府無虚月」の原拠は『春秋左氏伝』襄公二十九年であるから進五経正義表から葛城王等上表への直接の影響は無視しうる。したがって継承関係としてありうるのはA→B→Cか、A・C→Bのみで、前者のほうがすなおであろう。

「馬蹄」と「陸道」、「船頭」と「海路」は縁語であるからBCの関係はさらに密接で、『延喜式』巻第八の祝詞、祈年祭に「青海原者棹柁不干、舟艫能至留極、大海尓舟満都都気氏、自陸往道者荷緒縛堅氏、磐根木根履佐久弥氏、馬爪至留限、長道無間久立都都気氏」がみえるが、よりはやい年次としては『万葉集』巻十二、大伴家持「天平感宝元年（七四九）閏五月六日以来起小旱百姓田畝稍有凋色也、至于六月朔日忽見雨雲之気、仍作雲歌一首」の「四方乃能美知尓波　宇麻乃都米　伊都久須伎波美　布奈乃倍能　伊波都流麻泥尓（四方の道には　馬の蹄　い尽す極み　船の舳の　い果つるまでに）」がある[五一]。

古事記序には偽書説があり、実作者がネイティヴのインテリであれば当然問題ないものの、書紀と比較して時代にそぐわない文章のようにおもえ、たしかに桓武朝の成立としたほうが他の表や序などとの関係でおちつきがよいが、おそくとも延暦十六年（七九七）二月己巳上表以前の成立となる。

平城／嵯峨

さて、続紀編者の筆頭である藤原継縄は延暦四年（十一月）丁巳平城の立太子とともに皇太子傅をかね、菅野真道は学士に任じられており、春宮坊と続紀編纂の人員はかさなっている。唐の太宗が『晋書』を最初にあたえたのは皇太子高宗と新羅使の金春秋（のちの武烈王）であり、礪波護は御撰の理由を貞観十七年（六四三）魏徴をうしない太子を廃立したことにもとめる説を紹介しているが[五二]、歴史を鑑とする帝王教育と国威発揚という目的をしめしている。続紀も同様に皇太子である平城の教育を目的としたとすれば、その内容はデリケートな心身にはショックがおおきすぎたのではなかろうか。

菅野真道は桓武朝のイデオローグとして続紀編纂の中心であるとともに徳政論争で軍事と造作の中止に反対したが、薬子の乱の翌弘仁二年（八一一）七十歳で致仕した点で、称徳の学士をつとめた吉備真備ににる。

桓武は勅撰三集などにも作品はのこしていないが、平城は大同元年（八〇六）六月壬寅「諸王及五位已上子孫十歳已上、皆入大学、分業教習」と理想主義的に貴族の大学全入をうちだした。これに対し、嵯峨は『帝範』崇文篇に魏の文帝曹丕『典論』論文や『孝経』開宗明義、『礼記』大学の章句をはめこんだ「経国治家、莫善於文、立身揚名、莫尚於学」ではじまる弘仁三年（八一二）五月戊寅勅で「朽木難琢、愚心不移、徒積多年、未成一業」と孔子のことばをふまえてつきはなし、「自今以後、宜改前勅、任其所好、稍合物情」と漢語力の有無によって選別するエリート主義に転換して、みずからその先頭にたった。

唐風命名法の盛衰

伊予部家守を唐に派遣したとされる藤原是公は平城の異母弟伊予親王の外祖父で、純倭風の本名黒麻呂を天平神護元年（七六五）改名したらしい。是公の男子が真友・雄友・弟友・友人、雄友の子六人のうち三人が広河・真河・弟河、友人の子が息道・良道であるように、嵯峨天皇にさきがけて世代ごとに名の一字を共有し、父祖の名をさける中国流の命名法を採用している点からも是公の唐文化摂取への積極性がうかがえる。

伊予親王自身は伝統的な名だが、その子高枝王・継枝王も外曾祖父の命名法を踏襲している。嵯峨の皇后橘嘉智子の父清友も是公とおなじ延喜八年（七八九）三十二歳、内舎人で死去したが、嘉智子の弟は氏公・氏人・弟氏と、是公の子にそっくりな命名法であるから、嵯峨の皇子の中国流命名法は嘉智子の示唆によるかもしれない。

坂上田村麻呂の子も大野・広野・浄野・正野、浄野の子が当宗・当峯・当道、正野の子が実雄・貞雄であるから、桓武朝にはある程度流行しはじめていたとおもわれるが、伝播の系譜は不明である。

それから二百年後、大江匡衡『江吏部集』中、人倫部は

昔祖父江中納言〔維時〕、延喜〔醍醐〕聖代奉付両皇子之名〔寛明、成明〕、朱雀院天皇、天暦天皇、天暦〔村上〕聖代奉付両皇子之名〔憲平、守平〕、冷泉院天皇、円融院天皇、叔父左大丞〔斉光〕奉付当今〔一条〕之名〔懐仁〕、江家代々之功大也、匡衡承家風、寛弘五年〔一〇〇八〕十月奉付若宮之名〔敦成〕、寛弘六年十二月奉付今君之名〔敦良〕、聊著遺華、貽来葉、夫用其言不廃其人、聖主賢臣之本意也、

延喜以来皇子号、江家代々献嘉名、漢皇中子風標秀、唐帝三郎日角明、愚息前年為侍読、老儒今日祝長生、若依延喜与天暦、父子此春欲発栄、

と自賛しているが、維時と斉光のあいだには命名法に根本的なちがいがある。冷泉の子師貞（花山）、居貞（三条、天元元年〔九七八〕十一月二十日親王）までは伝統的な命名法だったのに対し、一条の名懐仁は曾祖父醍醐の名敦仁の偏諱をおかしている（同三年八月一日親王宣下、大江斉光）。同四年誕生の敦道（正暦四年〔九九三〕二月二十二日元服）以降もっぱら「敦」をつける。一条の子敦康、敦成、敦良にいたっては醍醐の名の一字と、光孝（時康）、村上、仁明（正良）の名のくみあわせである。以後、後鳥羽や大覚寺統の曲折はあるが、醍醐にあやかった「仁」が現代までつづく。しかし、匡衡には変化の自覚がみとめられない。

ときの関白藤原頼忠が祖父忠平と父実頼の偏諱によるのは父の弟師輔に対する危機感のためとおもわれるが、天慶四年（九四一）十八歳で叙爵のおり忠平は存命中で、すでに唐風命名法の規範意識の消滅をしめしている。師輔の九条流においても道長の子が頼通と命名されるが、実頼、兼通は直系ではないものの摂関経験者である。その子師実はついに直系の祖師輔の偏諱をおかす。清和源氏が「頼」「義」を通字とするようになるのは周知のとおりである。

大江氏では千古の子が維明・維時、維時の子が重光・斉光、斉光の子も為基・定基・成基であるにもかかわらず頼忠に迎合し、匡衡もそれにならったのであろう。匡衡の孫成衡、曾孫匡房は父祖の名をつぐ和風の命名法となっている[五三]。

なお、作中の「唐帝三郎」は玄宗、「漢皇中子」は『長恨歌』が仮託した漢の武帝であるが、『江吏部集』のこの直前の詩序は「近日蒙綸命、点**文集**七十巻、夫江家之為江家、**白楽天**之恩也、故何者、延喜聖代千古維時父子為**文集**侍読、爰当今盛興延喜天暦之故事、匡衡独為**文集**之侍読、挙周未遇昇、欲罷不能、以詩慰意」と『白氏文集』の侍読を江家がつとめてきたという[五四]。

入宋僧と宋商

雍熙元年（九八四、永観二）入宋した「不通華言」の僧奝然は『宋史』日本伝によれば「国中有五経書及仏経、白居易集七十巻、並得自中国」と筆談でこたえている。仏にこころをよせつつ俗に身をおく白居易こそ康保元年（九六四）創設された勧学会につどい叡山の学僧と交流した紀伝道の学生の理想像であったが、指導者慶滋保胤は寛和元年（九八五）出家するにいたる。

参議斉光を父とし匡衡を羨望させた従兄弟の定基もあとをおい、僧寂照として入宋した。いまや留学する儒者はなく僧にかぎられたが、長徳二年（九九六）匡衡から「餞越州刺史赴任」をおくられた藤原為時が女紫式部をともなった任国越前の敦賀には宋商がおとずれており、源信も宋商に託して天台山に『往生要集』をおくった。

熙寧五年（一〇七二、延久四）十月廿五日入宋中の成尋は、汴京（開封）の太平興国寺伝法院の文慧大師がこの年遷化した撰者契嵩についてあつくかたった『輔教編』を「日来朝見諸寺焼香相続無暇、…五台還来之時可借看由聞達了」とかえし、『往生要集』をかして「始自国清寺諸州諸寺往生要集不流布由聞之、婺州請納不流布歟、於日本所聞全以相違」と不審をかきつけた。

翌日「往生要集已略覧之甚妙」とかえされ、その後「日本与詩否」「日本道俗以詩為興宴基、至小僧啓白本尊永絶作詩、但見感不少」という問答があった。空海以後五山僧まで詩人としては成尋死後の蓮禅くらいであろうか。これよりさき六月三日の杭州台州等牒には前年十一月杭州通判に着任した蘇軾が太常博士直史館通判軍州事としてサインしたが、花押がよめず「蘇立」と筆写された[五五]。これらのエピソードは文学、仏教における日宋のすれちがいを体現している。

久安六年（一一五〇）宋商劉文冲は藤原頼長に「東坡先生指掌図二帖、五代史記十帖、唐書九帖」を献じたが、『朱子語類』雑類には「指掌図非東坡所為」とある[五六]。頼長が政治的野心をたち「大学生」として長寿をえれば、宋学の本格的な受容が何百年かはやまったという想像にかられるが、頼長の学問の目的は政事にあったのであろう。

一 延暦十六年表にも「作千祀之指南」「銓次其事」「庶飛英騰茂」「彰善癉悪」などがみえる。最後の語は『尚書』畢命、『文心雕竜』巻四、史伝をふまえており、後者には「草昧」「載籍」「因循」などもみえるが、上表に同書の影響があるか判断しがたい。

二 笹山晴生「続日本紀と古代の史書」『続日本紀一』新日本古典文学大系一二、岩波書店、一九八九年三月、四八七頁。天平宝字二年（七五八）から宝亀八年まで二十年であるから光仁朝編纂の廿巻は一年一巻相当で、これを編成しなおした十四巻という数字がさらに継続して六巻を編纂する予定をしめすとすれば、一年一巻としても光仁朝をこえて桓武朝のはじめ延暦二年（七八三）におよぶが、結局同十年まで増補された。

三 他に『梁書』武帝紀中に「継迹百王、君臨四海、若渉大川、罔知攸済、洪基初兆、…」をはじめ、『隋書』恭帝紀、『周書』蘇綽伝に類例がみえる。

四 ついで「供衛之儀、皆如漢朝昌邑故事」とあるが、漢の「昌邑」は霍光が群臣とともに外孫である上官皇太后の詔をえて廃した。のちさらに海西県公に降格されたので「海西公紀」とある。

五 藤原広嗣、仲麻呂個人には『漢書』以来の「逆賊」がもちいられているのに対して、「逆党」は続紀にはじめてあらわれる。中国では南北朝から唐代に用例がふえ、初唐を代表する詩人陳子昂の則天への上書に「遂使陛下大開詔獄、重設厳刑、冀以懲姦、覿于天下、逆党新属及其交友、有渉嫌疑、辞相連及、莫不窮捕考校、…」（『旧唐書』刑法志）とあるのがめにつく。

六 沈約の『宋書』に謝儼伝は現存しない。『冊府元亀』国史部などは典拠をしめさないが、「分門」は類書ではなく、この『後漢書注』によったとおもわれる。なお、吉川忠夫『読書雑志—中国の史書と宗教をめぐる十二章』岩波書店、二〇一〇年一月、六二—六六頁参照。また、続紀には「事在別式」が四例みえるが、光仁朝の撰者石川名足の父年足の薨伝に「作別式廿巻」とある。

七 池田昌広「范曄『後漢書』の伝来と『日本書紀』」『日本漢文学研究』第三号、二〇〇八年三月。

八 酒人―朝原が桓武―平城の妃とされたのは、足利義満が南朝の皇女を妾としたごとく天武の皇統を自立させないためではなかろうか。

九 遠藤みどり「持統譲位記事の『定策禁中』について」『日本古代の女帝と譲位』塙書房、二〇一五年十一月はこの語に注目した点は評価できるが、文武即位時にも群臣関与があったとする論旨は首肯しがたい。

一〇 吉川忠夫訓注『後漢書』第一冊、岩波書店、二〇〇一年九月、二九六頁、注二。うえにふれた「持節」「王青蓋車」も注三、四による。

一一 ルビは割愛したが、「冊」は「策」ともかくように、いずれも「サク」とよむ。白川静『新訂字統』平凡社、二〇〇四年十二月、三六〇、三六一頁。また『白川静著作集別巻』説文新義1、平凡社、二〇〇二年一月、四三二―四三五頁参照。

一二 尾形勇「帝位継承における『家』の問題」『中国古代の「家」と国家』岩波書店、一九七九年十月、三〇〇―三〇一、三〇三―三一四頁。このばあい、「冊」は皇帝に“任命”することと解されるようである。

一三 河内祥輔『古代政治における天皇制の論理』吉川弘文館、一九八六年四月、三一―三二頁は『日本書紀』の「皇后」には「(イ)所生子の子孫が皇位に即いていること。(ロ)皇女であること」という条件があり、「(おそらく最終的には『日本書紀』編纂時に)整備されたものであろう」としているが、書紀編纂の目的が文武の皇位を正統化することにあったとすれば整合的である。

一四 安積澹泊『大日本史論賛』藤原永手賛の「定策之功、垂于竹帛」は薨伝にもとづくが、光仁天皇紀賛にも「及称徳登遐、大臣定策、終居九五之尊」とあるのは、江戸明治の知識人が幼時にしたしんだ『十八史略』唐の「宦官自文宗已後、廃置在其掌握、至有**定策**国老、門生天子之号」が原イメージとしてうえつけられているのではなかろうか。

一五 上表の「起自宝字、至宝亀、廃帝受禅、韞遺風於簡策、南朝登祚、闕茂実於洛誦」は天平宝字から宝亀は史籍になっていないということで、「洛誦」は『荘子』大宗師でくりかえしよむという意味を擬人化しているが、ここでは光仁即位前紀の「童謡」への連想を「廃帝受禅、…簡策」の「定策」とともにさそってはいないだろうか。

一六 これはさらに『尚書』牧誓「王曰、古人有言曰、牝雞無晨、牝雞之晨、惟家之索、今商王受、惟**婦言是用**、昏棄厥肆祀、弗答、昏棄厥遺王父母弟不迪」をふまえ、勅はむしろ正義の「紂**用婦言**」にちかいが、道祖王を紂に比すのは極端であろう。かりに勅が続紀の作文であるとすれば、表面上は太子を非難するようでいて、実は太子を廃した光明らを批判しているのではなかろうか。

一七 光明皇后も立后の宣命で祖母の元明天皇から捨てるな忘れるなといわれてあたえられたと権威づけられ、聖武の夫人は県犬養広刀自のほか、光明の父母の孫、藤橘二氏のみである。天平十一年（七三九）三月にも石上乙麻呂が藤原宇合の室久米若売を奸したとして配流された事件は雑律より厳罰であるうえ、「姦他妻、…不在赦限」として乙麻呂は翌十二年六月庚午の大赦からも除外され（同十三年九月「以京都新遷、大赦天下」）、若女が仲麻呂の乱以降累進するのは光明に忌避されていたためとすれば、独孤／高熲と類似する。

一八 西本昌弘『孝謙天皇詔勅草』と八世紀の叙位儀礼」『日本古代儀礼成立史の研究』塙書房、一九九七年二月、三八八―三九一頁。

一九 早川庄八「続日本紀宣命詔・三題について」二「『前の聖武天皇の皇太子を定め賜』ふ淳仁」『名古屋大学文学部研究論集』一二五、一九九六年、二〇一頁は「皇太子についてのこのような言いかたが、古今を通じて、東西を通じて、存在するであろうか。…皇太子といえば特定の一人の人物を意味し、『〇〇天皇の皇太子』などとはいわないのである」とするが、『後漢書』安帝紀の例はそれに相当するのではなかろうか。

二〇 なお、つづく宣命の「六千」と「七人」は対句で実数ではなく、前者は多数で圧し、後者は諸本すべて「開」とあってもやはり「閤」で、太宗の玄武門の変や玄宗が韋后を誅した少数「精兵」による宮中クーデタのイメージで廃帝の脅威を強調したのであろう。

二一 本来は『史記』呂太后本紀の太史公曰であるが、簡潔な『漢書』をあげた。

二二 天平元年（七二九）二月丙子長屋王に対する勅の「忍戾昏凶、触途則著、尽慝窮奸」は『南斉書』永元三年（五〇一）漢の霍光の廃帝にならって残忍な東昏侯を廃する宣徳太后の令の「忍戾昏頑、触途必著、…尽慝窮姦」にもとづく。東昏侯は「古今無類の悪徳の所有者」などと評される（岡崎文夫『魏晋南北朝史 内篇』平凡社東洋文庫、一九八九年七月、二六七頁。また川勝義雄『魏晋南北朝』中国の歴史3、講談社、一九四二年八月、二二九頁参照）。現存の主要な類書にはみえないようであるが、他の詔勅と典拠がことなるのでもとのままとすれば、事件の真相を暴露するものとして有名な天平十年（七三八）七月丙子条の「(中臣宮処）東人、即誣告長屋王事之人也」は桓武朝の編者が「誣」の一字などわずかに変改をくわえただけではなかろうか。

二三　遺宣の「先帝〈能〉功〈毛〉在故〈仁〉」は、称徳孝謙の「先帝」がすべて聖武であり、天智とは解しがたい。尭が舜の聡明をきいてこころみた『尚書』舜典の「明試以功」と光明立后の宣命の「加尓加久尓年〈乃〉六年〈乎〉試賜使賜〈氏〉」をむすびつけると、〈聖武がえらんだ女婿が及第と判定されたという意味で、〈能〉は誤字の可能性がある。

二四　すくなくとも養老元年（七一七）遣唐使の留学生には、帰国までの短期（請益生）の大倭小東人（大和長岡）、次回までの中期の吉備真備、太学に入学する長期の阿部仲麻呂という戦略があったのであろう。天平宝字四年（七六〇）十一月丙申条に「…等六人於大宰府、就大弐吉備朝臣真備、令習諸葛亮八陳、孫子九地及結営向背」とあるように、真備は兵法をまなんでいたが、乱でもあらかじめ築池を名目として周辺諸国に遣使し、中宮院の鈴印をおさめるなど称徳側の戦略にいかんなく発揮されたのではなかろうか。

二五　河内前掲書二六九—二七〇、二九六—二九九頁。醍醐が三月廿日飛香舎における藤花宴で時平らをまえに「かくてこそみまくほしけれ万代をかけて匂へる藤波の花」（『新古今和歌集』春下）と藤原氏万代の繁栄をことほいだのは道真配流の年のようである。

二六　岩佐美佐子「伏見院の思想」『京極派和歌の研究』笠間書院、一九八七年十月がこれらの文書について論じている。

二七　『羅山文集』巻七十二随筆には『漢書』谷永伝と『六韜』をあげて「二書所記不異」とし、巻三十四の問に『鵞峰文集』巻五十五に対があるほか、羅山の「示石川丈山」（巻六）にもさまざまな典故がちりばめられている。

二八　ただし、儒学批判というより快楽主義的な相対主義ではなかろうか。

二九　一九一二年（明治四十五）初版はいきなり「国家は団体なり」という標出ではじめていた。改訂版を底本とする『岩波文庫』は凡例で「改訂版の刊行の際に加えられた修正・削除箇所のうち、天皇機関説論争に関わる部分には本文に＊を付し、巻末に初版の記述を掲載した」というが、紙数の都合か、きわめて限定的であり、当該箇所もあきらかに穂積—上杉説を意識したものである。ただし、引用は便宜上同文庫による。

三〇　美濃部達吉『法の本質』日本評論社、一九四八年十一月、一五〇頁。同書の初版は、一九三五年天皇機関説事件で『憲法撮要』などが発禁となった七月に『美濃部達吉論文集』第二巻として刊行されてまもなく発禁となり、当該箇所には「一例を謂ふと、革命政府が後には正当の政府たるに至るのは、…一般国民の心理に於いてそれを正当な政府として意識するに至つたもので、此の一般社会心理に基づいてそれが単なる実力の現はれではなく、法的の権威たるに至るのである。／満洲国が中華民国から分離して一独立国となつたのも、初には唯実力に依つて惹起された一の実力であるに止まり、…現在に於いても既に多くの国が暗黙の内には之を承認して居るものと見るべきに至つて居ることは、事実の力に依つて自然に法が成立することの著しい一例と為すことが出来る」（一四四―一四五頁）とあった。後段は家永三郎『美濃部達吉の思想史的研究』（『家永三郎集』六、岩波書店、一九九八年三月、二八〇頁注（一四））がひき、「美濃部法学の概念法学的な弱さを見出さないわけにはいかない」と結論している。前段を一緒に削除したのは戦後の政治社会状況や八月革命説に対する配慮かとおもわれるが未考。

三一　施基の没日についても続紀と『類聚三代格』『万葉集』とことなることが指摘されている（『続日本紀』二、新日本古典文学大系一三、岩波書店、一九九〇年九月、四六〇頁注一九）。

三二　『続日本紀』四、五六一頁注九八も「三代格の原典たる弘仁格が原文書を採取することを原則としていることを考慮すると、右の勅は宝亀三年九月に出ている可能性が高い」としている。

三三　これに関する唐使関係の偽文書に栗田寛「石上宅嗣補伝」のひく大沢清臣本壬生家文書がある。東野治之は幕末の国学者による偽文書と一蹴し、広瀬憲雄「『大沢清臣本壬生家文書』について」『東アジアの国際秩序と古代日本』吉川弘文館、二〇一一年十月が山崎闇斎の「湯武革命論」をふまえることを実証した。しかし幕末ならば、足利三代木造梟首事件のように足利義満という適当な対象がある。続紀と対照すると、月日まで正確であるにもかかわらず「中納言従三位物部朝臣宅嗣」がとおりのよい「大納言石上卿」となっている。作者が山崎闇斎学派ならば、批判の対象「儒林先生」「石上卿」、正確には「物部卿」は物茂卿荻生徂徠であろう。栗田寛が「其紙質は堅硬にして黄檗で染たるが如く、…極めて宝亀の物ならんとぞ思はる」と判断するほど手がこんでいるのに、わざと馬脚をあらわしている。峻厳な闇斎学派ににず、連想されるのは「荻生翁」を物部守屋の後身とする、寛延二年（一七四九）大坂の都賀庭鐘の読本『繁野話』第二篇「守屋の臣残生を草莽に引話」である。徂徠自身も「月日、大連物部守屋檄中外」にはじまる「擬家大連檄」をかいている。光仁は傍系からはいった吉宗ともかんがえられるが、単に闇斎の論法をかりて徂徠の中華崇拝を諷した戯文ではなかろうか。

三四　池田温「天長節管見」『東アジアの文化交流史』吉川弘文館、二〇〇二年三月。

三五　遠藤慶太『平安勅撰史書研究』皇学館大学出版部、二〇〇六年六月、二一〇―二一一頁は和田英松『本朝書籍目録考証』をうけて続紀の後半については光仁朝の編纂をみとめず、すべて桓武朝の編纂であるとするが、光仁朝の最後までではなく、まず宝亀八年までを編纂した理由が不明である。撰者の上毛野大川は『外記補任』が存在しない宝亀末年に外記に在任していた可能性があろう。

三六 東野治之「『続日本紀』の「大略以浄御原朝庭為准正」」『日本歴史』四五三号、一九八六年二月。東野が「誤読」にもとづくとした点については早速、荊木美行「大宝律令の編纂と浄御原律令―東野治之氏の所論にふれて―」『日本歴史』四六三号、一九八六年十二月などで反論がだされたが、日唐の文の相違については異論がない。

三七 池田昌広「『日本書紀』の出典問題―『漢書』を例として―」（新川登亀男、早川万年編『史料としての『日本書紀』』勉誠出版、二〇一一年十月）、同「「古記」所引『漢書』顔師古注について」『京都産業大学論集』人文科学系列第四七号、二〇一四年三月。

三八 後述する養老四年六月己酉詔にも同様の問題があるが、玄宗の詔が太宗の偏諱をさけて「人」をもちいるのに対し、養老二年詔は「民」としている。ただし、偏諱問題を意識せずとも、この程度の改変をおこなうこともありえよう。

三九 伊藤東涯『制度通』下巻、岩波文庫、一九四八年七月、一九五―一九六頁。『続紀集解』については高松寿夫「『遷都平城詔』と『隋高祖建都詔』との類似を最初に指摘したのは誰か」（河野貴美子、張哲俊編『東アジア世界と中国文化』勉誠出版、二〇一二年）による。狩野直喜「我朝に於ける唐制の模倣と祭典の礼」『読書籑餘』みすず書房、一九八〇年、一三九―一四〇頁。高松は「元明朝の文筆―『続日本紀』掲載「元明譲位詔」を中心に―」『国語と国文学』八七―一一、二〇一〇年十一月、「『遷都平城詔』注解―元明朝文筆の解明への手がかりとして」『比較文学年誌』四八、二〇一二年、「大宝二年度遣唐使が日本の文筆にもたらしたもの―慶雲三年正月十二日勅書を中心に」『アジア遊学』一六二、二〇一三年三月などで精力的にこの問題を追究した。また、原口耕一郎「『日本書紀』の文章表現における典拠の一例」（大山誠一編『日本書紀の謎と聖徳太子』平凡社、二〇一一年六月）も続紀の例をあげている。

四〇 五月丁卯の勅で施行された養老令の田令置官田条に「大和」とあるが、国名変更後、条文をあらためたのか、改氏姓がおくれたのかは微妙である。

四一 『冊府元亀』巻一百三十八帝王部旌表第二。意味上は「人」でよいようであるが、「士」との対で「民」としたのであろうか。『全唐文』巻一や『毛詩正義』小雅、谷風の引用には「民稟五常」とある。また、『旧唐書』孝友伝には「仁義為重」とある。

四二 なお、この記事の背景については東野治之「律令と孝子伝―漢籍の直接引用と間接引用―」『日本古代史料学』岩波書店、二〇〇五年三月を参照。

四三 「進五経正義表」（A）を模した和銅五年（七一二）正月二十八日『古事記』序（B）と天平八年（七三七）十一月丙戌条、母橘三千代の氏をつぐことのぞむ葛城王らの上表（C）にはA・C↓BよりもA↓B↓Cという継承関係を想定するほうが合理的であろう。ただし、Bには偽書説もあるので、ここでは指摘するにとどめておく。BCの類似表現については山本幸司「祝詞と宣命における口誦性」『歴史と民俗』二五、二〇〇九年二月、六一頁参照。

四四 陳垣『史諱挙例』上海書店出版社、一九九七年六月、一〇一頁。

四五 東野治之「日本古代の『春秋』受容」『文学』二〇〇〇年七・八月号および同『遣唐使船』朝日選書、一九九九年三月、一六七―一八二頁。その後、水口幹記「伊予部連家守と釈奠」『日本古代漢籍受容の史的研究』汲古書院、二〇〇五年九月が家守の唐への派遣を釈奠整備の一環とする。たしかに『日本紀略』の卒伝が「宝亀六年（七七五）兼補遣唐、習五経大義幷切韻説文字躰、…大臣奏、令講公羊穀梁三伝之義云々」につづいて「文宣王享座、諸儒所説不同、仍拠勘経義、及大唐所行、具録奉進、定南面畢」と特筆するが、副次的であろう。「五経大義」が書名ではないとすれば、春秋経についてはは「三伝之義」、礼経についてはは「三礼」となろう。家守の子善道真貞の卒伝（『続日本後紀』承和十二年（八四五）二月丁酉条）には「真貞以三伝三礼為業、…諸儒言、当代読公羊者、只真貞而已、…」とある。

四六 「米塩」と「砕」のあいだに「細」がぬけていよう。

四七 『太平御覧』職官部三十九五官中郎将に『続漢書』、同四大傅に『東観漢紀』を典拠としてみえるので類書によった可能性もあるが、検索はむしろ『後漢書』のほうが簡単ではなかろうか。張純は張司空として都良香の「弁異物」、胡広は胡太尉として紀長谷雄の詩序などにみえるが、『平安朝漢文学総合索引』吉川弘文館、一九八七年六月には、対としたものがみあたらない。

四八 東野治之「玉来の詩賦」『正倉院文書と木簡の研究』塙書房、一九七七年六月。

四九 加藤有子「『懐風藻』序と中国文学の序」『懐風藻研究』五、一九九九年十一月などで、典拠の検討がされている。

五〇 古事記序と葛城王等上表との類似性はすでに西宮一民「古事記序文の成立」（『古事記・日本書紀Ｉ』日本文学研究資料叢書、有精堂出版、一九七〇年十二月、七五頁）東野治之『続日本紀』所載の漢文作品」『日本古代木簡の研究』塙書房、一九八三年三月、二四〇―二四一頁に指摘がある。

五一 山本幸司「祝詞と宣命における口誦性」（『歴史と民俗』二五、二〇〇九年二月）六一頁は、さらに『平家物語』逆櫓、太閤検地に関する豊臣秀吉の朱印状、木地屋の偽綸旨とつづく伝統の存在を指摘している。
五二　礪波護「『晋書』の世界」（武田幸男共著『隋唐帝国と古代朝鮮』世界の歴史6、中央公論社、一九九七年一月）七二一七三、九三一九四頁。
五三　先行研究として玉村竹二「日本人名の通字について」『日本禅宗史論集』上、思文閣、一九七六年八月がある。
五四　晩年の自伝的な「述懐古調詩一百韻」に「再為合浦守、去球燿又円、更作武城宰、割鶏名不悛」とあるので、再任した尾張守から丹波守にうつった寛弘七年（一〇一〇）三月から翌年二月挙周が昇殿をゆるされる以前、死の一、二年前の作である。「武城」は近世には武蔵国にある江戸にもちいられるが、ここでは公卿に昇進すべき匡衡があいかわらず地方官をつとめることを、『論語』陽貨の「子之武城、聞絃歌之声、夫子莞爾而笑曰、割雞焉用牛刀」、皇侃『論語義疏』の「譬如武城小邑之政、可用小才而已、用子游之大才、是才大而用小也」をふまえイロニーをこめていう。『本朝続文粋』巻六の式部大輔藤原敦光の大治五年（一一三〇）正月、同六年正月十九日奏状の「至于紀伊国者、既為武城下邑之境、誰為過分非拠之任哉」「今年所闕七箇国、皆是武城下邑之境、…方今八座之闕其数有五、倩謂昇晋之運」も同様である。
五五　藤善真澄『参天台五臺山記の研究』関西大学出版部、二〇〇六年三月、三二三一三二九、三三八一三三九頁。
五六　石本道明「日本における宋代詩文受容の画期について」『国学院雑誌』第一一一巻第二号、二〇一〇年二月は「『東坡先生指掌図』を東洋文庫蔵本で確認し、東坡偽託書であることも紹介した」よしであるが、未見。東洋文庫では宋闕名撰『歴代地理指掌図』となっている。

詞といっても現代日本人にはなじみがないが、もともと音楽にあわせてうたわれた中国の韻文の一種で、毛沢東も詩とともにさかんに填詞した。「填詞」というのは曲ごとに平仄が厳格にまもられるからである。日本では嵯峨天皇、有智子内親王、滋野貞主による張志和「漁父詞」への填詞が神田喜一郎によって『経国集』巻十四から発見された（『日本における中国文学―日本填詞史話』二冊、二玄社、一九六五、六七年）。日本における女流詩人は希有で、森鷗外の小説でしられる晩唐の『魚玄機詩』より以前である。

東京大学総合図書館の「鷗外文庫書入本データベース」の写真をみると「宋本　士礼居蔵」とあり、鷗外が「佐々木信綱君将来」とかいているとおり、一九〇四年一月信綱の南清みやげで、徳富蘇峰もまた、この本をおくられている。前年上海にいた白岩竜平にさそわれたもので、白岩はのちに柳田の日華クラブにもかかわる。「士礼居叢書」は清の黄丕烈の蔵書を翻刻したものであるが、これに佐佐木が長沙で訪問した葉徳輝が「魚玄機事略」を付した仿宋刻本であり、鷗外の参考文献もこれによる。

副主人公は宋詞発展の基礎をきずいたといわれる温庭筠であるが、日本では兼明親王の「憶亀山」程度で江戸まで作品がしられていなかった。中国でも元になるとふるわず音楽もうしなわれたといわれるが、元に留学中の竜山徳元と中巌円月とよって填詞されていた（野川博之「五山二留学僧の填詞製作―竜山・中巌の木蘭花」、同「中巌圓月の填詞紹介」『中国文学研究』二五・二六、一九九九年・二〇〇〇年十二月）。

III　白居易賛のかくし絵《ダブル・イメージ》――巻子本から宋元本の銀河系《ギャラクシー》へ

楽天像の三幅対

南宋最末期の来日僧無学祖元は白居易（楽天）像に賛を依頼され、陶潜（靖節）、蘇軾（東坡）をくわえてつぎのように論評した[一]。

若人兮、幅巾遨遊、眉目如画兮、香山欲秋、考金鐘於清廟、吹玉簫於法楼、綴貞観之雅頌、截天孫之雲裘、跨黄鵠於冥漠、挾飛龍之双輈、斉一物於万化、剖藩籬於**九疇**、挙百世之上、百世之下、其孰与儔、唯**靖節東坡**兮、不貽公之羞、

右楽天画像、弘安七年〔一二八四〕六月十六、無学翁書賛於得月楼

白居易も蘇軾も陶潜をしたい、それぞれ「效**陶潜**体詩十六首」や「和陶詩一百二十首」をつくっている。また、「東坡」を詩題にふくむ白居易の詩は五、計七首あり、蘇軾の号はこれにちなむというからこの三人をならべること自体不思議ではない[二]。賛の一節「剖藩籬於**九疇**」は蘇軾「和陶帰去来兮辞」の「藩垣雖欽、堂室故存、…畸人告予以一言、非八卦与**九疇**」をふまえる。川合康三は「帰去来」の「登東皐以舒嘯」（東皐は東の丘の意）にふれつつ『東皐』『東坡』の語から、阮籍―**陶淵明**―王績―**白楽天**―**蘇軾**とつらなる」隠逸の系譜を指摘している[三]。

一方、この賛を解説した島尾新は「図式化すれば、白楽天＝平安以来の日本の漢文学の伝統的価値観と蘇東坡・陶淵明＝新来の中国禅僧の価値観との接触である」という見解を提示しているが[四]、陶潜は中国禅僧の新来の価値観とはいいきれない。「貧窮問答歌」に対する影響には異論があるも

ののの、菅原道真には「種菊」の「未曾種処思元亮」など陶潜（元亮は字）の故事や詩をふまえた表現がすくなからずみられ、『扶桑集』には三善清行の「陶彭沢」（陶潜は彭沢県令を辞して隠退した）という詩もある。

宗尊親王の周辺

ちかくは『古今著聞集』宿執の「葉室定嗣出家の時宿執に催されて詩歌を作る事」にみえる建長二年（一二五〇）の詩の一節「秋過西山**白月円**」は白居易「初入香山院対月、太和六年（八三二）作」の「老住香**山**初到夜、秋逢**白月正円**時」をふまえ、結句の「靖節先生掛官年」（靖節先生は陶潜の私諡）には「陶元亮之帰休、春秋四十三」と自注している。このはなしは「三品経範卿詩を和したりける、いと興ある事也」とむすばれているが、定嗣の日記『葉黄記』によれば藤原経範は二年前の宝治二年（一二四八）十二月二十五日宗尊親王の読書始に文章博士として侍読をつとめ、長男茂範も地下の文人として列していた。茂範は建長五年（一二五三）三月後嵯峨院の命で将軍宗尊の侍読となり鎌倉に下向した。文応元年（一二六〇）和歌師範として下向した真観（俗名光俊）は定嗣の兄であり、経範は後嵯峨を外甥とし九条道家に対抗する土御門定通のひきたてで地位をえたから、後嵯峨院をとりまく人脈の一端がうかがえる。

宗尊の和歌には『文集』や『文選』などの詩句を本文とする詠作がすくなくないが[五]、現存唯一の詩句「述懐　入道中務卿宗尊親王　**花開葉落閑**中観、**昨是今非世上心**」（冷泉本『和漢兼作集』下所収[六]）は『和漢朗詠集』下、恋にも収録されている白居易「長恨歌」の「春風桃李**花開**日、秋露梧桐**葉落**時」をうけ、陶潜「帰去来」の「覚**今是**而**昨非**」を逆転させて、帰京後の心境を託した。楊貴妃をうしなった玄宗の寂寥感は共有するが、陶潜が原因はともかく自分の意思で官を辞し帰郷したのに対し、宗尊は文永三年（一二六六）謀反の汚名をきせられて将軍を廃され、鎌倉から強制送還されたからである。自己の過去と現在を対比し、あるいは「花開」に征夷大将軍となった息子の惟康を、「葉落」に自分を投影しているかもしれない。さらに「閑中」は白居易の語彙であり、『文選』に収録された「雑詩」（飲酒二十首其七）「秋菊有佳色、…遠我達世情」の六臣注に「〔劉〕良曰、…世上之情、不若我也」とある[七]。すでに二年前文章博士となり京都にかえっていた茂範は宗尊帰京の翌年三月三日にはその作文会を管領申沙汰しており（『民経記』）、原詩の「春風桃李花開日」は上巳にぴったりであるから、このときの作かとおもわれるが、ほとんど白居易と陶潜の詩句をくみあわせてできているのである。

孟子―韓愈―蘇軾

鎌倉の詩的環境は以上のようなものであったが、無学の賛は島尾の語註が指摘するように陶潜「五柳先生伝」の「極其言、茲若人之儔乎」をふまえて「若人兮」と「其孰与儔」を前後におき、「截天孫之雲裘」は蘇軾「潮州韓文公廟碑」の「公昔騎竜白雲郷、…天孫為織雲錦裳」による。問題は後者である。文公は韓愈の諡号で、「論仏骨表」で仏舎利をむかえる憲宗に極諫して潮州刺史に左遷されたが、碑文は蘇軾が元祐七年（一〇九二）潮州知事から依頼されたもので、「匹夫而為百世師、一言而為天下法」にはじまり、「独韓文公起布衣、談笑而麾之、天下靡然従公、復帰於正、蓋三百年於此矣、文起八代之衰、道済天下之溺」とたたえる。

韓愈は日本ではほとんどしられておらず、入宋した道元の『正法眼蔵』第十五光明は憲宗が仏舎利を拝承したエピソードを排仏論ぬきでかたるが、漢文の『正法眼蔵三百則』中が大顚との一件もふくめ、南宋淳熙十年（一一八三）の晦翁悟明『聯灯会要』巻第二十とほとんど一致しているから韓愈の原文をよんだかうたがわしい。建武元年（一三三四）元からかえった中巌円月の『中正子』叙篇が仏教者の立場から批判をくわえつつ、ようやく「韓愈果敢小詭乎道、然文起八代之衰、可尚」とこのレヴェルに達する。

さらに、賛の「眉目如画」は「殿中将監馬君墓誌」の「眉眼如画」、「其孰与儔」は「嗟哉董生行」の「嗟哉董生、誰将与儔」と、ともに韓愈の作品による。白居易「訪陶公旧宅」には「我生君之後、相去五百年」といった表現があるにもかかわらず、「挙百世之上、百世之下」は『孟子』尽心下の「聖人為百世師、……奮乎百世之上、百世之下、聞者莫不興起也」をふまえる八。韓愈は「孔子伝之孟軻、軻之死不得其伝焉」とみずからを孔子―孟子―韓愈という道統に位置づけ、蘇軾は「為百世師」の典拠とした。

南宋滅亡時の混乱のなかで来日した無学がかりに末期の南宋に対して批判的であったなら、あるいは白居易のように安史の乱前夜を甘美につづり、あるいは晋の滅亡にあった陶潜の「桃花源記」のように、中華の混乱をのがれた遺民社会としてユートピア化したかもしれない。しかし無学は北宋の滅亡をしらない蘇軾とともに宋の文化を完全に肯定していたとおもわれる。

蘇軾のいうとおり、韓愈は孟子を称揚して宋代における儒学復興（「道済天下之溺」）のさきがけとなるとともに、『文選』に代表される六朝以来の駢文に反対した古文復興運動（「文起八代之衰」）の中心人物である。韓愈において思想の運動と文体の運動、内容と表現方法の革新は一体で、ともにうしなわれた古代の復興（「復帰於正、蓋三百年於此矣」）であった。ともに実をむすぶのは宋代に蘇軾の師にあたる欧陽修が賞賛してからであるが九、朱子学では道統からのぞかれたので儒学史では実際より軽視されがちである。

以上の検討によって、無学が表面上は陶潜―白居易―蘇軾を論じながら、典拠としては孟子―韓愈—蘇軾の系列を意図的に引用し、読者の知識に次第で二つの像がいれかわる、だまし絵のような構成を賛にあたえたといえよう。典拠はまさにテクストの深層にあって、その意味をささえるサブテクストをおりなしている。無学はおそらく来日以来、孟子や韓愈や蘇軾をしらず、騈文を尊重して『文集』『文選』ばかりを話題にする日本人にカルチャー・ショックをうけたのではなかろうか。二百年前の成尋と彼我、好一対である。

中国文学受容のタイム・ラグ

この現象は吉川幸次郎による中国文学史の四区分（かりにⅠ—Ⅳとする）からきわめて明確に理解しうる。吉川によれば、「第一の転換は、漢の武帝の頃から後漢三国へかけて〔ＢＣ一〇〇年代—ＡＤ二〇〇年代〕…、第二の転換は、唐の玄宗の頃から宋の仁宗の頃へかけて〔七〇〇年代—一〇〇〇年代〕…、第三の転換は、清朝の末年、つまり今世紀に入るとともに起り、今日なお進行の過程にある」という一〇。Ⅰは儒家が他の学派の存在をゆるした時代、Ⅱでは五経が確立し解釈学で伝統がおもんぜられるものの仏教も併存する貴族の時代であったのに対し、Ⅲでは科挙が実施されて自由討究の風にとみ、儒学が仏教を排斥する。

Ⅰの黄河流域から、江南までひろまった中国文明を倭—日本が遣隋使、遣唐使以前から間接、直接に受容したのはⅡの、しかもその爛熟期である。詩において李白、杜甫、散文において韓愈によって転換が開始されていたにもかかわらず、『文選』に代表される散文までも詩化した美辞麗句でつづる騈文の宮廷文学、五経とともに仏教や老荘思想を受容した。日本では同時代の唐では奇妙な詩人とみなされ宋になって尊崇された杜甫の受容がおくれたのに対し、白居易は大流行作家、しかも「白俗」と評されるようにだれにもしたしまれる存在であったからはやくからもてはやされた。

Ⅱを否定しⅠの精神、文体への回帰をスローガンとするⅢの李杜、韓愈（古文復興運動）の新文学や純化した新儒学は鎌倉以降、江戸時代を中心にながい時間をかけて徐々に浸透していくのである。

大江匡衡も「頃年以累代侍読之苗裔、以尚書一部十三巻、毛詩一部廿巻、文選一部六十巻、及礼記、文集、侍聖主御読、皆是莫不潤色鴻業吹瑩王道之典文、又近侍**老子道徳経**御読、国王理政之法度爰顕、長生久視之道指掌、講竟之日有所感、…」とながい詩序をかいており、詩書礼記と文選文集、老子はすくなくとも同格、詩によんだ点で後二者はそれ以上である。十三経といえば、周易、尚書、毛詩、三礼、春秋三伝、論語、孝経、爾雅、孟子をさすが、日本では平安以来、後二者のかわりに老荘がはいる。

賛に則していえば、川合は「『旧唐書』では元稹・白楽天を唐代文学の代表としていたのが、『新唐書』では同時代の韓愈にとって代わられるのだ。…今日に至るまでの基本的な文学史の見取り図は『新唐書』に発している。『元軽白俗』と言い切った蘇軾は、『新唐書』の撰者欧陽修の文学上の門弟であった」としつつも「蘇軾の文学は陶淵明―白楽天という系譜に連なる面もあって、白楽天を否定したわけではない」という[二]。とすれば、無学は蘇軾のもつこの二面性をたくみに利用して二重うつしの賛をものしたことになる。

弘安七年（一二八四）四月外護者である北条時宗が死ぬとまもなく無学は円覚寺から建長寺にかえり、六月得月楼でこの賛をかいた。

藤原三翁清原四叔

建長寺開山の蘭渓道隆『大覚禅師語録』巻上に「結制上堂、今日聚集、凡之与聖、情与無情、総在此山、安後結制、独有鎌倉境内**藤原翁子**、不入衆数、自云、仏法禅道、是生冤家、諸人作何方便、

令他入此保社、隠峯雖有過人智、到石頭山失利回」とある「藤原翁子」とはだれであろうか。建長七年（一二五五）四月十五日の結制に「、鎌倉中でただ一人くわわらず、「仏法と禅道はあたらしい仇同士」とうそぶく「藤原翁子」もここにくれば隠峯が「過人智」でも石頭山の希遷に参禅したもののなすすべもなくかえったようなものだという。将軍宗尊への啓状で「凡於文儒者、茂範之外、更無一人」と自任した藤原茂範こそまず候補にあがろう。

正元元年（一二五九）冬の「惟有藤原三翁清原四叔、開口便分明、…建長杖子、一味横点頭、不為渠印可、何故嵩山有箇破竈堕」は日本でいえば甲乙人に相当し某々を意味する「張三李四」に日本の姓をはめこんだもので、実際の三男や四男ではなく、鎌倉をはなれた建寧寺語録（「寧」は天皇の偏諱「仁」をはばかった表記）にはより一般的な「平三鼻孔長、源四眉毛短」がみえる。源平藤橘ではない「清原」は具体的な人物をイメージしているわけで、『吾妻鏡』弘長三年（一二六三）六月二十六日条に「今日於御所有帝範御談義、右京権大夫茂範朝臣、三河前司教隆朝臣等候之」とある藤原茂範と清原教隆であろう。茂範は当時五十代であるから「翁（子）」でよいとして、教隆は蘭渓より四歳年長であるから「叔」はわかくみえたか軽視のニュアンスをこめたものであろう。ここでもかれらを嵩山の破竈堕和尚にぶちわられた竈になぞらえている。

前将軍頼家が送還された寛元四年（一二四六）七月父九条道家の願文は「抑又天下の衆口にいはく、禅宗を興行して東福寺にをかんとするによりて、この災難身にきたる歟と云々」という。一方、茂範は鎌倉にくだった建長五年（一二五三）十一月廿五日建長寺供養の願文を草している。清書は北条時頼、導師は蘭渓であったから、いやおうなく接触したはずであるが、幕命とあらば願文も草するものの禅宗には距離をおく茂範に、蘭渓は韓愈や朱熹のような排仏論の儒者をみたかもしれない。弘長元年（一二六一）四月十五日結夏にただあつまってめしをくうのみを批判しつつ「不許藤原漢子知」とむすぶ。蘭渓は終始茂範を意識していたが、茂範のほうから大陸の新知識をもとめることはなかったのであろう。

コピペの願文

それにもかかわらず儒者の地位が安泰なのは、かれらが家説を伝承しているからである。茂範の父文章博士経範は寛元四年（一二四六）五月後嵯峨院のために石清水八幡宮の願文を草している。「夫八幡大菩薩者、…普振伝一之冥威、翠華南幸、千乗万騎之駕歳久、蒼栢陰森、春禴秋嘗之礼日進、…伏惟…眇身膺籙之際、四五箇載、…大隗大明之月前、羨七聖之遇軒徳、汾山汾水之雲外、慣四子之随尭心、然而今上陛下之為嫡嗣、在約聡兮伝乾符、一日万機之致諮詢、課庸璵兮恥地慮、是以宸位之始、任奕代之佳謨、以促玉輅、巽譲之時、凝発露之潔信、以拝瑞籬、毎憶至誠之懇篤、深知大菩薩之加被、方今華夏淳素之世、李舜司律之天、重詣八幡宮之祠壇、専致七ヶ日之参宿、当其枝幹之良曜、…奉手自書写紺紙金字梵網経一巻、斯経者、羅什之翻訳、金剛之宝戒也、…然則空桐無何有之阪、日月不西傾、大椿万六千之暦、春秋保南寿、遐邇皆帰太上之徳、神仙鎮伴象外之栄、殊以白善奉祝紫闈、天緒運長、猶斉天皇地皇之万祀、風化恩洽、克調風若雨若之四時、承明禅院全西王母之亀算、長秋后庭播陰麗華之寵栄、…稽首和南敬白、　寛元四年五月廿五日　太上天皇諱敬白」。

弘安十一年（一二八八）四月後深草院の春日社願文は作者不明であるが、これをふまえてつぎのとおりである。「南瞻部州大日本国太上天皇久仁敬白、夫春日大明神者、…得一之礼日進、是以翠華南幸、千乗万騎之駕綿聯、蒼松陰森、春禴秋嘗之奠鼎盛、…伏惟…大隗大明之風底、羨七聖之遇軒遊、汾山汾水之雲外、慣四子之随尭心、今上陛下之為嫡嗣、儼震儀兮握乾符、一日万機之致諮詢、

課庸瑣分慙地慮、…只反世於淳朴之昔、…若非神明之加被者、何得聖代之安全乎、抑膺籙之始、任奕世之嘉謨、以促玉輅、脱屣之今、依多年之宸衷、以拝瑞籬、憶通一生涯之素願、弥仰大明神之玄鑑、方今華夏理世之明時、李舜司節之初月、詣三笠山之叢祠、跂七箇日之松宿、…便是始従今茲之良曜、…奉書写紺紙金字唯識論一部十巻、斯論者、玄奘三蔵之翻訳、金剛一乗之真偈也、…然則空洞無何有之陬、星霜之影猶久、大椿万八千之嶺、春秋之色弥昌、遐邇悉帰太上之徳、神仙偏考象外之栄槃、殊以白業奉祝紫闈、天緒運遥、猶崇天皇地皇之千祀、風化恩洽、克調風善雨善之四時、大宮禅庭之為慈堂、鎮保王母之上寿矣、東二条院之伴幸路、宜□陰后之坤徳焉、…稽首和南、　弘安十一年四月廿一日　　太上天皇久　敬白」。

経範の願文をここまでしりえたのは子孫か、葉室定嗣『葉黄記』のような写をみたものであるが、他家ならば南家からクレームがつくおそれもあるから、後深草院の願文だけに式部大輔茂範か、弟の大学頭明範の名でかかれたものであろう。これは極端な例かもしれないが、大江匡衡も自身でおなじ文言を再利用している〔三〕。博士家の学問にこうした面があったことはいなめない。

『徒然草』にみる宋本の銀河系

しかし、鎌倉後期には博士家による学問の独占がくずれはじめていた。その証言が『徒然草』第二百三十八段の自讃の三にある。常在光院の鐘銘のあやまりを兼好が指摘し、草した菅原在兼が謝意を表してあらためたが、まちがいをかさねたというものである。日本語のコウ、ギョウとは対応しないが、現代中国語にもシン、ハンと意味によって韻のことなる二音が存在し、まったく兼好の指摘どおりである。

在兼といえば参議兼式部大輔として儒者の頂点にあり、元亨元年（一三二一）六月廿三日訃報をきいた花園院は日記本文に「今日在兼卿薨逝云々文之衰微、道之陵夷、歎而有餘、嗟乎命哉々々、……五代之帝師也、栄分満足、無所恨者歟」としるしたのは冷静のほうで、裏書には諸人の評に対する批判から天道、神道、顔淵の死にまでおよんでいる。当代一とされる学者が韻のあやまりをかさね、漢学はしろうとというべき兼好が一見して指摘できたのはなぜであろうか。

自讃の二は東宮時代の後醍醐の命で「論語の四、五、六の巻をくりひろげ」て「紫の朱を奪ふことをにくむ」という文をさがしているところにいきあわせ、「九の巻のそこそこのほどに侍る」とおしえたというものである。兼好自身が「かほどのことは、児どもも常のことなれど、昔の人はいささかのことをもいみじく自讃したるなり」と機先を制していなければ、江戸時代の知識人は不審におもったにちがいない。

ヒントは「くりひろげ」にある。儒者や宮中がもちいたのは伝統の権威をせおった巻子本であり、そのあつかいにくさは想像を絶する。ひろいスペースがあってこそ三巻も「くりひろげ」られたが、普通はちいさい文机のうえで、かつてのオープンリールのテープレコーダのように両側をまきながら利用するほかない。ゆっくり熟読するなら問題はないが、さがす個所がわかっていてすら巻末ならば最悪で、字書には絶対に不むきである。

第百二十段の「唐のものは、薬のほかは、なくとも事欠くまじ、書どもは、この国に多く広まりぬれば、書きも写してん」は第百六十五段「吾妻人の都の人に交はり、宮この人の吾妻に行て身を立て、又、本寺本山を離れぬる顕密の僧、すべて、わが俗にあらずして人に交はれるは、みぐるし」と同様、兼好一流の韜晦であろう。稀代の読書家である柳田国男が、本がおおすぎるとのべたのを連想させる。

第二百六段「怪しみを見て怪しまざる時は、怪しみかへりて破る」について最初の注釈書『つれ

〱草寿命院抄』（慶長九年〔一六〇四〕刊）の「千金方黄帝雑忌呪曰、見恠不怪、其恠自壊」を近代の諸注は否定するが[一四]、医者だけに著者秦宗巴がただしく、金沢文庫本『備急千金要方』第二十七養生、黄帝雑忌第七に「呪曰、見怪不怪其怪自壊」とある[一五]。兼好がみたのはまさに金沢文庫本のこの本そのものだったのではなかろうか。

第百七十一段の「清献公が言葉に『好事を行じて前程を問ふことなかれ』と言へり」は本来、五代の馮道の詩であるが、これも『寿命院抄』があげる「趙清献公座右銘」が陳録『善誘文』にみえ、最後の一句が「但行好事、莫問前程」である[一六]。林羅山『埜槌』があげる『皇朝類苑』は適当ではない。

さらに第二十一段にみえる中唐の戴叔倫「湘南即事」は王安石編ともいう『唐百家詩選』[一七]、洪邁編『万首唐人絶句』など宋人による他の唐詩選集にもみえ、周弼撰『三体詩』によったとはかぎらない。第九十一段「吉凶は人によりて日によらず」は祝穆撰『事文類聚』前集所収、五代の沈顔「時日無吉凶解」が典拠とされているが、宋代以降たがいに継承もしくは並存関係にある書籍が板本で複数存在しえたので特定はむずかしい。

マーシャル・マクルーハンの用語をかりれば、兼好は、いまだ巻子本の銀河系 galaxy に安住する在兼以下の儒者や後醍醐の宮廷を、宋元冊子本の銀河系からみていたのではなかろうか。

兼好が日野資朝とともに共感をもってえがいた徳大寺実基は第二百六、二百七段で合理主義者として鮮烈な印象をのこす。もとの設問は、議祭祀、議釈教、請行賞罰以勧挙賢、省官併俸減使職、議百官職田、息游惰など、白居易「策林」の影響がかんがえられるが、その政道奏状は第一、三条を『資治通鑑』周紀一の「臣光曰、…」からとり[一八]、これに『左氏伝』成公、『孔子家語』『尚書正義』『初学記』『帝範』といった従来の典拠に接合させている。広義の宋学は藤原頼長におけるように、それまでの漢学の素養を前提に矛盾することなくむしろ活性化させたようにみえる。

『秘府略』紙背の季房上書案

菅原氏に伝来した遠祖菅原是善の『東宮切韻』は『江談抄』に「集十三家切韻、為一家之作者、著述之日、聖廟執筆、令滞綴給云々」とあるように、神格化された道真もかかわったとあって勘文にひかれるなど絶大な権威をもった。たとえば仁治改元（一二四〇）の際、菅原為長の勘申した「元康」を、吉田為経が藤原頼長の日記をみて「康」には『穀梁伝』に「飢」の意味があると難じたことが問題となり、「摺本多略片作康字」であったが、『東宮切韻』には旁に「欠」があるとしている。「宋韻如此、東宮切韻又如此」とあるが[一九]、「宋韻」を典拠とすることは建長度（一二四九）に藤原経範が勘申した「嘉暦」のように難陳されるものの、韻をおぼえるなら簡便な冊子本にかぎる。『東宮切韻』はいつしか散佚し一巻ものこっていない。

これに対し、天長八年（八三一）滋野貞主らが撰集した一千巻のうち、かろうじて二巻のみ現存するのが類書『秘府略』である。そのうち尊経閣文庫蔵巻八百六十八には「季房上書案」という紙背文書があり、飯田瑞穂が翻字、検討している[二〇]。第三段に「我先祖淡海公」とあるから作者は藤原氏で、冒頭に「季房新拝左丞、相府引之臥内間語、礼遇甚厚」とあるから左大、中、少弁に新任した藤原季房が某大臣にあてたものである。

第二段の「亦本朝昔重儒学、儒士歴代列槐棘者不絶」につづく「或乗牛車而出入宮中」は菅原清公、「或横竜剣而執金吾」は右衛門督南淵年名や左衛門督大江音人、「或有内宴日、以一句美、擢預栄爵者」は延喜十二年（九一二）の菅原淳茂であろうから[二一]、飯田が「相府」にあげる藤原時平や忠平は故人や現任の大納言で「本朝昔」に抵触し除外されよう。

他に状況証拠としては第五段の「尊老也」が「孟子曰」とつづくのは平安より鎌倉後期以降がふさわしい。第二段「興儒学」に「三代以還、文道寂寥」とあるのは、夏殷周ではありえないから、『花園院日記』正中元年（一三二四）末「凡所読経書目録」にみえる「三代御記」の宇多、醍醐、村上であろう。これまた藤原俊範『貫首秘抄』（保元三、四年〔一一五八—五九〕）では「寛平御記、二代御記」とある。さらに「以備衆芸、故天下靡然向風矣」であるとすれば、『通典』の利用は寛元改元（一二四三）の際の藤原経範勘文あたりまでくだりそうである。

結局のところ、「左丞」藤原季房は、正中二年（一三二五）正月二十七日—翌三年六月二十三日左少弁、嘉暦二年（一三二七）十一月十日—同四年八月四日左中弁の万里小路季房しかいない。

今上の師父…はだれか

そこで問題になるのは「閣下　今上之為師父也、中宮之長兄也、東宮之為親舅也、宰臣之為聖子也」に合致する人物である。

元亨二年（一三二二）五月二十六日大納言今出川兼季は病気の父入道相国西園寺実兼（「宰臣」、九月十日死去）にかわって後醍醐に琵琶の最秘曲「啄木」を伝授したが、季房は蔵人としてとりしきり[二二]、八月十一日兼季は右大臣に昇進した。

『増鏡』秋のみ山などによれば、元応元年（一三一九）八月七日中宮となった禧子の同母兄であり、異母兄公衡、公顕はすでに死去しているから、「長兄」ということもゆるされよう。季房は中宮権大進から累進して亮をつとめる。

皇太子は嘉暦元年（一三二六）三月邦良親王が死に、七月二十四日立坊された光厳の母寧子（広義門院）は兼季の亡兄公衡の女である。「親舅」は一般に妻の父（外舅）、母の兄弟（舅父）をさすが、中国では母のおじ（舅外祖父）、母のいとこ（外祖父の兄弟の男子のみ「堂舅」、他の男子は「表舅」）など母方の傍系尊属にも「舅」の字をもちい、兼季は次兄公顕の猶子とされたので前二者に該当する。日本では男系の「堂」と女系の「表」をはじめ、世代についても中国のような厳格な区別をしないので、ここでは母方の大叔父（の子）を「親舅」と称したのではなかろうか。

　したがって季房が中宮亮をかねて左中弁をつとめ、兼季が前右大臣である嘉暦二年十一月十日—同四年八月四日が該当するが、「季房辟新拝左丞」からは新任の時期となろう。嘉暦二年にはいずれも五十代の関白太政大臣鷹司冬平、前左大臣洞院実泰が死に、七十一歳の前太政大臣久我通雄は別として、四十六歳の兼季は大臣クラスでは最年長となった。

　季房の兄藤房が三十三—三十五歳のときであるから、十歳以上も年長者にむかって若造が「素髪漸垂」というのはおかしいが、正和五年（一三一六）兼季が後醍醐の春宮権大夫をかねたとき季房は前年から権大進をつとめて践祚にいたったから、十年来の旧知に対して、わたしもようやく白髪がはえましたよと、たわむれたのではなかろうか。結局、旧説のほうがただしかったことになり、書風などで時代を判断するのは慎重さを要しよう。

　正中の変はおさまったものの、後醍醐の在位も十年をむかえ、持明院統にかわった皇太子の践祚をねがう「嘉暦三年□月十六日」後伏見院事書案には「禁裏御返事、関白被書進之、嘉暦三年二月十七日」「嘉暦三年十月廿一日伊賀入道善久内々申請之間、書遣之、其外方々同書遣了」とあるから、後醍醐にも幕府にももうしいれたようである（三）。一方、西園寺家本宗は公衡が実兼にさきだち、その子実衡も三十代で死んで十代の公宗がのこされたが、なお外戚の地位をたもっている。兼季は嘉暦二年九月二日後院別当に任じられたものの、太政大臣への昇進は光厳践祚後であり、後醍醐の復帰で否定されたまま建武政権期をすごした。

十三事を予定した上書は初歩的な草稿で、「一事、興儒学也」「三事、崇文章也」「五事、勤田業也」「　事、尊老也」のみにおわり具体性をかくとはいえ政道奏状であったとすれば、西園寺一門を代表する兼季を太政大臣として政道興行するプランであったものの、後醍醐の兼季に対する評価がひくく放棄されたのかもしれない。

廃紙のやうに

飯田は「必ずしも巷間に流布してゐるとも思へないこのやうな写本を、廃紙のやうに自由に利用して、上書の案を書いた人物の立場も関心をひくことである」といぶかる。

一旦甲子革令をみおくりながら、正中（一三二四）と改元されたのは十二月九日であった。花園院の日記十一月朔日条には有名な「無礼講」がみえる。『太平記』には登場しないが、季房が参加していても不思議はなく、「廃紙のやうに」は進奏院の故紙をうった蘇舜欽の事件（奏邸の獄）を想起させる。宋の慶暦四年（一〇四四）進奏院の長官蘇舜欽が役所の故紙をうった金で宴会をひらいて女妓をよび「周公孔子駆為奴」とうたったところを「一網打尽」にされて仁宗の逆鱗にふれ、周囲のとりなしで死一等を免ぜられた事件で、范仲淹らの慶暦新政の挫折を象徴する二四。

それはさておき推測をかさねれば、十二月廿二日条に「近日洛中訛言、諸国年貢遅済之間、以正月為潤十二月、以閏正月可用明年正月之由、被下綸旨云々、不知誰人之説、綸旨之案所遍満、季房載名字之間、自所々尋之云々」とあるのも、改元の奉行をつとめた蔵人右少弁季房自身がふざけてかいたのではないかとおもわれてくる。

時代はさかのぼるが、寛喜元年（一二二九）九月十四日土御門定通は藤原頼資に記録をかりた返事に「三史十三経以下、一世家、大平広記、御覧、広博、通鑑、随分嗜持候、若入事候者、不憚可被召候」としるした二五。百年のあいだに『太平御覧』など宋元本の類書が入手、使用しやすくなるにしたがい『秘府略』は時代おくれの無用の長物として「廃紙のやうに自由に利用」される状況になっていたのではなかろうか。稀覯本として珍重されるようになるのはこの段階をいきのびたあとである。

元亨元年革命定

その数年前、元亨元年（一三二一）二月二十三日の革命定について花園院は二日後の日記で「今日伝見仗議定文、太政以下数輩、面々振才学之間、申詞毎人数数、仗議自戌剋事始、翌日未一点事了云々、伝聞、公明有勅禄文台、被置易摺本云々、弘長（一二六一）以後毎度事歟」とつたえる。百二十年、二度まえから「革」の卦などに論及されることがおおい辛酉仗議には宋本『周易』がおかれていたのである。

花園のいうとおり「振才学」った面々は太政大臣久我通雄、内大臣花山院師信、権大納言吉田定房、春宮大夫洞院公賢、大宰権帥近衛実香、中納言北畠親房、前権中納言万里小路宣房、中宮権大夫花山院師賢、弾正大弼三条実任、大蔵卿中御門冬定、執筆をつとめた左大弁三条公明で、東山文庫蔵「革命元応度定文　昌泰三年勘文」に全員の定文が存在する二六。

なかでも合理主義の極致というべきは花山院師信で、辛酉革命の沙汰に儒術を労するのは聖治に無益であるから今後はやめるべきであり、もしどうしてもつづけるなら神武元年辛酉を蔀首とするようきめてしまえという。十一月一日四十八歳で死ぬと、花園は自身の即位の日に遅参したにもかかわらず、「和漢之才不恥於特筆、可謂良佐、尤可惜也」といいたんだが、四月廿三日に死んだ母の喪中に西郊で鹿食したと『公卿補任』が注するのは[二七]、その言行に対するつよい批判をものがたろう。

　興味ぶかいのは三条実任がもちだした「張清子」である。張清子希献は『宋元学案』にもみえず、著書はいかなる叢書にも収録されなかったが、「周易本義附録集注十一巻首一巻四冊　元張清子編　元大徳中、建安張氏刊本」が宮内庁書陵部に、清末の蔵書家陸心源の蒐集した写が静嘉堂文庫に現存し、中国では後学の引用が若干存在する[二八]。巻第一には「晦庵朱熹集伝　建安後学中渓張清子編」とあるとおり、福建だけに朱子学の末流である[二九]。元代の私刻本は福建の建安、建陽のものが最多というが、内陸部で少部数すられた書籍であり、十数年後実任は自慢げに引用したのであろう。

　元応二年（一三二〇）の度会家行『類聚神祇本源』は北畠親房との関係がしられ、後宇多、後醍醐もみたが、「博聞録曰、易大伝曰、河出図洛出書、…注曰、此夫子所以発明河図之数、至於洛書、雖夫子之所未言焉」と引用するのは、『博聞録』天地開闢篇をとおして朱熹『易学啓蒙』本図書第一からの孫引きである[三〇]。

　花園も元亨四年（一三二四）四月七日「此間論語抄出之外無他、今日、第一学而、為政両篇、終功了、疏、正義幷近代学者注等、…然而先以疏、正義、集注等抄出之也」としるしているから、皇侃の『論語義疏』とともに宋の邢昺の疏や朱熹の集注をよんでいたが、『孟子』は新注を入手できなかった。

「吉田定房奏状」の孟子

　その『孟子集注』をふまえるのが「吉田定房奏状」である[三一]。第一条に梁恵王冒頭の「卒然問

曰、天下悪乎定、吾対曰、定于一、孰能一之、対曰、不嗜殺人者能一之、…」の注「蘇氏曰、…予観孟子以来、自漢高祖及光武及唐太宗及我太祖皇帝、能一天下者四君、皆以不嗜殺人者致之、其餘殺人愈多而天下愈乱、秦晋及隋、力能合之、而好殺不已、故或合而復分、或遂以亡国、孟子之言、豈偶然而已哉」をふまえて「至人之道、只仁為先、仁之為躰、不殺為基、孟子所謂天下定于一、是也、秦駈境内之民、…暫雖呑海内、二世兮滅、魏曹操、晋司馬懿、宋劉裕、斉蕭道成、梁蕭衍、隋楊堅、皆雖草創之主、子孫永不血食、…漢高祖、後漢光武、唐太宗、皆遵先王之道、抱仁愛之心、社稷各数百年、孟子之言、豈徒然乎」としている。おなじく離婁に「仁心、愛人之心也、…先王之道、仁政是也」とあり、「仁為先」「仁之為体」も『論語集注』憲問、『四書或問』論語顔淵、と朱熹の語彙である。

朱熹が引用するのは蘇轍が『史記』を儒教的に改変した『古史』孟軻荀卿列伝「蘇子曰」の取意文で、元弘三年（一三三三）中巌円月「上建武天子表」は「豈止湯武而已」に「漢高祖、世祖、唐太宗、宋太祖、皆其人也」とつづけるが、奏状は宋の滅亡の記憶があたらしいせいか、まだ前三者ほど権威をもたないせいか、省略している。

奏状がまさに予言的であるのは、後醍醐が「雖草創之主、子孫不永血食」となることである。奏状が目標とするのは一時的な勝利ではなく永続性であった。しかも「今時関東之武士、無逆天理之志歟」（第五条）「今時関東之妖孼未見、万民之愁苦未聞」（第七条）「革命之今時、関東無妖」（第八条）と通奏低音のようにくりかえし、そのまえの第四条「頃年天下之躰、百分兮九十者武家有之也」にいたっては『論語』泰伯の「三分天下有其二、以服事殷、周之徳、可謂至徳也已矣」を極限まで誇張し、武家を周に比すから、紂に相当するのは後醍醐となる。

しかし、跋の「此意見去年六月廿一日状也、件状者在禁中御調度之内、仙洞被取置之由風聞」という事態は、河内祥輔が指摘するとおり元弘の乱勃発以降しかありえない。ただし「元弘の変では数人の貴族が死刑や流刑の処罰を受けた。作者が今『旅宿』の身にあるというのは、その処刑地や流刑地に居る（又はそれに向かう）ことを意味しているのではなかろうか」とするのは性急にすぎる[三二]。

たとえば、正和三年（一三一四）八月廿三日の『後宇多上皇悉曇大事伝受記』には「即帰神護寺曼荼羅院**旅宿**」とあり、応永卅二年（一四二五）七月二日から十二日まで貞成親王が出家のため御所からおなじ伏見の指月庵にうつったが、七月十二、十三日条は「旅宿」と称している。

河内があげた日野俊基、平成輔、源具行、花山院師賢、洞院公敏、万里小路季房、同藤房、葉室光顕のほか、『公卿補任』元徳三年（一三三一）条に「八廿五出対武家（依公家（御）事也）」、翌元弘二年（一三三二）条に「四月十日武家放免帰宅、可出仕之旨名之云々」「四月十六日武家放免帰宅、可出仕之由命之云々、六月八日現任還任」「四月十日依関東奏聞止出仕、被預之由、按察使資名卿為勅使被仰父前内大臣」とある大納言万里小路宣房、中納言三条公明、権中納言洞院実世らも六波羅＝「旅宿」にあり、「放免」には「奏状」が寄与した可能性もあろう。ただし、実世は「放免帰宅」ではなく「預」であるから無罪ではなく父公賢への配慮かとおもわれる。跋の「以前条々大概取意、定有漏脱依違歟、…外見旁有憚矣」ということわりは、論旨はほぼ同様でも論点や表現などニュアンスを微妙にずらす余地をあたえ、さきに指摘した武家賛美も助命嘆願の意味しうる。

作者は万里小路宣房か

公卿以外にも「放免」された人物がいた可能性もあり、ここで検討しうるのはさきにあげた「元亨元年革命定文」にみえる師賢、宣房、公明の三人にかぎられるが、定房、親房ら他の公卿をふくめて宣房のみが「雖然宋高祖武皇帝永初辛酉（四二一）祀南郊大赦、梁高祖武皇帝大同七年（五四一）辛酉亦祀南郊大赦、村上天皇聖代康保元年（九六四）甲子祭海若神、後一条院明時治安元年（一〇二一）辛酉修五大虚空蔵法」と歴史的な具体例をあげており[三三]、第一条の「宋劉裕」「梁蕭衍」、第十条の「天暦」「天下帰円融」とかさなる。特に前者は典拠に奏状が独自にくわえた部分であり、中国の分裂といえば太平記でも呉越や六国、漢楚、魏呉蜀にとどまるなかで、南朝歴代に言及する作者が宣房である可能性はかなりたかいのではなかろうか。

元弘元年（一三三一）五月に日野俊基らがとらわれ、八月後醍醐が皇居を脱出した翌日から宣房らは六波羅に拘留された。推測をかさねることになるが、翌年三月後醍醐が配流されてしまったので六波羅に状を提出し、四月放免されたとすれば、もとの奏状は元弘元年六月廿一日となる。

太平記では巻第五持明院殿御即位事に宣房卿二君奉公事がつづくが、長男藤房を介した後醍醐と正成の問答が巻第三主上御夢事付楠事にある。「抑天下草創ノ事、…所存ヲ不残可申ト勅定有ケレバ」、「若勢ヲ合テ戦ハヾ、六十餘州ノ兵ヲ集テ武蔵相模ノ両国ニ対ストモ、勝事ヲ得ガタシ」は奏状の冒頭「国家草創事、叡念雖似有議」、第四条「戦士勇山東之民一兮当千、豈以皇畿近州之嬰児、対東関蛮夷之勇健乎、此事之不可亦回言矣」に相当する。

そもそも第八条武王放紂事の「革命之今時関東無妖」や第十条「兼又三世之将、道家所肆也、関東天下兵馬元帥之権、既七八代、定有日月盈蝕之期歟、不用兵革、暫俟時運、是大義而已」と太平記冒頭の「前相模守平高時入道崇鑒ガ代ニ至テ、天地命ヲ革ムベキ危機云顕レタリ」「今ノ高時禅門、已ニ七代ヲ過、九代ニ及ベリ、サレバ可亡時刻到来シテ」「惟恨ラクハ斉桓覇ヲ行、楚人弓ヲ遺シニ、叡慮少キ似タル事ヲ」は執筆の時期が幕府滅亡の前／後、目的が諫止／結果でことなるから正反対の「無妖」／「危機云顕」にいたるまで表現の相異があるにもかかわらず、論点や思想は共通している。奏状が宣房によるとすれば、正成への下問が藤房を介するのは興味ぶかい。

北畠顕家奏状の起草者

太平記で諌臣の役をつとめるのは藤房であり、藤房の遁世をみて西園寺公宗の謀叛計画にはじまる内乱がドミノたおしのように展開するが、北畠顕家奏状は最後の第七条を「若夫先非不改太平難知者、辞符節而逐范蠡之跡、入山林以学伯夷之行矣」とむすんで受諾か、決別かをせまる極諌である点はきわめて異色である。史料的には畿内での内乱の終結を意味する顕家の戦死と奏状がセットになっている。

前欠の第一条冒頭「**鎮**将各領知其分域、政令之出在於五方、因准之処似弁故実」は鎌倉幕府では後醍醐に対して説得力をもちにくいので四道将軍までさかのぼるのではなかろうか。「置鎮而治民者、隋唐以還之権機也」としながらも「本朝之昔補八人之観察使、定諸道之節度使、承前之例不与漢家異」と一時的な制度の前例をもちだし、「兼於山陽北陸等各置一人之藩鎮、令領**便近之国**」も『類聚国史』公廨の大同四年（八〇九）六月廿二日勅に「而陸奥国、官多料少、宜按察使公廨、給**便近之国**」と陸奥の先例をふまえる。

典拠として注目したいのはそれにつづく「非常之虞」である。たった一語で云々するのはのぞましくないが、「置**鎮**而治民者、隋唐以還之権機也」とあわせて中唐の陸贄の「論叙遷幸之由状」によるとしてよかろう[三四]。背景が重要なので、文集ではなく『資治通鑑』唐紀建中四年（七八三）（もしくは『新唐書』陸贄伝）によったのではなかろうか。安史の乱以来の藩鎮を抑圧しようとして大反乱を誘発し長安から南への逃走中、天命であって人事によるのではないといった徳宗に対して、翰林学士陸贄が、（さきに「元亀」年号の「不吉」でみた）祖伊と紂の一件などをひきつつ人事によらない天命はないと批判した上疏にみえる。さらに翌年正月「罪実在予」とする「奉天改元大赦制」を起草して事態を収拾する。

本章の文脈からいえば、元佑八年（一〇八七）蘇軾らは「乞校正陸贄奏議上進劄子」で哲宗に陸贄の奏議を「開巻了然、聚古今之精英、実治乱之亀鑑」と反覆熟読をすすめ、「答虔倅俞括奉議書」には「文人之盛、莫如近世、然私所敬慕者、独陸宣公一人、…区区之忠、自謂庶幾於孟軻之敬王、且欲推此学於天下、…豈非仁人君子之至情也哉」とあるから、韓愈にかわって孟子―陸贄―蘇軾という系譜をあとづけられよう。

徳宗と吉野にのがれた後醍醐の南遷の相似はあきらかで、陸贄の上奏と対比してみると、奏状は後醍醐に「罪実在予」をみとめさせて京都に復帰しようというのではなかろうか。第一条はすでに藩鎮が跋扈する唐とは逆に、顕家の東奥の実績をあげて西府、関東、山陽、北陸にもあらたに藩鎮をおこうという提案である。北陸にはすでに恒良、尊良両親王と新田義貞が派遣されており、のちに西府のみ鎮西将軍が実現する。唐では帰順をみとめたから、山陽は赤松円心も選択肢であるとすれば、関東は尊氏の藩鎮を公認して和睦し、将来的に個別撃破することも現実的な戦術として視野にはいってくる。

しかしこの奏状は二十一歳の顕家がかきえたものであろうか。第三条の「至于無其才者雖有功、多与田園付不与名器、…凡名器者猥不仮人、名器之濫者僭上之階也、…雖有其功不足其器者、厚加功禄可与田園」は父親房の持論と合致するが、第四条の「逮于辺域之士卒者、雖未染 王化、正君臣之礼懐忠死節之者、不可勝計、恵沢未遍、政道一失也、然者以無功諸人新恩之跡、可分賜士卒歟」となると、むしろ反対であろう。しかも親房は二度目の下向には同行せず伊勢にとどまって顕家や結城宗広に上洛や東国平定を催促していたから、奥州状勢の悪化をリアルに感じてはいなかった。

顕家筆中尊寺供養願文

自作ではないが、顕家自筆としてはこの数ヶ月前に「件願文者、右京大夫敦光草之、中納言朝隆卿書之、而有不慮之事及紛失之儀、為擬正文、忽染疎筆耳、鎮守大将軍（花押）」と跋のある藤原清衡の中尊寺建立供養願文の写がのこされている。この願文にはもう一通「嘉暦四年（一三二九）八月廿五日、信濃阿闍梨被持来、可及奥書端書之由、被命之間、馳筆以正文写云々 前少納言輔方」という写本があるが、藤原輔方はこの年正月二十四日の前将軍久明親王百ヶ日仏事布施取交名にみえ[三五]、「天治三年（一一二六）三月廿四日」の願文を清書した朝隆の兄顕隆の八世の孫である。近年五味文彦は、供養願文は中尊寺の衆徒が中尊寺の復興と保護をねがって後世にしるしたもので、輔方の奥書、端書をえてととのえられたとした[三六]。

輔方の写本にも、建武元年（一三三四）八月の中尊寺衆徒等言上状にも「朝隆卿清書」と注記はあるが、敦光にはふれない。式評定衆の一員として顕家のもとにいた藤原英房は起草者敦光の兄敦基の六世の孫であるから[三七]、敦光―英房の関係は朝隆―輔方と相似である。鎮守府大将軍に任じられて陸奥にかえったものの多賀城を放棄して霊山にこもらざるをえない状況のなかで、英房は中尊寺に対する工作として顕家自筆の写本をくだすよう進言するとともに藤原敦光の草であると断言したのではなかろうか。英房は文章生のとき『遊仙窟』の奥書をしるした式家の儒者であるが、「辺境之士卒」と苦楽をともにして四十四歳になった英房は北畠顕家奏状のもっとも有力な起草者であろう。

二度目の征西ののち、式評定衆で奥州にのこった結城親朝、伊達行朝と英房は康永二年（一三四三）四月十九日宮内少輔四郎入道(石堂義房)あての尊氏の御教書で勧誘工作の対象となっており、六月親朝が足利方につくと「元執書巻、不知軍旅之事」英房はなすすべがない。十一月関、大宝城がおちて北畠親房は常陸から吉野にかえるが、そのまえに七月十二日親房が結城親朝におくった条々事書で「彼仁事、大枝入道とかや還向以後、勧進事以外風聞歟、且被勧進□輩の方よりも、委細申候、…」と不信の目をむけられていた英房は吉野にいくわけにはいかなかったのではなかろうか。「大枝入道」は一番引付の長井貞宗かもしれない。

太平記に親房が登場する回数は意外にすくないが、巻第二十八慧源禅閤南方合体事付漢楚合戦事の長口説「昔秦ノ世已ニ傾カントセシ時、…漢七百ノ祚ヲ保シ事ハ、陳平張良ガ謀ニテ、偽テ和睦セシ故也、…」に対する「次デノ才学ト覚ヘテ、言バ巧ニ申サレケレバ、…是ゾ誠ニ君臣永不快ノ基、兄弟忽向背ノ初ト覚ヘテ、浅猿カリシ世間ナリ」や巻第三十吉野殿与相公羽林御和睦事付住吉松折事の「…北畠入道源大納言ハ、…准后ノ宣旨ヲ蒙テ天下耳目ヲ驚カセリ、…此外山中伺候ノ人々、…官職雅意ニ任タリ、若如今ニテ天下定ラバ、歎人ハ多シテ悦者ハ可少、元弘一統ノ政道如此ニテ乱シヲ、取テ誠トセザリケル心ノ程コソ愚カナレ」と作者のはげしい批判がめだつ。

英房が奥州で窮地におちいったころ、京都の足利直義邸で九条家本『文選』巻第十八に「同七月廿三日於三条坊門学問所写了　師英」と奥書をのこしたのは英房の弟である。おなじく巻第一には「正応五年（一二九二）五月九日点了、文選十二三歳之時両年、以自筆令書写受厳君之説了、而先年**甘縄**回禄之時、皆以為灰燼了、仍為授**幼稚**所令校点了、　散位藤長英　正慶五年（一三三六）二月十四日書写了、散位藤原師英」とあるから「幼稚」は長英の子師英であろう。『魚魯愚抄』巻五には正和四年（一三一五）八月式部少輔師英兼国とあるが[三八]、『和漢朗詠集』上下の暦応二年（一三三九）の奥書に「累代秘本雖在之、空置**辺鄙**、舒巻不容易、為授少生等、乗閑暇重写之而已、式部権少輔藤原師英」「…空入置**辺鄙**文庫、…」とある[三九]。「辺鄙」が京都からみた鎌倉だとすると、式家の庶流である師英も南家につづいて関東に昇進の機会をもとめ、英房が奥州に派遣されたのも旧幕府奉行人らとともに鎌倉との縁が理由かもしれない[四〇]。前年十月日朝山知長言上状に「被与奪本奉行人式部権少輔師英」とあるから[四一]、師英は直義側近の有範が禅律方をつとめたように、室町幕府奉行人の役をはたしていたが、観応の擾乱以降の動向は不明である。

『史記抄』奥書

親房が吉野にかえった四年後、竜谷大学蔵『史記抄』の奥書に「丁亥暦（一三四七）建午月（五月）望日抄写訖　英房」、翌年、宮内庁書陵部蔵『史記』太史公自序本奥書に「**着雍困敦**之暦仲秋夕天、臨鶴髪五旬有六載之太齢、終馬史一百三十篇之点、写細書欺老眼、苦学楽貧身而已、英房」としるしている[四二]。貞和四年（一三四八）正月高師直が吉野を焼討した前後、英房は『史記』の抄出と全巻の加点にいそしんでいたのである。増田欣によれば、太平記がもちいた『史記』の本文は英房書写本と同系統という[四三]。

この「着雍困敦」は『爾雅』釈天に「大歳…在**戊**曰**著雍**」、「大歳…在**子**曰**困敦**」とある擬古的な干支の表現で『資治通鑑』などに採用されており、親房の『職原抄』の末尾にも「上章執徐（庚辰、一三四〇）之春、夾鐘（二月）隻旅之日、強而染翰」とみえるので陸奥のサークルにおけるペダンティクな流行かもしれないが[四四]、英房は『資治通鑑音注』をあらわした宋の旧臣胡三省と同様、正朔を奉じることになる、どちらの年号ももちいたくなかったのではなかろうか。

英房は太平記巻第十八春宮還御事付一宮御息所事に登場し『貞観政要』を談じる。しかし、『平家物語』葵前と同様に太平記も「充華」を「元和殿」とあやまっている。

天下に翫ぶ

同時代で唯一太平記の作者に言及する『洞院公定日記』が「五月三日、…伝聞、去廿八九日之間小島法師円寂云々[四五]、近日**翫天下**太平記作者也、凡雖卑賤之器、有名匠聞、可謂無念」とするした応安七年（一三七四）に英房が存命ならば八十二歳である[四六]。「当世**天下ニ翫**ブ和歌ノ道」といった表現が『沙石集』巻第五本「学生ノ万事ヲ論議ニ心得ル事」にみえるから[四七]、書名は当時から「太平記」であったろう。

読者はあるいは『難太平記』の一節をおもいうかべて、英房とおなじ式家の学問をうけつぎ直義の三条坊門学問所にあった師英こそ原太平記を修改した人物であると速断するかもしれない。しかし、そのまえには太平記がどんな作品かを分析し、内部徴証にてらす必要があろう。

一 島田修二郎・入矢義高監修『禅林画賛』毎日新聞社、一九八七年十月、一六七―一六九頁に島尾新の語註、解説等がある。

二 正木佐枝子「蘇軾における『東坡』の意味」『中国文学論集』二五、九州大学中国文学会、一九九六年十二月、六〇頁は蘇軾が『居士』名に『東坡』と名号したのは、白居易の文学のみならず、その経歴を敬慕し、白居易と同様に朝廷に復帰したいと、密かに切望していたことによるもの」とする。また、『詩人玉屑』巻之十六「東坡似楽天」が「**東坡**平日最愛**楽天**之為人、故有詩云『我甚似**楽天**、但無素与蛮』」以下数例をあげるのをはじめ、室町期注釈の集大成『四河入海』（天文三年（一五三四）、岡見正雄、大塚光信編『抄物資料集成』第二巻、清文堂出版、一九七一年、一一頁）や慶長十八年（一六一三）八月十日から文英清韓が禁裏でおこなった東坡詩講釈（堀川貴司『五山文学』笠間書院、二〇一一年六月、二四二頁〔東坡詩聞書〕）でも指摘されている。

三 川合康三『白楽天』岩波新書、二〇一〇年一月、一八一―一八五頁。

四 前掲『禅林画賛』一六七頁。

五　小川剛生「宗尊親王和歌の一特質」『和歌文学研究』第六十八号、一九九四年五月。池田昌広「藤原敦光の文選学」『京都産業大学日本文化研究所紀要』二六、二〇二一年三月、同「『三教勘注抄』と類書」『京都産業大学論集』人文科学系列五四、二〇二一年三月は、この鳥羽院政期を代表する学者が『白氏文集』に圧倒された文選学を復興すべく、文選語を多用する空海の著作の注釈を作成したが、そのおおくは『初学記』や「文選集注」などの類書的利用にとどまっており、鎌倉・室町と文選学はふたたび停滞したという。本稿はその成果を検討、摂収していない。

六　『和漢朗詠集 和漢兼作集 尚歯会和歌』冷泉家時雨亭叢書第四十六巻、朝日新聞社、二〇〇五年四月、五九五頁。

七　「**閑中**得詩境、此境幽難説」（秋池二首）「遠処塵埃少、**閑中**日月長」（奉和裴令公新成午橋荘緑野堂即事）「送愁還鬧処、移老中**閑中**」（自題酒庫）、さらに白居易「池上寓興二絶」の「外容閑暇中心苦、似是而非誰得知」の影響があるかもしれない。「世情」は「閑居三十載、遂与塵事実、詩書敦宿好、林園無**世情**」（辛丑歳七月赴仮還江陵夜行塗口）「汎此忘憂物、遠我達**世情**」（飲酒其七）のように陶潜の語彙である。

八　南宋紹興三十一年（一一六一）鄭樵『通志』総序にも「是以其道光明、百世之上、百世之下、不能及」と典拠にされている。なお「斉一於万化」は『荘子』秋水の「万物一斉」をふまえる。

九　古文を確立したのは欧陽修であり、蘇軾「跋退之送李愿序」には「欧陽文忠公嘗謂晋無文章、唯陶淵明帰去来一篇而已、余亦以為唐無文章、唯韓退之送李愿帰盤谷序一篇而已」とあるから、当然無学には陶潜―韓愈―欧陽修―蘇軾という線があったはずであるが、賛にはあらわれない。無学の死後、天寧可挙は『論語』公冶長の孔子のことばをふまえ「偈悼無学和尚老師」に「乗桴浮海去飄飄」と追悼しており、韓愈、蘇軾がともに南のはてにながされたことと、無学自身が日本にきたこと、さらには『孟子』滕文公上の「我聞用夏変夷者、未聞変於夷者也、…南蛮鴃舌之人、非先王之道」あたりまでかさねているかもしれない。

一〇　吉川は黒川洋一編『中国文学史』岩波書店、一九七四年十月や『中国文学入門』講談社学術文庫、一九七六年六月などでも同趣旨のことをのべているが、ここでは「中国文学史序説」『吉川幸次郎遺稿集』第二巻、筑摩書房、一九九六年二月、七頁による。

一一　川合前掲書、八七―八九頁。同時代から宋初にかけての白居易評価の変遷については引用部分をふくむ同書第二章を参照のこと。また、新旧唐書の質的相異については吉川幸次郎『読書の学』筑摩書房、一九七五年十月、七―九、補注の三にくわしい。

一二　舘隆志「蘭渓和尚語録上堂一覧表」（佐藤秀孝、舘隆志共編『蘭渓道隆禅師全集』第一巻、大本山建長寺、二〇一四年十月）五五四頁。

一三　後藤昭雄『大江匡衡』吉川弘文館、二〇〇六年三月、一二〇、一三七頁。

一四　『寿命院抄』『埜槌』は吉沢貞人『徒然草古注釈集成』勉誠社、一九九六年二月による。また、田辺爵『徒然草諸注集成』右文書院、一九六二年五月は近世、近代の諸注を検討している。

一五　『東洋医学善本叢書』第十一冊、オリエント出版社、一九八九年五月、五二六頁。

一六　『説郛』十、北京市中国書店、一九八六年七月、巻第六十九、一オモテ（『四庫全書』版などでは巻第七十三）。

一七　日本への伝来の問題にふれないが、長沢規矩也「宋刊本『唐百家詩選』考」『長沢規矩也著作集』第三巻、汲古書院、一九八三年七月は編者の問題も論じている。

一八　『中世政治社会思想』下、日本思想大系二二、岩波書店、一九八一年二月所収「徳大寺実基政道奏状」の佐藤進一による補注、三七二頁に引用されている。

一九　『続群書類従』公事部所収「改元部類〈自承平至観応〉」。「不知記」とあるが、仁治の記主は清原頼業の孫頼尚であろう。藤原頼長は「康治」改元（一一四二）当日の四月廿八日、前年よんだばかりの『穀梁伝』の知識で批判をしるした。これは吉田為経にみられるように「康」字の難陳のつねとなる。

二〇　飯田瑞穂「尊経閣文庫架蔵『秘府略』の紙背文について」『古代史籍の研究下』飯田瑞穂著作集四、吉川弘文館、二〇〇一年一月、一五七、一六〇、一九〇頁。以下引用は同書による。

二一　『続日本後紀』承和九年（八四二）八月丁丑菅原清公薨伝に「（承和）六年正月叙従三位、…勅聴**乗牛車**到南大庭梨樹底」とある。また、清公、南淵年名、大江音人については『公卿補任』承和六年、貞観九年（八六七）、同十九年（元行元年）条。音人については『三代実録』貞観十六年二月廿九日条にもみえる。菅原淳茂の叙位、「栄級」については『江談抄』第四にみえ、『日本紀略』延喜十二年（九一二）正月二十一日条の「**内宴**、題云、雪尽草芽生」と題が一致し、『北山抄』三、拾遺雑抄上、内宴事にも「同十二年、…読**詩**畢、授式部丞**淳茂従五位下**」とある。『日本紀略』天延二年（九七四）三月十八日条に「於清涼殿花宴、題云、花前楽、文時朝臣所献也、…今日文時朝臣叙正四位下」とあるが、「或有行幸日、以講詩、不時叙正四位者」は不詳。

二二　豊永聡美『中世の天皇と音楽』吉川弘文館、一〇六―一〇九頁。『図書寮叢刊　伏見宮旧蔵楽書集成一』所収「啄木御伝授記」明治書院、一九八九年三月。

二三 佐藤進一「鎌倉幕府職員表復原の試み」『鎌倉幕府訴訟制度の研究』岩波書店、一九九三年二月、三〇九―三一四頁によれば、矢野善久はこの前年奉行人、この翌年には寺社奉行をつとめている。

二四 宮崎市定「宋代文化の一面」『宮崎市定全集』二四、岩波書店、一九九四年二月、二三―三一頁。また、竺沙雅章『范仲淹』中国歴史人物選第五巻、白帝社、一九九五年十月、一九九―二〇四頁参照。『朱子語録』巻第一百二十九はこの結果、仁宗が才子軽薄を排してもちいた純朴持重之人は訓詁を釈するにすぎなくなったと批判する。なお、『詩人玉屑』巻之七用事に「蘇子美坐進奏院謫官、後死呉中」とあるが、同書には『太平記』の無礼講事に登場する玄恵の識語をもつ五山本がある。

二五 『大日本史料』五―五、二〇九頁、『民経記』寛喜元年九月十四日条。同記十三日条には「倩見当時之才卿、…大納言定通、権中納言実基卿等随分懸志於王道、引勘史書之人也、可貴」と評されている。ただし、『東京大学史料編纂所報』第一四号、一九七九年、三六頁、「刊行物紹介『大日本古記録　民経記二』担当者石田祐一」には「東洋文庫の蔵書中に『寛喜元年九月自十一日至十四日』の日記があり、従来『経光卿記』とされていたが、内容を検討すると経光の日記ではあり得ない（経光の父頼資の日記を経光が書写したものであろう）ので、採用しなかった」とある。現在は「頼資卿記（カ）自寛喜元年九月十一日至十四日」（広橋家旧蔵記録文書典籍類）として国立歴史民俗博物館に所蔵されている。

二六 佐藤均「『元亨元年革命定文』について（史料紹介と覚書）」『革命・革令勘文と改元の研究』佐藤均著作集刊行会、一九九一年十二月。補註（一）に「『京都御所東山御文庫記録』丙三一巻」とある。ただし、内容が難解なだけに以下にとりあげた「張清子」が「張消子」とあるなど誤字がすくなくなく、厳密な校勘がのぞまれる。〔覚書〕にあるとおり師賢の定文の一部までの後欠の別本が我妻建治「改元の儀における言行」『神皇正統記論考』の注（一〇六）に引用されている。

二七 このはなしには母の葬儀に肉食大酒して吐血したという阮籍の故事（『世説新語』任誕）の影響があるかもしれない。

二八 『武夷山志』巻八、二曲詩文「霊巌一線天」の宋詩に張清子の「二画起于乾、先天至後天、霊巌天一線、想在伏羲前」がみえ、森田憲司「可見元代石刻拓影目録稿」六続『総合研究所所報』一七、二〇〇九年三月、一五頁は『武夷

山摩崖石刻』大衆出版社、二〇〇七年にもとづき至元庚辰（一三四〇）春の石刻があるという。李梁「叙景詩と詩跡―朱熹の武夷山を詠む詩を手掛かりにして―」『人文社会論叢』人文科学篇二七、二〇一二年二月、七二頁掲載の『武夷山志』武夷名勝全図には「二曲」「霊巌」「一線天」がみえる。近年、謝輝「張清子《周易本義附録集注》的刊刻与流伝」『古籍研究』二〇一八年第二期、安徽大学古籍整理研究所、同『元代朱子易学研究史』人民出版社、二〇二〇年五月が刊行されたが未見。前者の摘要に生平不詳とあるが、石刻後題には「武夷書院教授張清子書」とあるという。全国漢籍データベースには「…旧蔵昌平黌、毎冊有文明中僧宝英硃筆題識並「宝英」印記、…」とあるが、宝英は東福寺の禅僧らしく、文明四年（一四七二）三月十二日細川勝久から伊予国新居郡西条庄の諸山保国寺住持職、寺領を安堵されている。

二九　「書陵部所蔵資料目録・画像公開システム」を検索すると、「（１１巻（有欠））、附：周易五賛、宋 朱熹伝、元 張清子、元版、元 大徳七年（一三〇三）、文明一四年（一四八二）朱点、秘閣本」などとみえる。

三〇　『博聞録』とその後身『事林広記』、元刊本については「陳元靚『博聞録』について」『汲古』五六、二〇〇九年十二月、「対馬宗家旧蔵の元刊本『事林広記』について」『東洋史研究』六七―一、二〇〇八年六月、『モンゴル時代の出版文化』名古屋大学出版会、二〇〇六年一月など宮紀子の一連の研究を参照。

三一　つぎにとりあげる北畠顕家奏状とともに前掲『中世政治社会思想』下、『日本中世史を見直す』に佐藤進一校注で収録され、後者の鼎談でも論じられている。

三二　河内祥輔「いわゆる『吉田定房奏状』は定房の奏状に非ず」『日本中世の朝廷・幕府体制』吉川弘文館、二〇〇七年六月。

三三　宣房の勘文は我妻前掲書五六―五七頁に掲載されている。

三四　他に宋の王珪が草した大名府の韓琦への神宗の詔にみえるのもおそらく陸贄からとったもので、用例が意外にすくない。

三五　この交名には公卿三人、殿上人十三人、諸大夫七人が列挙されている。三条中納言公雅は久明親王の母房子の従兄弟であるほか、公卿殿上人は二条（飛鳥井）、難波、持明院、一条（能保の子孫）、土御門、坊門など前代から関東祇候の家がほとんどである。輔方については不明であるが、伯父惟顕は『尊卑分脈』に「住関東」とある。諸大夫の最初にみえる前内蔵権頭邦敦は、藤原茂範啓状にも厚遇ぶりが羨望されている宗尊親王の側近藤原親家とおなじ官職である点が注目される。義良親王、北畠顕家らが奥州へ出立する直前の元弘三年（一三三三）十月十三日多田院内極楽寺に田畠を寄進した沙弥は押紙に「内蔵権守入道」とあり、式評定衆の内蔵権頭入道元覚が邦敦の法名である可能性もあろう。なお建武四年（一三三七）沙弥元覚は七月十一日北畠親房袖判御教書を結城宗広にあてているから、奥州に下向せず親房のもとにいたことになる。

三六　五味文彦「『中尊寺供養願文』の成立」（中島圭一編『十四世紀の歴史学』高志書院、二〇一六年六月）。

三七　ただし、『公卿補任』弘安六年（一二八三）「従三位　藤基長」に「故三木正四位下興範朝臣九代孫、故正四位下行弾正大弼保綱朝臣男（故正三位長倫卿為子）」とあり、仁治四年（一二四三）の「頼綱」を、献策のあった翌寛元二年には「基長」に改名しているから、長英の子である孫の英房も長倫の曾孫、敦光の六代孫と自認していたかもしれない。

三八　「正慶五年」は誤記であろうが、武家の奉行人をつとめるなど関係のふかさからかんがえて、師英が光厳の年号をつかいつづけた可能性も絶無とはいえない。

三九　佐藤道生他校注『和漢朗詠集・新撰朗詠集』和歌文学大系四七「解説」明治書院、二〇一一年七月、五三六頁。その後、佐藤著『三河鳳来寺旧蔵暦応二年書写和漢朗詠集影印と研究』勉誠出版、二〇一四年三月が出版されているが、前者は同本を底本に採用している。

四〇　なお、式評定衆筆頭の冷泉少将家房は親房の又従弟、具行の甥であるが、英房のつぎの「内蔵権頭入道〈元覚〉」も皇族将軍側近の官職である。

四一　『大日本史料』六―四、暦応元年二月二十一日条、七一九頁所載「祇園執行日記背書」康永二年。

四二　「大槻氏印」「大正十一年六月廿六日購入」とある大槻文彦旧蔵本で、第一冊奥に「建武年間記　奥州式評定衆式部少輔英房　此人歟　丁亥ハ弘安十年ナルベシ　式家文章博士敦基六世孫」としるしているが、第三冊は末尾の一葉を欠き購入印のみがおされている。

四三　増田欣「作者の依拠した『史記』の本文系統」『「太平記」の比較文学的研究』角川書店一九七六年三月。英房および関係者に関する史料はほぼここで検討されているので本文では限定した。また、同「太平記と史記」『中世文芸比較文学論考』汲古書院、二〇〇二年二月でも「作者の依拠した『史記』の本文」が要約され、「神田本・西源院本・内閣本など」では英房書写本と同系統であることを発見した（三七一頁）。

四四　前年新帝の践祚があったので辺地にあって未知の新年号との相違をさける意図かもしれない。

四五　『興福寺年代記』に「一太平記ハ鹿薗院殿ノ御代外島ト申シ、人書之近江国住人」とある。巻頭に「釈尊出生時代…」「興福寺御願元明天皇」など三葉、同訓字等をかきあげた半葉につづいて、日朗上人、峯堂、解脱上人、天上五衰、范蠡、伊予の川野、番場ノ宿、玄恵法印死去（「廿八巻」）に該当するのは米沢本、前田家本、豪精本、中京大本など）、漢〔咸〕陽宮など太平記の抄物らしき約二葉半のなかに上記の記述があり、「諸人可慎事」など約一葉のあと、天神七代から「元和ニ改」慶長廿年の「坂陳落ル」にいたる本文がつづく。途中「当今第百四十御門院」はミセケチとなっており、その後増補されたことがわかる。太平記を無理やりいれこもうとする『大乗院日記目録』や『武家年代記』と同環境の作品といえる。横井清『小嶋法師』と『外嶋』について」『中世日本文化史論考』平凡社、二〇〇一年六月、一七八頁、一八六頁（9）によると徳富蘇峰が購入の際、巻子本を冊子本にあらためたが、「かつて、相当長期間折本の形態をとっていたことが確実」という。

四六　すでに鈴木登美恵「太平記作者圏の考察―洞院家の周辺」『中世文学』三五、一九九〇年六月は「恐らく公定は、このやうな文談の場を中心とした知識人の交流の中で〝太平記作者小嶋法師〟と接することがあったのではないか」「公定の社会的政治的立場と太平記制作の立場との間に共通点の認められることをも手懸りとして、洞院家の周辺、公定と関はるところに、太平記作者圏を想定したいと考へるのである」としている。また、小島法師の記事の直前にある「自貞侍者許僧来、対面、是鳥養牧契約事」がニュース・ソースである可能性について、山藤夏郎「小島法師について―美濃瑞巌寺及び土岐氏との関係から―」『日本研究』一四、二〇〇〇年七月は玉村竹二『洞院公定日記』に見える『見貞侍者』を遶って」『日本禅宗史論集』上、思文閣出版、一九七六年八月をふまえつつ、小島が公定の弟見貞侍者がいる仏心寺とおなじ臨済宗法海派の美濃国瑞巌寺の所在地で後光厳の行宮がおかれた「おじま」である可能性をさぐる。

四七　慶長二年（一五九七）写梵舜本を底本とした『日本古典文学大系』八五、岩波書店、二一九頁。室町末から江戸初期ごろの写とされる米沢本には「当世天下ニ翫〈モテアソビ〉ニ候和哥ノ道」とあるが、同本を底本とする『新編日本古典文学全集』には頭注に「元本〔元応三年（一三二一）奥書本〕等により訂す」として「当世天下に翫び候ふ和歌の道」とある。流布本が「我朝ノ習古モ今モ翫ブ和歌ノ道」とするのは「当世」にかぎるのは適当ではないという認識であろうが、「天下に翫」という表現が流通しなくなったことをしめすかもしれない。『太平記評判秘伝理尽鈔』

名義幷来由のかたる名称の変遷は虚誕の説ではなかろうか。

Ⅳ　太平記の反対

正対／反対

「祇園精舎の鐘の声、…」と「沙羅双樹の花の色、…」は対句をなすものの同工異曲であり、「おごれる人も…」と「たけき者も…」も同様である。「遠く異朝をとぶらえば、…」「近く本朝をうかゞふに、…」は中国、日本の逆臣を列挙し、「まぢかくは、…清盛公と申し人のありさま、伝承るこそ心も詞も及ばれね」と空間的、時間的に遠から近へと次第に主人公をクローズアップしてゆく。

これに対し、太平記序は古／今、安／危、天／地、君／臣、前聖／後昆、将来／既往と、反意語のオンパレードである。おなじ対句でも、六朝の文学理論書『文心雕竜』麗辞は前者を正対、後者を反対とよび、「反対為優、正対為劣」という。

内容的には、太平記序は臣下よりさきにまず君主の責任をとい、桀紂の放伐に言及している。しかし、序ではまだ中国の例に終始し、テーマにはいたらない。

本文冒頭においてようやく「…後醍醐天皇ノ御宇ニ当テ、武臣相模守平高時ト云者アリ、此時上乖君之徳、下失臣之礼、従之四海大ニ乱テ、一日モ未安、…至今四十餘年、…」と、序では別々にあらわれた君主の「雖有位不持」と臣下の「雖有威不久」が同時に出現して戦乱が四十年以上もつづくという異常事態があかされる。

蒙窃惑焉

ここからさかのぼって、序の最初の二字「蒙窃」が注目される。「蒙」「窃」はともに謙辞であり、巻第十三竜馬進奏事に万里小路藤房が政道批判をはじめる際、「臣愚窃ニ是ヲ案ズルニ」というヴァリエイションがある。藤房は太平記の厖大な登場人物のうち作者がもっとも共感する人物で、「大乱ノ後民弊ヘ人苦デ、天下未安レバ、…諫臣上表ヲ、主ノ誤ヲ可正時ナルニ、…群臣ハ旨ニ阿テ国ノ安危ヲ不申、…」という諫言に対し後醍醐が「逆鱗ノ気色有テ」、藤房は遁世する。藤房の遁世をみて雌伏していた北条氏の残党が蠢動し、中前代の乱から尊氏の離反につながって建武政権は崩壊する。

しかし「蒙窃」となると、当時の知識人はまず『文選』「西京賦」「長楊賦」の「蒙窃惑焉」を連想した[一]。観応の擾乱で天皇、二上皇、皇太子が拉致、神器が接収されるという前代未聞の事態に、若宮（後光厳）践祚（太平記では「巻第三十二茨宮御位事」）の先例に寿永、元弘、建武、寛和がいずれも該当せず、「蒙窃惑焉、広被尋準的之蹤躅、…潜案史籍、伝璽符纂洪業之条、秦漢以降晋室唐家之規則也、…於是異域之例古典雖載之、今度之儀商量難覃」（『園太暦』文和元年〔一三五二〕七月二日条）とむすぶしかない洞院公賢の申詞からもあきらかであろう[二]。

自身が不当に宮刑をうけた司馬遷は伯夷列伝第一で伯夷叔斉が餓死したのみならず、善悪と禍福が相反する例がかぞえきれないことをあげて「余甚惑焉、儻所謂天道、是邪非邪」と問う。

太平記では、巻第十三竜馬進奏事につづき、終局ちかくで全巻巻頭に対応する北野通夜物語の「儒業ノ人カト見ヘツル雲客」が「サテモ史書ノ所載、世ノ治乱ヲ勘ルニ、戦国ノ七雄モ終ニ秦ノ政ニ被幷、漢楚七十餘度ノ戦モ八箇年ノ後、世漢ニ定レリ、我朝ニモ貞任宗任ガ合戦、先九年後三年ノ軍、源平諍三箇年、此外モ久シテ一両年ヲ不過、抑元弘ヨリ以来、天下大ニ乱テ三十餘年[三]、一日モ未静ル事ヲ不得、今ヨリ後モイツ可静期共不覚、是ハソモ何故トカ御料簡候」という借問が「蒙窃惑焉」に相当する。

君／臣／民

ただし、序の延長においてはさきの引用では省略したが、「一人而不得富春秋、万民無所措手足」とつづく。対句をくずし「而」をいれているが、一人／万民は文字上は一／多の対比、意味上はともに全否定である。長崎新左衛門尉意見事の二階堂道蘊の言「武家権ヲ執テ已ニ百六十餘年、…唯上一人ヲ仰奉テ、…下百姓ヲ撫テ…」の一人／百姓と同様、「一人」は天皇の意をも示唆しよう。全巻で「万民」は十例、「百姓」は四例、「人民」が十四例程度である。民は結果がおよぶ対象か、せいぜい徳治主義的政道論で言及されるにすぎず、柳田国男が「その当時の農村はどうなっていたのか、ちっともわからない」というとおりなのは[四]、太平記が基本的に君／臣関係を主題にしているからであり、巻第二俊基被誅事幷助光事で刑死した日野俊基の侍後藤助光について「偏ニ亡君ノ後世菩提ヲゾ訪奉ケル、…君臣ノ儀、無跡迄モ留テ…」とあるように主従関係もふくむ重層的な関係である。

採古今之変化

それでは、暴君、逆臣が同時に出現する複合的な異常事態が何十年もつづくことをどうかんがえるか。太平記は序の冒頭の一句「蒙窃採古今之変化、察安危之来由」で方法を宣言する。司馬遷が「報任少卿書」で『史記』についてかたった「僕窃不遜、近自託於無能之辞、網羅天下放失旧聞、略考其行事、…稽其成敗興壊之紀、…、為…凡百三十篇、亦欲以究天人之際、通古今之変、成一家之言」や『貞観政要』論災異の「伏惟、陛下覧古今之事、察安危之機、上以社稷為重、下以億兆為念」をふまえるが、「古今之変化」を「古よりいまにいたる世の移り変わり」（山崎正和訳）と古今を連続的に解してはとらえそこなう[五]。一般に太平記の「変化」は瞬時、ながくても数年程度のスパンでおさまる。

山崎自身「この『太平記』こそ、混迷の底にあって歴史のなかにアナロジーを求めるひとびとの、驚くべき群像図にほかならなかった」と、「混迷の底」（今）で「歴史のなか」（古）に「アナロジーを求める」という性格を指摘している[六]。さきにひいた『園太暦』にみられるように「今」が典拠とすべき「古」（先例）をさがすことこそ貴族や儒者のしごとであった。

したがって「古今之変化」とは「古之変化」と「今之変化」であって、序の例でいえば「夏桀走南巣」「殷紂敗牧野」「趙高刑咸陽」「禄山亡鳳翔」、すなわち夏殷革命、殷周革命、秦漢革命、安史の乱が前者にあたる。「採古今之変化」とは「安危之来由」をさぐるために「今之変化」を意味づける「古之変化」をさがしもとめることである[七]。

付言すれば、太平記で「いまにいたる世の移り変わり」をのべることは全四十巻にほとんどないが、例外的に武家繁昌事の前記の引用につづく「倩尋其濫觴者、匪啻禍一朝一夕之故、元暦年中に鎌倉の右大将頼朝卿、…」がある。これは『周易』文言、坤の「積善之家、必有餘慶、積不善之家、必有餘殃、臣弑其君、子弑其父、非一朝一夕之故、其所由来者漸矣、由辯之不早辯也」をふまえ、「子殺父、臣殺君」も天下妖怪事の三星合についての天文博士注説と雲景未来記事にみえ、田楽事付長講見物事をはさんで観応の擾乱を予告する。

故事による暗示

はなしを「古之変化」にもどすと、もとめる主体は「蒙」すなわち作者であるが、山崎がいうように作中人物にその役割を課すこともある。たとえば、文部省唱歌にもうたわれた巻第四備後三郎高徳事の詩で児島高徳がみずからを范蠡に、後醍醐を勾践に擬し後醍醐がこれを理解したケースで、これには長文の呉越軍事が付されて和漢、古今が対比される。しかし、浜崎志津子が「作者の脱線として片付けられてしまうことが多いのだが、或いは故事説話を『太平記』世界に切り結ばせるはずの作中人物なり作者なりの評言が見せかけで、故事説話そのものに作者の主張が籠められている可能性もあるのではないだろうか」と問題提起したとおり[八]、作者は明言しないものの阿野廉子を西施になぞらえ後醍醐が覇王となってのち功労者がさり讒を信じて忠臣を死なせることを暗示している。つまり、和漢の並置はペダンティズムやトートロジーではなく、はみだす部分が意味をもちえ予定調和を破壊する。

また、ほとんどの場合、作者がかならずしも明言せず典故としてふまえることにより、かさねあわせる。たとえば、就直義病悩上皇御願書事とつづく土岐頼遠参合致狼藉事で、直義の造形は『平家物語』の平重盛にもとづき殿下乗合の摂政基房ならぬ上皇に狼藉した土岐を誅する。しかし、医師問答の重盛は熊野本宮に父清盛の悪心をやわらげられなければ、みずからの死を祈願したのであるのに対し、重盛に比される直義の平癒を、重盛のように祈願するのは上皇という構図となる。土岐がいう「何ニ院ト云フカ、犬ト云カ、…」は猫間の義仲を犬追物にあわせたのであろう。

また、吉野を訪問した光厳が大原御幸の後白河と女院の両役を演ずるのも、尊氏に院宣を発した建武の前後、元弘、観応の両乱では被害者となったからであろう。

義貞自害事で義仲のように死んだ義貞の首実検をするのは、斎藤実盛の首をみやぶる義仲のような敵将斯波高経である。『平家物語』の義仲は北陸道を驀進する天才的な武人、入京後の稚気あふれ粗暴で無教養な田舎者、悲劇的な最期と性格をかえるので、別人がちがう場面を演じうるが、微分するかのようにそうした手法をあえて多用して、事態の多面性をあばいてみせる。

このように太平記のアナロジーは一対一の単純な類比ではなく、これみよがしに一対二、二対一にわけてみせる。歴史において単純なアナロジーはなりたたないからである。他方、大塔宮熊野落の一行に武蔵房や片岡八郎をもぐりこませ、越後守仲時已下自害事の道行の篠原が近江のほか、加賀にもあることから、まえに（加賀の）安宅をいれるのも、単調な羅列を異化するくすぐりではなかろうか。

業平―祇王―義貞

新田義貞は千劔破攻城戦で綸旨をえたというにもかかわらず、臨時の天役をかける幕使を憤怒にかられてきり、相撲入道から謀叛とされたためおいこまれて挙兵する。そして、本人のしらないうちに越後からかけつけた一族に対し義貞は「兼テヨリ其企ハアリナガラ、昨日今日トハ存ゼザリツルニ」という。これは『平家物語』の祇王が清盛入道から退出をせまられた際の述懐「もとよりおもひまふけたる道なれども、さすがに昨日けふとは思よらず」をふまえ、さらには在原業平の辞世「つひに行く道とはかねて聞きしかど昨日今日とは思はざりしを」にもとづく。太平記は一般に『源平盛衰記』など読み本系によるが、ここは和文脈なので語り本系で、晴れの出陣を業平―祇王―という可憐な系譜に属しながら、おいこまれて挙兵してみると関東が総反乱状況となり、以下はあえて源〔足利新田〕平〔北条〕合戦として叙述される。秦末の陳勝呉広をおもわせるが、陳勝のほうがはるかに事態を予見していた。

義貞一世一代の巻第十稲村崎成干潟事は「二十一日ノ夜半許ニ」とあるが、前節の「十八日ノ晩程ニ洲崎一番ニ破レテ、義貞ノ官軍ハ山内マデ入ニケリ」と矛盾する。石井進は「一度稲村ヶ崎を突破・進攻するや、たちまち一日のうちに幕府は滅亡したという劇的展開に仕立て上げて、物語としての効果をあげようとしたためであろう」と推定する九。

阿野実廉申状

石井の推論を傍証する史料に阿野実廉申状がある。太平記には登場しないが、「長恨歌」の楊貴妃に比される後醍醐の寵妃阿野廉子の兄で、妹が後醍醐の配流にしたがったのちも、なぜか鎌倉にいて幕府の滅亡をむかえ、建武政権でも足利直義とともに廉子所生の成良親王を奉じて鎌倉に下向した。申状は建武三年（一三三六）正月尊氏の軍勢が上洛した際、叡山に供奉しなかったことを弁解したものであるが、前後欠で十一条のうち六の途中からはじまり跋の途中でおわる。

問題は十一で「去元弘三年（一三三三）三月、臨幸伯州船上山之由、風聞之間、雖欲馳参、…蟄居関東之処、五月十四日、故高時法師等差遣討手於実廉、囲私宅、希有而遁万死之陣、交山林、送数日之刻、同十八日、義貞朝臣責入于鎌倉、致逆徒討罰之間、馳加彼手、至廿二日首尾五ケ日夜之間、於処々致軍忠畢、…」とあって、十八日から二十二日まで鎌倉で激戦がつづいたという。

実廉は嘉暦三年（一三二八）従三位になり、一時は右近衛督などをかねたものの、一度の昇進もなく散三位のまま、この十月ころ出家においこまれたらしい。野心があれば内大臣くらいにはなり一〇、太平記でも楊国忠に比されたであろうが、鎌倉にいつづけ（をゆるされ）たのは、妹や後醍醐とそりがあわなかったからではなかろうか。吉野にもおもむかなかったとみえて貞和元年（一三四五）尊氏から所領を安堵されている。

足利氏が義貞を祇王になぞらえ、おとしめたというのはあたらない。それほど手のこんだことをせずとも、源氏末流の義貞は足利殿の下知をうけ、千寿王丸殿（義詮）の鎌倉攻めにしたがったが、後醍醐の使嗾で反逆したため滅亡したと直截にいえば誤解がない。『神皇正統記』すら「高氏が一族也、…いくばくならぬ勢にて鎌倉にうちのぞみけるに、…高時をはじめとして多の一族みな自滅してければ、鎌倉又たいらぎぬ」というにもかかわらず、太平記には「源家嫡流ノ名家也」として登場するが、足利氏の地位と比較にならないことは、婚姻関係、兵力、幕府との関係、官職（巻第十四新田足利確執奏状事ではなんとかバランスをとろうと事実より尊氏をひくく義貞をたかくいつわる）など本文の記述で徐々にあきらかになる。

赤鰯を白土器に

吉田定房の聞書を弟隆長がまとめた『吉口伝』には草創事、蒙塵事など後醍醐の挙兵後の批評的、象徴的記事がすくなくないが、聖徳太子未来記のまえに記載された元弘二年（一三三二）二月一日の「一品夢想事」は、前帝（後醍醐）に最勝園寺禅門（北条貞時）が「御領を進ずるとて、文ヲ一通進之」、その後赤鰯の汁をしきりにすすめてすすわせたという定房の夢で、「鰯字」について東宮学士藤原家倫に勘出させる。家倫は式家の家祖宇合が唐から将来したという「帝王烈伝疏」や「唐龍興寺之壁文」により舜が禹に禅譲した故事を勘申する。六波羅探題北条仲時がききつけ勘文を入手したほどであるから、幕府をはばかるところがあろう。

正成天王寺未来記披見事の「三統」は『平家物語』鱸や物怪之沙汰の青侍の夢ともかかわるが、『論語注疏』為政に「夏尚黒、殷尚白、周尚赤、此之謂三統」とあり、漢は黒統に回帰し以下循環するから、「赤鰯の汁ヲ白土器ニ入テ」とは源氏がつくり「平家」（北条氏）が権柄をとる鎌倉幕府で、「頻にすゝめ申さるあひだ」とは「已ニ七代ヲ過、九代ニ及ベリ、サレバ可亡時刻到来シ」た北条貞時から中「夏」（黒統）の後醍醐への政権移動で、勘文の禹への禅譲に通じる。「すはせまいらすると思て夢覚し」は後醍醐がのみほさ（併呑し）なかったので「草創雖并一天、守文不越三載也」におわることを意味するのではなかろうか。巻第七先帝船上臨幸事で商人舟の船底に後醍醐と千種忠顕、そのうえに乾した魚の俵、そのうえに水主梶取という構図は価値の顛倒をしめすとともに、死んだ魚（北条一族）のしたから帝王として再生するイニシエイションを象徴しよう。

西鳥／東魚／獼猴／大凶

天王寺未来記にいう「西鳥来食東魚、其後海内帰一三年、如獼猴者掠天下三十餘年、大凶変帰一元」の「西鳥」は西が十二支で酉、酉酉は醍醐の略記であるから後醍醐、「東魚」は東海道にすみ三鱗を家紋とする北条氏をさし、「如獼猴者」は『史記』項羽本紀「人言楚人沐猴而冠耳、果然」、『集解』「沐猴、獼猴也」の類似表現であろうが、末尾の「大凶変帰一元」は『吉口伝』『明月記』などにもみえない。「長恨歌伝」の「大凶帰元」は安禄山がころされたことをいい二、太平記の大尾の前章「将軍薨逝事」に「天下久ク武将ノ掌ニ入テ、戴恩慕徳者幾千万ト云事ヲ不知、歎キ悲ミケレ共、其甲斐更ニ無リケリ、…」とかたどおりの弔詞はあるものの、中殿御会事から暗示されていた義詮の死をさすとすれば、衝撃的である。

しかし、京勢重南方発向事付仁木没落事で、将軍義詮が「執事」仁木義長に取籠られ女装して脱出すると、仁木が「中務少輔ハ餘ニ腹ヲ立テ、…日本一ノ云甲斐ナシヲ憑ケルコソロ惜ケレ」と激怒するのは征夷大将軍にとって名誉でもあるまい。後醍醐も先帝潜幸芳野事で女装するが、ここは『平治物語』主上六波羅へ行幸ノ事の二条天皇と、義朝敗北ノ事における源義朝の藤原信頼への罵倒「義朝餘リノ悪サニ腹ヲ居兼テ、日本一ノ不覚人、…」をふまえ[二六]、尾張左衛門佐遁世事でも「人ノ申ニ付安キ人」と評されている。

畠山入道々誓謀叛事付楊国忠事が道誓は楊国忠・安禄山に似るといい、両者はつねに並称されているが、章題や、鎌倉の足利基氏を妹婿とすることからいえば、楊国忠にあたる。執事の職にあって「東国ノ勢ヲ引卒シテ、京都へ罷上テ南方へ発向シ、…天下ヲ一時ニ定テ、宰相中将殿〔義詮〕ノ御嫌疑ヲモ散ジ候ハヾヤ」（畠山道誓上洛事）と、そもそもの原因は義詮の弟基氏に対する猜疑心にあった。しかも、義詮は南方の皇居をおとす寸前に「南方ノ敵軍、無事故退治シヌトテ」帰洛してしまい、目標をうしなった道誓は諸将に仁木義長を討とうともちかけるものの、露見して没落する。そもそも直義が政務をとるあいだは一度もなかった南軍の京都侵入が義詮にかわってからは四度もおきたのだから、大凶にちがいない。実際には義長自身は執事ではなく、尊氏の執事であった兄頼章の権勢をかりたにすぎないが、前後の高師直、細川清氏がいずれも敗死したから、執事の失脚としてパターン化したとみられる。のちに帰順するのは史実どおりで、安禄山は義長よりも義詮をイメージしていよう。

なお、楊国忠事で道士が楊貴妃をたずねるシーンは「長恨歌（伝）」によるが、いざ登場の描写「雲頭艶々トシテ、暁月ノ海ヲ出ルニ不異」は長恨歌伝の「雲海沈沈、洞天日晩」から連想して蘇舜欽「中秋松江新橋対月」で雲の端が明月によりあでやかにかがやく描写「雲頭灎灎開金餅、水面沈沈臥綵虹」をもちいる。蘇舜欽失脚後、晩年の作で、この一節は欧陽修の激賞が詩話でしられ、『詩人玉屑』巻三、四にもみえる[三〇]。

アナロジーの実例がながくなったが、「今」の性格にもどろう。基本的に「至今四十餘年」をおう物語的現在は、しばしば作者がいる「今」の時点から物語的現在以後の展開がさきどりされる。たとえば、「後醍醐天皇ノ御宇ニ当テ、…此時上乖君之徳」の章末には「後醍醐天王ト申セシハ、…周公孔子ノ道ニ順、…地ニ奉ゼル明君也ト、其徳ヲ称ジ、其化ニ誇ラヌ者ハ無リケリ」とあって矛盾するが、つづく関所停止事末尾に「惟恨ラクハ斉桓覇ヲ行…シニ、叡慮少キ似タル事ヲ、是則所以草創雖幷一天守文不越三載也」と軌道修正しつつ建武政権崩壊を予示し、さらに次章の立后事付三位殿御局事末尾も「奈何カセン、傾城傾国ノ乱今ニ有ヌト覚ヘテ、浅増カリシ事共也」と予感という体裁をとる。

また、巻第十亀寿殿令落信濃事付左近大夫偽落奥州事の「建武元年ノ春ノ比、暫関東ヲ劫略シテ、天下ノ大軍ヲ起シ、中前代ノ大将ニ相摸二郎ト云ハ是也」「建武ノ比京都ノ大将ニテ、時興ト被云シハ是入道ノ事也ケリ」、巻第十二兵部卿親王流刑事付驪姫事の「果シテ大塔宮被失サセ給シ後、天下皆将軍ノ代ト成テケリ」のように、幕府滅亡時から随所で建武政権の崩壊過程が既成事実としてかたられ、公家一統政道事をはじめ巻第四十中殿御会事にいたるまで慶事は一貫して不吉なトーンにいろどられる。以上のように、「古」（大過去）と対比される物語的現在は、要所で作者のいる「今」から物語的現在／近未来の対比が発動されるため、同化するよりも批判的な傾向をおびる重層的な時間である。

山崎の指摘をいいなおせば、太平記は主題である「今之変化」を理解するために『平家物語』、『史記』特に漢／楚、呉／越のあらそい、「長恨歌」（「長恨歌伝」をふくむ）、「琵琶行」、新楽府など『白氏文集』、『北野天神縁起』等々の古典にえがかれた「古之変化」をあれこれ勘案して、単に「アナロジー」というより、対比、誇張、皮肉、風刺、嘲笑などさまざまな技法をもちいてふまえ、ときに論じて「察安危之来由」する「現在と過去との対話」、現代史、同時代史である。

二項対立の遍在

ただし、これを近代的な歴史叙述と同一視できない。たとえば、巻第十九光厳院重祚御事が史実でないことを作者は百も承知であるが、巻第十五賀茂神主改補事の後伏見→後醍醐→後伏見→後醍醐という「二君三タビ天位ヲ替サセ給シカバ、基久・貞久纔ニ三四年ガ中ニ、三度被改補」のニュー・ヴァージョンとして、後醍醐→光厳→後醍醐重祚→光厳重祚というパターンをうちだすのである。後醍醐重祚は『公卿補任』にみられるように当時の常識であった。せっかくの見立てを天正本のように散文的な史実にちかづけるのは水戸の『参考太平記』の先駆をなすが、太平記の性格を理解せず本質をあやまる。

重祚したはずの光厳は就直義病悩上皇御願書事に「持明上皇」として登場するが、願書には「文治撥乱之昔合体」と巻第一武家繁昌事の「元暦年中ニ鎌倉ノ右大将頼朝卿、追討平家而有其功之時、後白河法皇叡感之餘ニ、被補六十六箇国之総追捕使」を再確認するから[一四]、「東夷ヲ亡サバヤト」という後醍醐路線の否定であり、「吉野殿方ヲ引人」が非難するのも当然で、「君臣合体」「諂諛ノ偽」と褒貶を併記せず後者を欠く天正本はおとる。

そもそも後醍醐天皇御治世事では「代々ノ聖主、遠クハ承久ノ宸襟ヲ休メンガ為、近クハ朝議ノ陵廃ヲ歎キ思召テ、東夷ヲ亡サバヤト、常ニ叡慮ヲ回サレシカドモ」とミスリードするが、儲王御事で「御治世ハ大覚寺殿ト持明院殿ト、代々持セ給ベシト、後嵯峨院ノ御時ヨリ被定シカバ」と皇統に二系統あって関東がは「天下ノ事小大トナク、関東ノ計トシテ、叡慮ニモ任ラレザリシカバ」と関東への運からうこと、長崎新左衛門尉意見事で「持明院殿ヨリ内々関東ヘ御使ヲ下サレ、…」と関東への運動があきらかになる。こんなことは、当時のきわめてかぎられた読者にはいわずもがなであるが、後世には後醍醐の正統性がつよく印象づけられ、北条九代と後醍醐に作為的にスポットをあてる。

高師直の放言と讒言された「若王ナクテ叶マジキ道理アラバ、以木造ルカ、以金鋳ルカシテ、生タル院、国王ヲバ何方ヘモ皆流シ捨奉ラバヤ」は「主上にやならまし、法皇にやならまし、…さらば関白にならう」（法住寺合戦）という源義仲のナイーヴさにくらべても過激なようであるが、親政、院政の別も、天皇も源氏以後の将軍も執権も歴代どころか人数すらしるさない空虚さとは共通する。近世以来、注釈では系図や年表などがそえられることがすくなくないが、むしろ内容とは乖離する。

しかも、後醍醐／高時の対立は幕府の滅亡をへて、巻第十九相摸次郎時行勅免事で足利尊氏を共通の敵とすることで解消する。かわって巻第十四新田足利確執奏状事以来、足利／新田が主要な対立関係となっているが、これも義貞の死をへて三宅荻野謀叛事が未然に発覚し以後は散発的な蜂起にとどまる。巻第十九の北畠顕家、巻第二十の義貞と結城宗広と主将の死によって宮方との合戦は地方的となり、巻第二十一からは足利方の諸将の統制が問題となるが、直義／師直の対立からついに尊氏／直義の決裂が南方をまきこみ、兄弟の死後は義詮／基氏兄弟の潜在的対立に南方征伐がからみ、諸将から排斥された仁木義長、細川清氏らは南方にくだって対抗をこころみる。

巻第七先帝船上臨幸事で千種忠顕は後醍醐を「日本国ノ主、忝モ十善ノ君」とのべ、巻第十安東入道自害事で安東聖秀は「日本国ノ主、鎌倉殿」という。「鎌倉殿」はいうまでもなく頼朝以来、将軍の称である。太平記では得宗をさすかのようにことさら曖昧にされているが、いずれにしても、天皇と「鎌倉殿」という二人の「日本国ノ主」がいることになり、後醍醐／高時の対立はその地位をめぐるものといえよう。尊氏は「武将」とよばれ、義貞はその挑戦者である。その後は将軍の後継者や執事の地位にうつっているところをみると、上から下へ、より内へと推移するとともに上位者は空疎な存在となりつつあり、下剋上の表現とみられる。

こうした主要な対立関係のもとでは、巻第二長崎新左衛門尉意見事における二階堂道蘊／長崎高貞、すなわち奉行人／内管領もしくは御家人／御内人、巻第十二公家一統政道事における大塔宮／尊氏のような副次的な対立があって、事態を破局にみちびく。しかも後者においては殿法印良忠が尊氏を宮に、尊氏が宮を廉子に、廉子が後醍醐にという讒の上昇運動がおこり、観応の擾乱でも同様である。したがって、太平が到来したとみえる時期にもつねに不吉な予感をただよう。

第六天魔王、摩醯首羅王

平家物語が基本的に現世的な物語に徹しているのに対して、太平記では特に後半において宗教的ないしは彼岸的、怪談的な要素が物語をリードする。

巻第一無礼講事付玄恵文談事に付された韓愈の猶子で道家の韓湘が廃仏論による韓愈の配流を予見していたとするはなしは『詩人玉屑』巻二十に、末尾の「痴人面前不得説夢」も巻七にみえる。『平家物語』鹿谷には後白河が参加し、花園院日記の示唆にもかかわらず、無礼講事に後醍醐が登場しないのは『源平盛衰記』鹿谷酒宴静憲止御幸事をふまえるのであろう。静憲は後白河の乳父信西の子で、『後三年合戦絵詞』の承安本制作と貞和本序で玄恵に通じ、直義朝臣隠遁事付玄慧法印末期事の師直、直義、玄慧は、法皇被流の清盛、後白河、静憲をふまえる。無礼講事では講師をつとめる玄恵から『詩人玉屑』に連想がはたらいたとすれば玄恵識語のある五山本を利用したことになる。

玄恵はつぎに登場する巻第十六比叡山開闢事で『神道雑々集』の類話をかたり、白髭明神が「我ハ人寿六千歳ノ始ヨリ、此所ノ主ニシテ、此湖ノ七度迄芦原ト変ゼシヲ見タリ」と道教的な時間で釈尊をさらせるのを、医王善逝は「我人寿二万歳ノ始ヨリ此国ノ地主也、彼老翁未知我」と一蹴しひきとめたという。日枝の本地は釈尊で、釈尊・大日一体説もあるから、このはなしは天照太神と第六天魔王の誓約の周縁に位置づけられよう。

『沙石集』冒頭の一話をふまえた巻第十二千種殿幷文観僧正奢侈事付解脱上人事はこの誓約には直接ふれないが、解脱房を帝釈（天帝）と修羅の宇宙論的合戦のキーパーソンに位置づけ、「憍慢懈怠心」をいましめる。巻第十六日本朝敵事では『平家物語』朝敵揃にはみえない「我三宝ニ近付ジ」という天照太神と「尽未来際ニ至ル迄、天照太神ノ苗裔タラン人ヲ以テ此国ノ主トスベシ、若王命ニ違フ者有テ国ヲ乱リ民ヲ苦メバ、…其命ヲ奪ベシ」という第六天魔王の誓約をかたり、尊氏が「朝敵タリシカバ数箇度ノ合戦ニ打負テ、…此度ハ其先非ヲ悔テ、一方ノ皇統ヲ立申テ、征罰ヲ院宣ニ任ラレシカバ、…大功乍ニ成ンズラント、人皆色代申レケリ」という。

さらに大森彦七事で正成の亡霊が「先朝〔後醍醐〕ハ元来摩醯首羅王ノ所変ニテ御座バ、今還テ欲界ノ六天ニ御座アリ、相順奉ル人人ハ、悉脩羅ノ眷属ト成テ、或時ハ天帝ト戦、或時ハ人間ニ下テ、瞋恚強盛ノ人ノ心ニ入替ル」とかたると、大森は「縦如何ナル第六天ノ魔王共ガ来テ謂フ共、此刀ヲバ進ズマジキニテ候」といいすて、後醍醐を第六天魔王と関係づける。また、吉野御廟神霊事の上北面の夢に「サテモ君ヲ悩シ、世ヲ乱ル逆臣共ヲバ、誰ニカ仰付テ、可罰スト勅問アレバ、俊基・資朝、此事ハ巳ニ摩醯脩羅王ノ前ニテ議定有テ討手ヲ定テ候」とあるのは、かえって所変であることを示唆するものであろう[一五]。第六天魔王は『平家物語』では維盛入水で衆生が生死を離れることをさまたげ、屋代本剣巻で天照太神に国譲りの神璽をわたす程度であるが、八俣大蛇が安徳天皇となって草薙剣をとりかえしたという剣巻は、大森彦七事に影響しているかもしれない。

天狗の暗躍

『源平盛衰記』や延慶本法皇御灌頂事で住吉大明神が後白河にこたえる、天魔とは「聊通力を得たる人類也、…一には天魔二は破旬三は魔縁也、…末世の僧は皆無道心にして憍慢有か故に十人に九人は必ず天魔となて仏法を破滅すへしとみへたり、八宗の智者にて天魔となるか故に是をは天狗と申なり」以下、天狗について詳述する。太平記巻第五相模入道弄田楽幷闘犬事は太政入道他界事付様々の怪異共有事の「入道の召仕けるかふろの中に、天狗あまたましはりて、常に田楽の音してどゞめきけり」をふまえ、つづく時政参籠榎島事では七代の栄花をつげられとして「今ノ高時禅門、已ニ七代ヲ過、九代ニ及ベリ、サレバ可亡時節到来シテ、…」と理由づける。さきにふれた新田義貞の謀叛を越後勢にふれまわったのも天狗とされている。

雲景未来記事で愛宕山の太郎坊がかたる「先朝随分賢王ノ行ヲセントシ給シカ共、真実仁徳撫育ノ叡慮ハ総ジテナシ、…運ノ傾ク高時、消方ノ灯前ノ扇ト成セ給ヒヌ、…誠尭舜ノ功、聖明ノ徳御坐ネバ、高時ニ劣ル足利ニ世ヲバ奪レサセ給ヌ」も武家繁昌事の「時政九代ノ後胤、前相模守高時入道崇鑑ガ代ニ至テ、天地命ヲ革ムベキ危機云顕レタリ」、関所停止事の「惟恨ラクハ斉桓覇ヲ行、楚人弓ヲ遺シニ、叡慮少キ似タルコトヲ、是則所以草創雖幷一天守文不越三載也」以来作者の一貫した主張であるが、「高時ニ劣ル足利」や「将軍兄弟モ可奉敬一人君主ヲ軽ジ給ヘバ、執事其外家人等モ又武将ヲ軽ジ候、是因果ノ道理也」などは天狗の口をかりずには発しにくかろう。将軍御兄弟和睦事付天狗勢汰事では兄弟の和睦の意志にもかかわらず、両陣営に遠心力がはたらき破局にむかう相互不信、疑心暗鬼を「天魔波旬ハ斯ル所ヲ伺フ者ナレバ、如何ナル天狗共ノ態ニテカ有ケン」と表現している。

太郎坊の言を現代風にいいかえれば、後醍醐が鎌倉幕府をたおしたので、鎌倉末期の諸矛盾を一身にせおいこむことになり、建武政権は三年あまりで崩壊した。もちろん、公家政権自体にも矛盾はあり、幕府を自壊にまかせても影響をまぬがれないが、「源平諍三箇年」（北野通夜物語事）であり、より軽微ですんだというみとおしである。かくて足利政権も宮方の軍事行動は二年あまりで鎮静化したにもかかわらず、利害の調整に難渋し三十年を要す。ただし、北条政権がずるずるつづき、地域の自立がすすんでたとえば応仁の乱後のような事態が現出したとしても、幕府の暴力装置に依存するかぎり、公家政権の維持は困難であろう。

以上のように、太平記の前半では作者が今後の展開を予告するが、当代（足利氏）を対象とする後半では天狗や魔王の眷属が予示する[一六]。

北野天神の意味連関

太平記において政治をうごかす負の要因は驕慢と讒言であるが、慢は天狗そのものであり高僧ほどおちいるように、直義すら自由ではありえず、つけこまれて讒言をきいた。後者は『北野天神縁起』のモチーフであり、太平記で強調されるのは天神本来の御霊神としての性格である。日蔵が六道めぐりで目撃した醍醐天皇の堕地獄は「延喜聖代」とたたえられる天皇が菅原道真を配流した等の罪で地獄におちたという衝撃的な内容であるが、『吉口伝』にみえる藤原家倫蔵「聖徳太子未来記」五十巻は「行基菩薩幷日蔵上人善宰相清行男作釈、…上人委心得安尺也」とあり、さらに彌永信美は『大日経疏』一に「摩醯修羅天宮大自在天王宮也」とあることから、『天満大自在天神』の名称も、『第六天魔王』のイメージと直接にかかわっていたに違いない」という[一七]。こうして北野天神、聖徳太子未来記、第六天魔王がむすびつくが、太平記では醍醐＝後醍醐の同一視が前提とされているから、摩醯首羅王は天神にも後醍醐にもかかわる。

巻第五大塔宮熊野落事では御守の眷属老松明神が宮をたすけ、次章ではその生母民部卿三位が北野に参籠し後醍醐還幸の夢想をえるが、すでに中堂新常灯消事が史実を核としながら、新常灯を消した鳩を二羽にして八幡すなわち幕府を含意させ、さらに『平家物語』䚡之沙汰をとりこんで、後醍醐の還御と大塔宮の死を暗示していた。

建武新政下の大内裏造営事付聖廟御事では「日本国ノ地頭御家人ノ得分二十分一」をかけて造営した大内裏が落雷で焼失すると、「北野天神ノ御眷属火雷気毒神、清涼殿ノ坤柱に落掛給シ時焼ケルトゾ承ル」として『北野天神縁起』を醍醐への堕地獄の宣告と贈太政大臣までかたり、安元以後大内裏造営がなかったという。

これ以降、慶事はほとんど凶事とセットでかたられ、建武の中殿御会は大塔宮逮捕の機会とされるが、最終巻の中殿御会事は「大儀ナル上、毎度天下ノ凶事ニテ天下不快由、面々一同ニ被申ケレバ、重テ有勅定」というとおり、崇徳―順徳―後醍醐といえばいずれも外土で死んだ天皇であり、予感は義詮、基氏兄弟の死となってあらわれる。二条良基の漢文序は、遠祖九条道家（光明峯寺関白）の建保六年（一二一八）八月中殿和歌管弦御会の「開宴之場、聖操未必弾玄象、兼之者此夜也、好文之主、和語未必慣素鵞、兼之者我君也」をふまえて「況又玉笙之操、高引紫鸞之声焉、奎章之巧、新賡素鵝之詞矣、盛乱之世、未必弄雅楽、兼之者此時也、好文之主、未必携和語、兼之者我君也」と[一八]、それぞれ順徳、後光厳が管弦、和歌の才をかねるともちあげるが、後光厳が戦塵さめやらぬうちに承久以前の朝儀の復興をめざすのは後醍醐とかわりない。前巻でえがかれた実父光厳晩年の出世間と対比される
光厳院の車が現世において犬追物の的とされた土岐頼遠参合御幸事とセットのファルス雲客下

車事が聖廟の御縁日のこととされるのも、後醍醐の影の存在である光厳を天神と対置するのであろう。光厳が吉野でかたる六道めぐりは『平家物語』灌頂巻をふまえるのみならず、『北野天神縁起』の日蔵ともかさなる。さらに一宮御息所が還京をのぞむ際や天竜寺建立事で御霊の先例として言及され、芳野炎上事は北野天神、金剛蔵王の焼失をもって高師直の滅亡を理由づけており、平重衡の南都焼討を連想させる。

通夜物語による小括

『論語』述而に「子不語怪力乱神」というのに対し、『史記』太史公自序は「…、兵権、山川、鬼神、天人之際、承敝通変、作八書」とあるが、太平記はまさに怪力乱神ばかりである。こうした習合的な言説を随所に配置したのち、政治史的には厭戦気分の関東の軍勢が本国にかえり畠山道誓も逃走して、鎌倉末期以来の軍勢の東西大移動がやみ、鎌倉的な東西分立体制が回復する時期に、北野通夜物語が位置する。

まず、雲客から全巻冒頭の課題を質問された「古へ関東ノ頭人評定衆ナミ」の遁世者は、武家にとどまらず問民苦使から醍醐帝をへて泰時の善政、時頼、貞時の廻国伝説、青砥左衛門と武家全盛のあとをおって現状を批判し、逆に「セメテハ宮方ニコソ君モ久艱苦ヲ嘗テ、民ノ愁ヲ知食シ候、臣下モサスガ智慧アル人多候ナレバ、世ヲ可被治器用モ御渡候覧ト、心ニクヽ存候へ」とかえす。

「今年ノ春マデ南方ニ伺候シ」た雲客が即座に否定しつつかたるのは、周の文王の祖父大王が戎の侵攻をさけて岐山のふもとにうつった件と、身命を賭して斉の崔杼への筆誅をやめなかった太史三代の件を玄宗、楊貴妃におきかえたはなしである。前者は「先帝潜幸芳野事」の、後者は後醍醐が諫言、特に万里小路藤房の三諫をいれず、建武、正平の失敗にまなべないことの隠喩で、もっとも太平記の筆法や対象に即した批判である。
こうした儒教的な政治批判の出口なしの状況に僧がぶつけるのは、これまで太平記のリードしてきた短期的な予言とはことなり、およそ検証不能な仏教的因果論であるからかみあわない。議論の前提をはずされて緊張が急にふきとび「三人共ニカラ〳〵ト笑」うほかない。巻第九主上々皇為五宮被囚給事付資名卿出家事で六波羅探題が滅亡し、「資名卿聖ニ向テ、出家ノ時ハ、何トヤラン四句ノ偈ヲ唱ル事ノ有ゲニ候者ヲト被仰ケレバ、此聖其文ヲヤ知ザリケン、如是畜生発菩提心トゾ唱タリケル、三河守友俊…一九、是ヲ聞テ、命ノ惜サニ出家スレバトテ、汝ハ是畜生也ト唱給フ事ノ悲シサヨト、ヱツボニ入テゾ笑ケル」と、生死にかかわるような深刻な場面が一瞬にして笑いにかわったのと同様である。
なお、『今昔物語集』と逆の日本、中国、インドという構成は、倭寇を通じて高麗、太元へと視野がひろがり、九州が問題として浮上する伏線となる
ただし、「武士ハ衣食ニ飽満テ、公家ハ餓死ニ及事モ、皆過去因果ニテコソ候ラメ」という僧の言は、観応の擾乱後、困窮により一家心中においこまれた上北面の兵部少輔某の悲劇をかたる飢人投身事おt、つづく公家武家栄枯易地事をうける。後者の「諸国ノ守護、大犯三箇条ノ検断ノ外ハ綺フ事無リシニ、今ハ…一国ノ成敗雅意ニ任ス」が建武式目第七条をおもわせるほか、佐々木道誉らが茶寄合など建武式目の禁止事項に興じる。以後、道誉は執事排斥のキイ・パーソンとなり、茶寄合も陰謀の温床となる。光厳―直義が政治の場から退場し、一時的とはいえ京都の朝廷が消滅すると、抑制がきかなくなったのである。

勝敗を決するもの

前者の「天下此ノ二十餘年ノ兵乱ニ」は、雲客の「天下大ニ乱テ三十餘年」に対応するが、さらにその数年前、師直以下被誅事付仁義血気勇者事の「異朝ニハ漢楚七十度ノ戦、日本ニハ源平三箇年ノ軍」が「史書ノ所載、…漢楚七十餘度ノ戦」「我朝ニモ…源平諍三箇年」に合致し、提起した戦乱長期化の原因については『論語』の「仁者必有勇、勇者必不仁」をひきつつ「今ノ世聖人去テ久ク」「心不変シテ臨大節志ヲ奪レ」ざる「仁義ノ勇者少シ」、「五度十度、敵ニ属シ御方ニナリ、心ヲ変ゼヌハ稀ナリ、故ニ天下ノ争ヒ止時無シテ、合戦雌雄未決」と断じている。

しかし、源平争乱と観応の擾乱とで「聖人去テ久ク」に決定的な時間差があるとはおもえない。実際、元弘の乱は尊氏挙兵後あっけなくおわった。高時に殉じたのはほとんど一門、姻族、御内人にかぎられたとおり、北条氏が権限所領を集中させすぎて御家人から遊離していたからであろう。たとえば、塩飽入道自害事で御内人の父から「御辺ハ未ダ私ノ眷養ニテ、公方ノ御恩ヲモ蒙ラネバ、…暫ク身ヲ隠シ、…」とすすめられた嫡子は「忠頼直ニ公方ノ御恩ヲ蒙リタル事ハ候ハネ共、一家ノ続命悉ク是武恩ニ非ト云事ナシ」と自害する。父の公方／私は対概念で、「一家」のうち「公方」に包摂されない部分が「私」であり、「公方」は諸家の共同の場となろうが、嫡子は「一家」を「公方」に包摂させ父にさきんじて自害する。

建武新政への批判をあつめた中前代の乱では鎌倉をおとすが、尊氏下向後はふるわない。建武の乱も三年ほどで終了する。後醍醐が征夷将軍と東八箇国管領の勅許をたがえたことに対する「賢王ノ横言ニ成ル世中ハ上ヲ下ヘゾ帰シタリケル」や、「今度ノ合戦ニ於テ忠アラン者ニハ、不日ニ恩賞行ハルベシ」との壁書に対する「カク計タラサセ給フ綸言ノ汗ノ如クニナドナカルラン」という落書がしめすとおり、後醍醐の恩賞が信用されなかったからであろう。以後は基本的に武家の内紛が宮方をまきこむにすぎない。

この間、合戦のありかたは個人技から集団戦へと変化し、『平家物語』の武士の美学は、うらぎった島津四郎や五大院宗繁らとともにグロテスクなまでに嘲弄される。塩飽入道自害事すら「郎等三人是ヲ見テ走寄リ、同太刀ニ被貫テ、串ニ指タル魚肉ノ如ク頭ヲ連テ伏タリケル」ととじられる。例外的に「扇団扇ノバサラ絵ニモ、阿保・秋山ガ河原軍トテ書セヌ人ハナシ」とうたわれた秋山新蔵人も「多賀将監ト秋山新蔵人ト、楚忽ノ合戦シ出シテ、秋山討レニケレバ、…」が転機となり、「五騎十騎打連々々将軍方ヘト参ケル間、…鎌倉ヘゾ下リ給ヒケル」（直義追罰宣旨御使事）と直義の優勢を暗転させてしまう。

特筆すべきは楠正成のゲリラ戦であるが、巻第三主上御夢事付楠事では「一旦ノ勝負ヲバ必シモ不可被御覧、正成一人未ダ有ト被聞召候ハヾ、聖運遂ニ可被披ト被思食候ヘ」といいすてて河内にかえり、後醍醐が遠流されようが意に解さなかった正成も、摂津、河内とひきかえに公家社会にくみこまれた。筑紫から上洛する尊氏の大軍を京都で兵糧攻めのうえ挟撃する建議を「能々遠慮ヲ被廻テ、公議ヲ可被定ニテ候」とむすんだから、「軍旅ノ事ハ兵ニ」という僉議が、「帝都」「帝位」「官軍」「聖運」をふりまわす坊門清忠の名分論にくつがえされてもしたがわざるをえない。『保元物語』の勝敗をわけた信西／頼長以来の論議である。「一族若党ノ一人モ死残テアラン程ハ、金剛山ノ辺ニ引籠テ、敵寄来ラバ命ヲ養由ガ矢サキニ懸テ、…」との遺訓をまもったのは嫡子正行よりも「心少シ延タル者」と評される正儀ではなかろうか。

建武式目の章でみたとおり、上位者は衆議にしたがうという時代でもあるから、太平記においては当初は個性を発揮した上位者も次第に無性格になる傾向にある。漏洩をおそれて老臣、近侍にもしらせず、資朝、俊基ら数人と陰謀をすすめていた後醍醐も例外ではないが、臨終におよんで清盛をもしのぐ強烈さをしめす。

目出カリシ事共也

北野通夜物語の十年前、尊氏の死の直前から作者の認識はかわらず、原因も究明されていたことになる。太平記の後半がつまらなくなるのは、『三国演義』同様、主要な登場人物が死去することもあるが、すでに結論がでているからではなかろうか。

では、戦乱の帰趨はどうなるのか。仁木義長が宮方になるという間奏曲をはさんだ大神宮御託宣事は、南方の武者所で、時政参籠榎島事と同工異曲の託宣により義長に期待する者と、直義以来、武家の降将は宮方を利用して「私ノ意」を達するだけであるとして、忠臣をさしおくことに反対する者との、もうひとつの通夜物語である。結局、佐々木道誉の策謀で執事を失脚した細川清氏が敗死し、後者の分析がなかば立証されたともいえるが、大内介、山名、仁木らがつぎつぎに武家に帰順するものの、大内介降参事が「世上ノ毀誉非善悪、人間ノ用捨ハ在貧福トハ、今ノ時ヲヤ申スベキ」とむすぶように、倫理ではなく欲得づくの判断にもとづく。

こうして光厳院禅定法皇行脚事では「此三四年ノ先マデハ、両統南北ニ分レテ、此ニ戦ヒ彼ニ寇セシカバ」と回顧される。光厳の南都巡礼は法隆寺の『嘉元記』にみえるかぎり「康安二年〔一三六二〕壬寅九月一日、持明院法皇禅僧当寺御参詣在之已下十餘人、御乗馬也」と随分イメージがちがう二〇。南方の主上は桃源郷のごとくフェードアウトするのみで、作者が後村上や北条時行の死をしらなかったわけではなかろうが、末路に関心をしめさない。宝徳本が大尾にすえるのは『平家物語』にならったセンチメンタルな編者のさかしらであろう。

義詮の死後にのこされたのは幼君だったにもかかわらず、尊氏の死後のような乱はおこらず、「中夏無為ノ代ニ成テ、目出カリシ事共也」と大団円をむかえる。「中夏」と地域限定であり、しかも、太平記では「目出」はほぼすべて反語的であるのみならず二二、「目出かりし事共也」は観応の擾乱の第一段階で失脚した直義にかわり義詮が政務の沙汰始をおこなった左馬頭義詮上洛事の結語と同一の表現である。その後の経過は周知のとおりで、反語的な意味あいが濃厚な「太平記」というタイトル同様、結末も両義的といえよう。

「武臣」とはなにか

太平記成立後まもない至徳四年（一三八七）の本奥書をもつ仁和寺本「聖徳太子未来記」は最後の一条「其後王治世三十餘年矣、私云自康永二年之後、当代治世三四代之内、卅五年相当永和四年也」とあり、その割注に「此時分**武臣**頼之朝臣、代**武将**之幼暫執権柄、一天穏也、翌年永和五年康永元也、頼之朝臣没落以後事、可為彼三十五年以後也、其後儀如何、世人可勘之歟、莫言々々」と二三、暗に義満の親政以降を批判する。

太平記巻頭の武家繁昌事の「彼頼朝ノ長男左衛門頼家、次男右大臣実朝公、相続テ皆**征夷将軍**ノ**武将**ニ備ル」「儲王摂家ノ間ニ、…貴族ヲ一人、鎌倉へ申下奉テ、**征夷将軍**ト仰デ、**武臣**皆拝趨ノ礼ヲ事トス」の「武臣」は文臣／武臣ではなく、征夷将軍＝「武将」の臣である。後醍醐にとっては陪臣で二三、『神皇正統記』廃帝にも「況や其跡たえて後室の尼公、陪臣の義時が世になりぬれば」とある。東西分立につづき、名さえあげない無力な武将を武臣が補佐する、鎌倉的な体制が復活した太平記の大団円で二四、一時的にせよ太平が実現したと仁和寺本は認識していたことになる。

前闕の冒頭が字下げで「東**武臣**義時朝臣、忽討王家、即執天下治海内、子孫及七代」にはじまり「私云**人王九十六代**、…関東**武臣**悉滅畢」ともある。「私云」の記主は日記に小島法師の死についてしるした洞院公定とおもわれ、太平記への関心のふかさがうかがえる。なお、「私云」の「人王九十六代」は太平記冒頭の「九十五代ノ帝、後醍醐天皇」をうけて光厳をさす。なお、土岐頼遠参合御幸致狼藉事で凌辱された光厳が述懐する「サコソ**武臣**無礼ノ代ト謂フカラニ、懸ル狼藉ヲ目ノ当見ツル事ヨ」の「武臣」は土岐ら御家人をさす。

難『難太平記』

太平記の成立過程については今川了俊『難太平記』(「応永九歳〔一四〇二〕二月日」のあと追記あり)の「昔等持寺にて法勝寺の恵珍上人此記を先三十餘巻持参し給ひて錦小路殿のお目にかけられしを、玄恵法印によませられしに、おほく悪ことも誤も有しかば、仰に云、是は且見及ぶ中にも以の外ちがひめおほし、追て**書入**、又**切出**すべき事等有、其程不可有外聞之由仰有し、後に中絶也、近代重て書続けり」という記述が尊重されている。

しかし、直義ならば、これまで指摘した新田足利確執奏状事、光厳院殿重祚御事のみならず、本朝将軍補任兄弟無其例事などはまっさきに訂正したはずである二五。

了俊がよんだ太平記は改定後のはずであるが、「六波羅合戦の時、大将名越うたれしかば、今一方の大将足利殿先皇に降参せられけりと、太平記に書たり、返々無念の事なり」などという記述はどこにあるのか。はたして了俊は太平記をどの程度よんだのかうたがわしい。つづく「此記の作者は宮**方深重**の者にて、無案内にて押て如此書たるにや、寔に尾籠のいたりなり、尤**切出**さるべきをや、すべて此太平記事あやまりも、空ごともおほきにや」から冒頭の引用につながる。了俊の書状には「御**方深重**」がみえるが、「切出」「書入」は『新古今和歌集』にまなんだ歌人の発想で、前条の「元弘に御上洛の時、…三河国八橋に御着の時、…白き衣かつぎたる女一人参て云、御子孫悪事なくば七代守るべし、…と云て、如夢失にけり」も同様あろう。

そもそも『難太平記』は応永の乱ですべてをうしなった了俊が子孫に自己弁明した書である。義満や大内義弘、斯波渋川らを非難しているが、九州探題として南朝勢力には勝利したものの外交までひきつぎ、少弐冬資を誘殺して島津、大友が離反、大内が進出したため、管領細川頼之が失脚すれば更迭も当然であった。

実証的南北朝史の創始者田中義成は「難太平記は彼が述懐の書にして、其詞は頗る婉曲なれば、文句通りに解釈せず、餘程周囲の事情に照して攻究するを要す」と注意をうながしている二六。反論の根拠を封じ自己の言に信憑性をもたせるためには、個々の史実とかけはなれた太平記のような作品であれ、文字信仰を打破しておく必要があった。そうした文字信仰は「平家は多分後徳記のたしかなるにて、書たるなれども、それだにもかくちがひめありとかや」という伝聞説に逆説的にあらわれている。

最初のエピソード、「一文字不通」の山名時氏が明徳の乱を予言した「我子孫はうたがひなく朝敵に成ぬべし、…子どもが世と成ては君の御恩をも親の恩をもしらず、…雅意にまかせたる故に御不審をかふむるべきなり」を伏線とし、大内が義満の沙汰を批判した言という「よはきものは罪少けれども、御不審をかうふり可失面目、つよきものは雖背上意、さしおかれ申べき条、みな人の知処也」、義満の悪行、無道とあわせてみずからの正統性を主張する。

これはそのまま了俊の批判であるが、義満が孫の義教にはない自他の政治力学に関する抜群の感覚をそなえていたことをしめす。

たとえば、永徳三年（一三八三）六月廿六日の准三后宣下は、義満が御番の子刻を期し月次・神今食祭のまえに突然、大内記、大外記、史、中務少輔など勅書の発行に必要最小限の人員を緊急召集して深夜の宮中クーデタのように決行された。上卿、弁は日野一党の資康、資藤、三月義満によって昇進したばかりの権大納言万里小路嗣房も参画し二七、職事の頭右中弁頼房はその弟である。七年まえの二条良基の詔書が百日もかかったような抵抗をできるだけおさえようとしたのではなかろうか。応永八年（一四〇一）明への国書でも「日本准三后」と自称しているから義満にとっては特に重要な地位であったとみられる。

年号と未施行

「洪徳」年号の浮沈

なお、応永改元（一三九四）の際、義満が明の洪武にあやかった「洪徳」という年号をのぞんだと、勘申した東坊城秀長の『迎陽記』と二八、秀長から報告をうけた一条経嗣の『成恩寺関白記』（『荒暦』）はつたえる。七月一日義満から「大明洪武廿餘年也、尤珍重、洪字有引文者、可勘進、出来者可取替興徳歟」と示唆された秀長が早速「洪徳　洪業　洪化」を勘進すると「人々参上、同早速引勘希有之由感之、可用洪徳之由有仰」、ついで日野重光の勘文について慶応のほかに「安永可然之由有仰、其後予退出」とあるが、勘申されたのは応永であった。資教、資俊、資衡、重光らの新字を勘出したのも実は秀長であり二九、至徳以来義満の内意どおりにきまっていたから、これできまりと過信しても無理はない。同日経嗣は秀長に「末代之事、只以時議可被先歟、勿論也」としつつも「凡者吾国何可追用異国之法哉、殆可謂本朝之恥歟、…洪字水難可招禍」と論難した。

五日の改元定は日野一党で秀長より下位の資藤、重光が不参のため秀長ははじめてで末席となった。仗儀では上位者の意向に左右されないよう最初は下位から順に意見をのべる。秀長が「所存載勘文了、其外…応永」をあげたのは論外とおもったからで、重光らが出席していれば異変を感じ対応がことなったであろう。勘者をかねた他の四人が「所存見勘文」とのべ意見は分散した。資教は洪徳もあげたが、坊城俊任の「洪水滔天、又不可然」といった難に対して資俊、資衡ともども一言も弁護しない。俊任は毎度義満の意を忖度しない人物である。自身が俊任とともに応永をあげたのでいまさら難陳もできない。他に二人があげた寛寧とともに多数意見として奏され、洪徳はおちた。経嗣は義満が関白二条師嗣とともに仗議を見物、早出したことを「彼時宜頗不心行歟、非無怖畏」とむすんだ。「時宜（議）」は時の最高権力者、ここでは義満の意思をいい[三〇]、仗議でくつがえされたのなら、たしかにただではすむまい。

至徳、嘉慶、康応、明徳

義満は前回明徳度（一三九〇）も四日前に秀長が勘草をみせると「応仁今度可然歟之由有仰」であったが、改元定は「一同可定申之由被仰之、明徳・寛永云々、〔蔵人頭平〕知輔朝臣参仙洞〔後円融〕伺申此分、明徳内々可然乎、准后被定之間、其形勢申入仙洞歟」とあり、上卿の洞院公定は最末の柳原資衡とおなじ「明徳、寛永」、万里小路嗣房は「明徳」をあげ多数意見の二択にしぼり後円融院に義満の内意をつたえたから、「今夜更無仗議、頗無念歟、但不可有殊儀之条存内也、莫言々々」とくやしさをにじませながらも、義満がえらんだ以上しかたがない。しかも「抑此号〔明徳〕、至徳時〔一三八四〕以来、毎度彼卿〔資康〕出之、引文礼記在明々徳、在新民云々、新字ハ朱熹本礼記也、本経為親字也」としるすとおり、至徳度（一三八四）に「抑新号事、兼日准后内々御沙汰、五山尊宿等御談合云々、仍可で此号之由、内々被仰大理卿、仍彼勘文、…至徳、又明徳、安永、此三出之、明徳元来本人雖不甘心、至徳新字潤色ニ加之云々」とあって、『礼記』といいながら「明徳」にかかわらない部分で本文を朱熹の『大学』によるのは、至徳ともども引文まで「五山尊宿等」からしめされたのであろうか。「無仗儀」で難陳を封じたのであろう。したがって、「洪徳」も「応仁」同様、最終的に義満の意思であったかうたがう余地はある。

　さらに前々回は「嘉慶事、左府内々御挙号也、仍知其形勢、万里小路大納言以下挙申之、自仙洞可為嘉慶之由被仰出」、「勧修寺中納言〔経重〕曰、年号事先参室町殿、可挙申字事有御尋、康応之字申入之間、御意此分也、…大略可為治定」「今度准后内々可為此号之由**時宜**歟、仍人々存其形勢、凡又無字難之間、旁以挙奏歟」とあるとおり、嘉慶（一三八七）康応（一三八九）と秀長の勘文から連続して採用され、「父子〔長綱、秀長〕相並及三ケ度、尤為光華、結句両度相続被用之条、神助之至歟、不可不悦」と満足をしるす一方、「七人勘者事」にはじまり「彼家経歴一度勘者可事足」「但**時宜**不及是非」と長文にわたって日野一党の非をならしている。表面上はともかく、秀長の軽侮はねぶかいものがあったから、暗黙裡に反発を生じうる。

　さて、重光不参の理由は「彼**時宜**以外不快之間」（「違上意」）とあり、資藤の「称現所労之由」（「雑熱故障」）も口実であろう。康応の際も勘解由小路仲光の反対をおしきったから、結束すれば多数で圧倒でき上卿らを同調させえたはずの日野一党は重光をはじめ不興をこうむりながらも、「洪徳」というより内心は秀長に反対したのではなかろうか[三一]。「洪徳」への難陳や公言されない非難は一条経嗣がいうとおりで当然予想された。資教以外「洪徳」をあげないので、万里小路嗣房や洞院公定も義満の意思をはかりかねたとみえる。経嗣はさらに「若自僧中申出事歟」と推測したが、今度も「至徳」と同様のルートをとれば、日野一党の対応もことなったのではなかろうか。明への国書を草したのは忠勤をしめした秀長である。朝鮮は満洲族の清を北狄とよんで服属したのちもひそかに明の最後の年号崇禎をもちいつづけ[三二]、漢民族の袁世凱は国号を中華帝国、年号を**洪**

憲とした。

「未施行」虚実

なお、経嗣は「凡此寛永字於元号者、頗神妙也、而新註未施行、書載勘文之条不可然、尤可有沙汰事也」と難じ[三三]、秀長も康暦度（一三七九）文章博士としてはじめて勘者となり改元定を聴聞した際、「新藤中納言〔広橋仲光〕云、太平御覧、本朝未施行書也」としるしている。『太平御覧』『宋韻』『孟子』、朱熹新註などを「未施行」として勘文にのせないというのは当時の常套句であったが、逆にいえば、「明徳」が註どころか本文を朱熹によったように、つねに勘文に散見されたのである。

というのも、勘申される年号（と典拠）は以前に撰進されたものに「新字」をくわえ、改元定の公卿もそれまでの難陳をまなんでのぞんだから、同一の論拠がなん度もくりかえされるのである。仗議で新字がえらばれることもあるが、おおくはなん度か難陳された年号で、応永度にも慶長、弘化、宝暦、寛永が勘申されている。なお、年号勘申において「新字」とははじめて勘申される年号案をいう[三四]。

通常、摂関は仗儀に臨席せずに結果をまとめ、蔵人を通じて報告された天皇や院が二者択一でえらぶが、関白基房は独断で安元（一一七五）の難がかるいとし（『玉葉』）、後醍醐は今回の勘文には適当なものがないとして前回の元弘（一三三一）にきめた（『改元部類』）。義満以前にも後嵯峨院の御前会議[三五]、洞院公賢らによってきめられた時期もあるし、承久後、幕府は「元仁」（一二二四）に不快感をしめしたので、十一月から半年もたたぬ翌年四月改元となった[三六]。

「（未）施行」の初出は日野家の遠祖兼光の『姉言記』寿永三年（一一八四）四月十六日条で、

「元暦　源宰相中将〔通親〕云、涼州張敦自立称王年号也、無程有事之由、見于太平御覧、然而件文未被施行歟、然者不及沙汰、他人々殊難不見及之由、一同被申、被用了」とある。太田晶二郎は『太平御覧』を挙げて難陳をした者が有ったところ、『件文未レ被二施行一歟、然者不及沙汰。』という理由を以て却下した」と解するが[三七]、通親が唯一あげた元暦を否定するはずもなく、「然者不及沙汰」までが通親の発言、『改元部類』にはある「他人々」から「殊難不見及」のみが「一同」の意見である。九条良通『九槐記』の「大略無難、通親卿云、偽位之年号也、見太平御覧、不及一年、不似普通之年号、此条又不可有難、中々不可及沙汰」は具体的にこれをうらづける[三八]。つまり、この「未被施行」は日本の改元詔書末尾の「布告遐邇、明俾聞知、主者施行」といった文言にかかわるものであろう。しかし、後世通親の権威がたかまるにつれて、この例が「未施行」という表現の流行に影響した可能性はのこる。

　つぎの用例は文応元年（一二六〇）四月廿二日花山院師継が宋客から『太平御覧』を直銭三十貫で購入し「文道冥加也、雖為未被施行之書、近年人翫之」としるしたように、宋本が知的な貴族にある程度普及しはじめた鎌倉後期にくだるが、これも「未師行」すなわち博士家の点本がないにもかかわらず、たしなむという意味とも解しうる。『花園院日記』元亨二年（一三二二）十月十三日条に「此日家高持参廿一日御願文[三九]、予又見之、…載宋朝事未施行如何歟、相尋之処、至如勘例者、強不可有苦云々、雖有不審、定有口伝之旨歟」とあり、「宋朝事」をのせるのは宋以降の書と強弁できなくもないが、「宋朝事」を典拠としてとりあげること自体を問題にしているのであろう。「吉田定房奏状」も典拠にある宋の太祖はのぞいていた。

　実際に「如有可采、勅有司施行之」と要求したのは、元からかえり後醍醐に「原民」「原僧」を呈した中巌円月であるが、外護者大友貞宗の急死で目的を達せず鎌倉にかえる。虎関師錬の遺著『元亨釈書』は要求が「施行」から「入蔵」にかわり、延文五年（一三六〇）勅許される。太田がひく唐の元行冲「御注孝経序」の「望即施行」はそのまえにみえる「伏請頒伝」にほかならず、続紀の「宜令天下家蔵孝経一本」につながる。印刷術が発明されれば、宋元本の「奉聖旨鏤版施行」となるから、「二様の臆説」は実質的に同一であり、これこそ中巌ら日本人禅僧が自著にもとめたものである。

此上者…不可有子細候歟

太田はふれていないが、『園太暦』延文元年（一三五六）三月廿五日条は「未施行」に関するもっとも重要な史料で、「未施行」を主題に、文章博士柳原忠光（資衡の父）書状の行間に公家政界の指南役である前太政大臣洞院公賢がコメントをしるして再三問答している。忠光が勘申した「元宝　三元経曰、…」に関し四〇、まず実賢が「元宝神妙覚候、只…引文三元布経、先々若未引之書候歟、…尤未施行事ハ、不勘申なと云説候歟、施行有無も如何候歟」と典拠の施行の有無をとうた。

忠光は「元宝事引文未施行之条勿論候歟、然而以太平御覧内注出候、御覧者雖未施行候、已勅撰之間、被用候歟、修文殿御覧代々被用候歟、太平御覧も、先々注進候哉、如何、太平御覧曰と載之条も大概候歟、本書進入候、無何可有御覧候、是をこそ新字憑存へく候に、引文難周章仕候」と、未施行でも新字の撰進を『太平御覧』にたよらざるをえない実情を告白した。

公賢は「是〔修文殿御覧〕ハ先々も見及候、太平御覧未見及候」というが、「太平御覧曰と載之条も大概候歟」については「事候」と肯定する。

忠光は「引文難周章仕候」に対する「此条ハ儒中可弁存事候、忩可令談合便宜仕給候哉」との指示にもとづき、前回文和度に文章博士として勘申した菅原高嗣の「未施行并太平御覧引文例」

治承（光範、引河図出之、俊経、引然魚河図出之、）太平八十七、漢高祖部、
永治（永範、引晋書出之、実光、引魏文典論出之、）**未施行**、若如太平御覧有之歟（四一）、

に「此上可為如何様候哉、治承光範俊経卿勘文大切候、永治永範引晋書勿論候、実光卿引魏文典論候、**未施行**候歟、彼勘文も大切候、猶々以之可有御了見候、晋書も**未施行**候哉如何、此一通則可被返下候」とかきそえている。

公賢は太平御覧、光範、俊経、永治永範、実光に合点をくわえ（四二）「加一見了、さすか累家無止候、此上者、元宝出仕不可有子細候歟」「一通随所見注進候也」「将又雖不庶幾、為勘者ハ、尤可有御自愛候歟」などと返事し、のぞましくはないとしつつも「未施行」の書によることを容認したといえよう。

改元定当日の二十八日公賢は「為勅問用意、引見今度勘文等」し、上卿をつとめる右大臣近衛道嗣に嘉慶の典拠についてといいつつ「元宝ハ誠無殊難候歟、但引文之様猶不心得之様覚候、延文事、永久・元永、承元・承安之例尤可然候けり、可委之由存候、嘉慶無相違候、此両号可申候」と書状をおくった（四三）。道嗣や公賢、観応度の中院通冬らは典拠を確認していたのである。

さらに忠光をよんで「内々可計申」として「所詮嘉慶・延文無殊難之上、延文今度尤可庶幾（四四）、又元宝其字無殊難歟、且宝治於当代可被規模哉」とつたえている。忠光は延文、元宝を勘申するとともに、改元定では蔵人左少弁として奉行職事をつとめ奏聞にあたったから、延文、嘉慶、元宝がよいとする公賢の意思を天皇につたえたのである。

『修文殿御覧』と『太平御覧』と

なお、公賢も忠光もすでに『修文殿御覧』の利用を問題視していないが、寛元度（一二四三）に

藤原経範が「嘉元　脩文殿御覧曰、…」と勘申し、広橋経光は宝治度（一二四七）同文の勘文の頭書に「去比、刑部卿〔菅原淳高〕密語云、此文上巳祓詩也云々、引文用脩文殿御覧、先例不審」としるした[四五]。しかし、季房上書に関連してふれたとおり、寛喜元年（一二二九）土御門定通は『太平御覧』など所持する宋本を経光の父頼資に貸与する用意をのべており、外戚として後嵯峨院政初度の年号宝治（一二四七）を経範に勘出させたから[四六]、経範は実際には『太平御覧』を利用しながら、より抵抗のすくない『修文殿御覧』を典拠にあげたのではないかとおもわれる。

同様に、日野俊光の元応（一三二九）の典拠「唐書曰、陛下富教、…」は宝治（一二四七）建長（一二四九）正嘉度（一二五七）に広橋経光が勘申したが、今回蓮華王院宝蔵の『旧唐書』に発見できず、『太平御覧』百八十をひいたというように[四七]、『太平御覧』の「唐書」には『旧唐書』にみえないものがおおく、個別の書名をあげていても実際には『太平御覧』によった勘文はすくなくなかろう。

新奇な書を公式にもちいるのは忌避されるという通念にもかかわらず、平安以来類書によったとしかおもえない典拠がめずらしくない。平安の改元定の内容は十分にしりえないが、典拠について難陳されるようになったのはむしろ貴族層に宋元本が普及する鎌倉以降ではなかろうか。改元の理由によりケース・バイ・ケースとはいえ、難陳されたことのある年号をけしていけば、ほとんどのこらないであろう。他方、あれほどこのまれた『白氏文集』が近代まで年号の典拠にはあがらない。暗黙の了解があったのではなかろうか。室町になると、宋学の影響で老荘を聖賢の書にあらずという難陳がでてくる。奈良時代には三史とともに大宰府に下賜された『晋書』まで、時代がくだれば未施行あつかいである。

したがって「未施行」の意味内容も難陳の対象も時代によって変遷があることがあまり意識され

ることなく、宋元本の流通とともに、だれもたしかな内容をしらない「未施行」ということばがとびかったというのが実情であろう。ここで想起されるのが、笠松宏至の『傍例』の亡霊」である四八。中世の史料、特に訴訟文書にする「先例」「傍例」は大小さまざまな権力圏や地域の慣習にねざしているというのである。「未施行」もまたしばしば侵犯される規範意識を言語化したものではなかろうか。太田が想定した施行「制度」は戦前の体制を過去に投影したものであろう。

『増鏡』と「南北朝」

余談がながくなったが、『難太平記』は太平記の成立に関する史料というよりも、太平記のスピンオフ作品の一つとしてとらえたほうがよいのではなかろうか。

たとえば、北野通夜物語に対して、御伽草子の「三人法師」は尊氏の近習と楠木正儀の一族、いまひとりは近習の女房を殺し、玄恵のもとで出家し、近習は北野の縁日の参籠中に殺害をしるから、太平記外伝と位置づけられよう。二人は敵同士でも、一人は仲裁もできるように無関係というのが「三人よれば公界」の基本パターンのようである。

起結の奇妙さと皇統の分裂

太平記が鎌倉時代の政治史を必要以上に簡略化しているのに対して、『増鏡』は寿永二年(一一八三)八月二十日の践祚する後鳥羽院からかたりはじめ、後醍醐の隠岐からの帰還でおえている。

このため序で舞台を嘉応二年（一一七〇）「やよいの十日あまりのころ」に設定する『今鏡』とのあいだに十三年あまりの空白を生じている。

これについて『増鏡』序は「いや世継は、隆信の朝臣の、後鳥羽院の位の御ほどまでをしるしたるとぞ見え侍りし、その後の事なん、いとおぼつかなくなりにけり」と理由づけ、『水鏡』『大鏡』『今鏡』だけではなく、『いや世継』をくわえて空白がないとするために、完全に重複する「世継」（『栄花物語』）まであげている。重複をゆるすなら『今鏡』に直接つづけてもよいはずである。そうしないのは、空白を生じても後鳥羽からはじめる独自の理由が『増鏡』には存在するからであろう。対象とする時代は『神皇正統記』でいえば、「第八十二代、第四十四世、後鳥羽院」から「第九十五代、第四十九世、後醍醐天皇」の還京までであるが、「世」を冠するのは後鳥羽―後土御門―後嵯峨―亀山―後宇多―後醍醐のみで、この直系からはずれる順徳、後二条、後堀川―四条、および持明院統の後深草―伏見―後伏見、花園にはない。

つまり、この時期は二度にわたって皇統が分裂したことを意味するが、「世」はあくまで結果論であるから、その後の経過次第で変化がありうる。実際『続神皇正統記』は第九十六代光厳院から第百四代後花園院までかきつぐが、『神皇正統記』にさかのぼって修正が必要なためか、後小松院の猶子とした践祚した伏見宮家の後花園院を崇光／後光厳どちらの皇統とするか問題が生ずるためか、「世」はもちいない。

『増鏡』はこの皇統の再々分裂を終章のまえの第十六久米のさら山で、光厳の皇子にふれて「三条前大納言公秀の女、三条とてさぶらはるゝ御腹にぞ、宮〳〵あまた出でものし給ぬる、終のまうけの君にてこそおはしますめれ」と示唆している。

後醍醐朝以降は「まうけの君」（皇太子）受難の時代であった。最初の皇太子邦良は践祚することなく死去し、つぎの光厳は践祚したものの在位を後醍醐から否定されて尊号をおくられた。同時に光厳の皇太子康仁（邦良の子）も否定されたのは当然である。後醍醐の子恒良は新田義貞に奉じられて越前でとらえられ、尊氏との和睦で光明の皇太子にたてられた成良は後醍醐の出奔により廃された。かわって暦応元年（一三三八）八月尊氏の征大将軍補任の二日後に立坊された崇光は観応の擾乱で皇太子直仁（花園の子、光厳は自分の子であるという）らとともに吉野に拉致され廃位された。崇光の弟後光厳が立太子をへずに践祚し、以後立太子はおこなわれない。直仁は三条腹でないから、「終のまうけの君」を文字どおりに解すれば、崇光以外にないが、ふくみのある表現ではなかろうか。吉野からかえった崇光は子の践祚を要求するが、拒否される。

終章は、大塔宮の死や後醍醐の出奔を承知のうえで、「四条中納言隆資といふも、頭おろしたりし、又髪おほしぬ、…天台座主にていませし法親王だにかくおはしませば、まいてとぞ、…すみぞめの色をもかへつ月草の移ればかはる花のころもに」と皮肉をきかせるが、後鳥羽は隠岐で死に、後醍醐は還御に成功したという対比がかりそめにすぎないことは当時の読者ならだれしもしっている。序の尼を再登場させることもなく、『増鏡』はなぜ擱筆したのか。

和歌がかたるもの／作品がかたらざること

この和歌で全巻をとじる「増鏡」という題自体が歌語であり、『大鏡』より『栄花物語』にちかい文体で、歌物語といってもよいほど、章題もすべて和歌からとられている。増補本は章題がととのっておらず、この点からも未定稿である。

章題の第一「おどろのした」は「おどろのみち」が棘路、すなわち公卿を意味するから、後鳥羽が『新古今和歌集』に最後にいれた「**おどろの**下を踏みわけて**道**ある世ぞと人に知らせん」とは公卿以下に君臣の道をしらしめようという強烈な意思表示ではなかろうか。この章は土御門の和歌におどろいた藤原定家の同情の返歌と「院もえんありて御覧ずべし、げにいかゞ御心も動かずしみおはしまさむ」という感想でとじられる。

第二は一転して武士のおこりから源氏の将軍も和歌をよむことにおよび、公卿になるまえに「…君に二心われあらばやは」とよんだ実朝が暗殺されると、後鳥羽は武力行使にやぶれて「新島守」となり、乱とは無関係な土御門も土佐のちに阿波にうつる。

第三は土御門の死をいたむ家隆女の「藤衣」、第四「三神山」は後嵯峨の大嘗会の屏風歌である。後鳥羽には通じなかった土御門の悲願が通じ、後堀河─四条の迂回路をへて子孫に皇統が帰すのであり、一貫して土御門サイドに同情がよせられている。

第五「内野の雪」は後深草の大嘗会、第六「をりゐる雲」はその譲位に際しての少将内侍、弁内侍姉妹の和歌であり、第七「北野の雪」の宗尊親王も鎌倉を追放されたので後深草と共通の立場といえよう。第八「あすか川」は後嵯峨の出家の際の和歌であるが、有為転変の代名詞でもあるからその遺志が貫徹できないことを暗示する。第九「草枕」は後深草、第十「老のなみ」は伏見の春宮大夫西園寺実兼、第十一「さしぐし」、第十二「浦千鳥」は伏見、第十三「秋のみ山」は永福門院とすべて持明院統関係者である。第十四「春の別れ」は大覚寺統の正統として叔父後醍醐と対立した春宮邦良親王の死をいたむ。第十五「むら時雨」、第十六「久米のさら山」は六波羅から配所におもむく後醍醐の和歌で第二の後鳥羽と同様である。第十七「月草の花」は護良らを諷した和歌で第八同様うつろいやすさを暗示する。後醍醐の帰京で全巻をとじても、その出奔後南方の天皇が京都に君臨することは二度となく、持明院統は観応の擾乱で一時おわれたのみであることを読者はしっている。

つまり第一―四は父後鳥羽の意向でこころならずも弟順徳に譲位をしいられた土御門の子に皇統が帰すること、第五―十七は同様に後深草の子孫に皇統が帰することを黙示しておわる。とはいうものの、含意がこれだけならば、もっと明確にかたればよい。さらにもう一つのものがたりを想起させるためにこそ後深草／亀山のものがたりはあえてとじず、未完の完となっているのであろう。

崇光院は後光厳天皇に対抗して、実質的に武家を掌握する管領細川頼之に栄仁親王の皇位継承を要求し拒否された。したがって、その主張は武家への配慮から直接要求するのではなく類推から正当性が納得されるよう、きわめて隠微なかたちをとらざるをえなかった。そのため『増鏡』は非政治的と評されもするが、浅原為頼事件以後、亀山の描写はかなり辛辣である。また、京極為兼の二度の配流にもふれたくないのであろう。

伏見立坊については、両統や西園寺家から幕府への運動にふれないで、北条時宗の同情による自主的判断とし、そのゆえんに北野通夜物語を援用して父時頼の廻国伝説にもとめ、「それが子なればにや、今の時宗朝臣もいとめでたき物にて」とかなり無理な理由づけをしている。さらには天智／天武に言及するのは持統、元明ら母后も天智系にかぞえ、両統迭立による崇光系の復権を目標とするのであろう。

作者をさぐる

さきの「久米のさら山」の引用の直前には「西園寺の故内大臣殿の姫君、広義門院の御かたはらに、今御方とかやきこえて、かしづかれ給を、まいらせ奉り給へれば、これや后がねと、世人もまだきにめでたく思へれど。いかなるにか、御覚えいとあざやかならぬぞ口惜しき」とあるから、作者は西園寺家にちかいとみられるが、建武二年（一三三五）誅殺された公宗の遺子実俊は、観応の擾乱ののち叔父公重が南方にさって家督を確立したので、崇光院に加担する理由がない。

また「兼季も太政大臣になりて、…よろづめでたくあらまほしくて、年も暮れぬ」とあるが、『増鏡』は還京する後醍醐による任官叙位の無効宣告にはふれない。その今出川兼季の実子公直は後光厳の践祚に参仕したのみならず、翌年六月垂井におもむいたため、南朝に菊亭を収公され、従姉にあたる広義門院は萩原殿にうつらざるをえなかったほどである。やしなった皇子は春屋妙葩の弟子として喝食となっていたが、南禅寺楼門問題で春屋と対立した管領細川頼之によって応安四年（一三七一）十一月一門が僧籍を剥奪されたため菊亭にもどり、翌々年十一月聖護院に入室し覚増となのった。栄仁親王の子貞成は応安五年三月誕生で公直に養育され、覚増と養父の契約をしたが、覚増のあと二代の門跡にわりこんだ道意、満意の父二条良基に妨害されたとおぼしい。

公直自身も兄実尹が権大納言で早世したあとをついだため、応安四年十月二十三日右大臣に任じられるところを花山院兼定が「一代中絶之家也」として細川頼之をうごかし妨害した。二年前の十二月二条師嗣（良基二男、十四歳）を昇進させるため右大将を辞任させられた際の「任槐事、今度不可有子細」との勅定を反古にされたのである。

兼定は公直より三歳わかいが、貞和五年（一三四九）同時に従三位に叙した。『増鏡』秋のみ山には後醍醐即位の当日「左大将内経、花山院右大将家定、行列をあらそいて、…」という騒擾事件がある。一条内経の父内実が摂籙にいたらず急逝したため「今はたゞ人にてこそいますべければ」とする家定と孫兼定の論法はおなじである。『増鏡』はつづいて後醍醐の大嘗会における綾小路有時殺害事件をしるすが、この有時は貞成の郢曲の師信俊の大伯父である。つまり、後醍醐即位時に特筆される不祥事はいずれも貞成にきわめてちかい人物にかかわりをもっているのである。

自身と養子貞成がたてつづけに頼之の被害をこうむった公直が、前年やはり頼之の拒否にあった崇光に同情しても不思議はない。頼之が相模守に遷任するのは公直の件の翌日であるが、時頼ら「相模守」への賛美は頼之との対比、あるいは同調をもとめるものかもしれない。

第十七月草の花に、後醍醐の還御にともない「二条の大臣、氏の長者を宣下せられて、宮この事、管領あるべきよし、うけ給はる、天の下たゞ御はからひたなるべしとて、この一つ御あたり喜びあへり」とあるのも良基への皮肉とみられる。正平一統で南朝から左大臣、後院別当に任じられ、後光厳朝で二条道平の子良基にとってかわられる前太政大臣洞院公賢の処遇がこのときの道平に酷似するからである。

以上、なにげない貴族のあらそいこそ『増鏡』の政治であり、もう一つの修羅である。応安七年（一三七四）正月後光厳が、永和四年（一三七八）七月左大将兼定が死に、新帝のもとで公直がようやく内大臣に昇進するのは翌八月二十七日足利義満の任右大将にともなう一連の人事によってである。二十二歳の義満が細川頼之を追放する前年であるから、応永本の奥書にみえる「永和二年卯月十五日」当時は失意にしずみ、義満の成長や崇光流の再興による政情の変化を夢想したのではなかろうか。

『増鏡』と『椿葉記』と

はじめて『増鏡』が史料に登場するのは『看聞日記』応永二十八年（一四二一）八月二十七日条の、近臣田向経良を菊亭につかわし「日来家門預置琵琶一面、白玉、**真寸鏡**以下双子等召帰了」という記事である。公直の実子公行、孫公富をはじめ家司三善氏らがあいついで流行病で死去し、公行の猶子実富は「絶交」されていたから、「遺跡之式無相続人体云々、家領悉被召之間、家僕歎申、然而未落居云々」という家門断絶、収公の危機にあった。

そのさなかに貞成が『増鏡』を菊亭からひきあげていること、『増鏡』が天下の孤本『とはずがたり』を利用しており、「百とせにもこよなく餘り侍ぬるらん」と自称する『増鏡』の語り手は『とはずがたり』の主人公後深草院二条の後身をおもわせること、後者が今出川兼季を好意的にえがいていることは無視できない。

公直には良基のような文名はないが、題も巻立も『玉葉和歌集』にならい、応永七年(一四〇〇)ころ菊亭を中心に貞成が撰したとされる『菊葉和歌集』には「入道前左大臣」として「前右大臣(今出川実直、甥で猶子)」、「従三位政子(貞成)」、三善為徳につぐ百十九首が入集している四九。

序に「勅撰のさたなくしてとし久しくなりぬ、しかれとも難波津のむかしに立かへる代にも成侍らば、撰集の沙汰も有ぬべし」(『風雅和歌集』(貞和二年〔一三四六〕序)からひさしいが、崇光流が再興すれば勅撰集の沙汰もあろう)というものの、集中の「御製」栄仁親王もすでに出家しており、伏見宮家も京極派から転向したため、貞成の子後花園の『新続古今集』にも利用されなかった。足利将軍への遠慮は当然として、『増鏡』が為世をはじめ二条派に冷淡でありながら、京極派色がうすい理由ではなかろうか。崇光流における『増鏡』『菊葉和歌集』は南朝における『神皇正統記』『新葉和歌集』ほど主張がつよくないが、対応関係にあろう。

ただし、応永本奥書の「永和二年(一三七六)卯月十五日」までふくめて作品の一部とみなし、「応永九年(一四〇二)六月三日うつしをはりぬ」を成立年時とすれば、宮家は義満に伏見をおわれて『増鏡』の舞台嵯峨清凉寺の「このわたり近く」有栖川の山荘におり、貞成自身の作という可能性もでてくる。

貞成は後小松の猶子として践祚した実子後花園にむけて、崇光流再興の自覚をうながす歴史教育にのりだすが、その中心が『増鏡』とその続編ともいうべき自作『椿葉記』であり、両者を「椿葉の影二度あらたまる」という朗詠がむすぶ。『増鏡』第四三神山の後嵯峨と後花園が皇統の再興という一点で対応し、あえて「未完の完」の体裁をとった『増鏡』が『椿葉記』によって第二、第三の環をとじるのである。

そもそも鏡物は『大鏡』も万寿二年（一〇二五）を舞台として藤原道長を賛美するにもかかわらず藤原氏を外戚にもたない後三条天皇の生母禎子内親王への期待を公言するし、『今鏡』は日時を『平家物語』が「是こそ平家悪行のはじめなれ」とする嘉応二年（一一七〇）殿下乗合事件の数ヶ月前「三月十日あまりのころ」に設定しながら平家についてはほとんどかたらない。ともにその後の激変を承知のうえで、すでにおわった時代を回顧しているから、『増鏡』が大塔宮の入京でおえるのは特殊ではない。やはり鏡物の体裁をもつ『梅松論』も幕府創業の英雄時代を賛美し、かれらがたがいに殺しあう覩応の擾乱には一切ふれないが、乱後の作であろう。

南北朝と南北京

文亀三年（一五〇三）景徐周麟の「大館持房行状」は父持房の高祖父氏明が南朝に属して伊予で戦死するまでを太平記の記述により、佐々木道誉が尊氏に氏明の長子義冬をめしださせたというが五〇、南朝の遺臣に先祖をもとめる系図は近世におおくみられる。

また、持房の母を赤松満祐の異母兄弟則友の女としているが、そうした俗縁によるのか、景徐は赤松氏を再興した政則の明応七年（一四九八）四月二十五日三回忌の拈香に「建武間天下瓜分、**南北朝**称天下、応仁後関中瓦解、左右尹定二京」という。「左右尹定二京」とは右京大夫細川勝元と左京大夫政則であるが、赤松氏にとっては建武、応仁は守護として勃興、再興する機会であり、景徐にとっては南朝の中心であった祖先と足利将軍家に近侍する子孫とを両立させる必要から「南北朝」という中立的な表現がはじめてうまれたのではなかろうか。

田中義成が「南北朝」の用例として指示するのは[五二]、『大乗院日記目録』建武三年（一三三六）十二月廿日条の「所詮吉野ハ延元々年、京都ハ建武三年也、一天両主**南北**京也」であるが、平安以来の「南京」は奈良、「北京」は京都のヴァリエイションにすぎない。しかも同目録は勅撰和歌集編纂や太平記にもとづく独自記事を挿入しているから、これも当時の日記の抄出ではなく尋尊の創作である可能性がたかい。太平記をふくめ「南朝」がいくらかみえるのは正平一統で一時的に臣従したせいであろうが、「南方」「南山」がおおく、「北朝」にいたっては「**南朝**正平十七年、**北朝**康安二年（一三六二）壬寅十月廿四日記、小子比丘河南聖珍謹記」とある「孤峰和尚行実」にわずかに「正平初再蒙詔於**南朝**、…於泉州大鳥郡高石、開基号大雄、実為**南朝**顧門也、…正平十六年辛丑五月中漸示微疾、同廿四日集衆、…言訖奄然而坐亡、生寿九十有一、…実**北朝**康安元年也」とみえる。孤峰覚明が南朝の帰依をうけ、延文元年（一三五六）十一月河内の天野にあった光厳院に禅衣をさずけたという遠近感からこうした表現になったのであろう。

ただし、『明月記』天福元年（一二三三）八月二十八日条には「昨日聞及、家隆卿撰卅六人云々、是遠所勘定歟、…**南朝北朝**之撰者共在京、勅撰之沙汰、一老徒然有御訪之由歟」とある。前年六月十三日後堀河天皇（南朝）からただひとり『新勅撰和歌集』の撰を命じられた藤原定家が隠岐の旧主後鳥羽院（北朝）とライヴァル藤原家隆の交渉に神経をとがらせる、皮肉っぽく特殊な用例で、どのようなケースにこうした表現がうまれるかを暗示している。なお、「朝」は「みかど」であろう。

また、『建内記』嘉吉三年（一四四三）五月九日条は「南方小倉宮」が後醍醐の曾孫海門和尚と同日に死んだという報に接して「**南北両朝**元弘建武以来不安不休之処、近年無争乱止干戈、今已帰皇統自然、天運之理、可云神慮、…於今者、彼御流断絶了」と完了形の精神的余裕にともなって「南北両朝」があらわれる[五二]。

応仁の乱の前哨戦となる畠山氏の内紛で『大乗院寺社雑事記』寛正二年（一四六一）二月十日条は「義就追罰事、…近日有**南方**同意企之由其聞候、…」という正月廿三日大乗院僧正にあてた将軍義政の御内書をかかげ、文明二年（一四七〇）六月廿五日条には「吉田相語、**南方**蜂起事、於今者事実云々、西方大名同心、…紀州合戦云々、**高野**山ハ**南方**云々、**根比**ハ**北朝**方也」と「北朝」がみえるのは奈良という位置によろうが、太平記巻第十八**高野**与**根来**不和事の影響で特筆したのではなかろうか。

『武家年代記』と柳原紀光

さらに『武家年代記』上は、上欄外に光厳天皇の年号正慶元―三と**南朝**年号延元々―元中七をしるすが、「帝王」欄は暦応二年（一三三九）「八月十六日吉野院崩御五十二」以外、南朝歴代をしるさず、明徳元年（一三九〇）に「斯歳帰**北朝**　凡三主五十五年云々」、同三年に「閏十月二日、三種神器入洛、同五、入禁裏、**南北朝**和親」とある。また、後伏見を「新院」、花園、光厳、光明、後土御門を「今上」と記し、明応八年（一四九九）まで記載している。

執柄欄は最後に文明十三年（一四八一）「四二申刻禅閤一条薨八十才」と時刻までしるすのは他に例がなく、『大乗院日記目録』が建武まで新年号で記載するうえ、「元弘」「正慶」のあつかいも一致し、『大乗院寺社雑事記』が寛正二年（一四六四）―明応五年（一四九六）念頭に関白、武家、「官領」をしるし、随所にある便覧的記載とともに近似性を感じさせるなど、一条兼良の子尋尊と関係があるかもしれない。ただし、柳原紀光の奥書が「右武家年代記本書一巻、以古券命家人令書写、便別為三巻、尤珍書也、可秘矣、比校了、　寛政九年〔一七九七〕四月十六日」という孤本だけに影響はちいさいとおもわれる。

紀光の採集は「官務餘暇、不論朝野、遍探秘策珍書三十年、…　寛政三年〔一七九一〕庚戌〔一七九〇〕七月」の延長上にあろう。これは『続史愚抄』の稿本とは別に子孫に伝来した「自序」の一節で[五三]、「遺言不肖紀光曰、本朝之紀、三代実録以後、有新国史之撰、而泯滅不存、豈非一大闕事耶、顧予家長保中、奉　勅為紀伝之職、而応仁中辞此職、雖然**死灰不復**燃乎、故用意歴年、独奈官事鞅掌未遑纂録成編、俾汝遂予素志、謹以勿違、…」は司馬遷が父談の遺託をうけ太史公として『史記』を完成させたという故事にもとづくが[五四]、直前に「先考寛延宝暦中、為武家伝奏、以故毎年奉　勅、赴東武征夷大将軍麾下、庚辰〔一七六〇〕九月帰京、道中罹疾、竟薨于家、得年五十」とあるのは、「嫡子柳原光房（後の紀光）の日記によると、光綱は既に二十三日辰刻に三河吉田宿にて薨じており、遺体となっての帰洛であったことが知られる（「柳原紀光日記」宝暦十年九月二十五日条、宮内庁書陵部所蔵）」から[五五]、臨終の席ではありえない。また、『史記』に擬せば、光格天皇の勅勘に対する発憤の書であると同時代人の憶測をまねこうが、同時に韓長孺列伝の「安国坐法抵罪、蒙獄吏田甲辱安国、安国曰、**死灰**独**不復**然乎…、卒然遇之」をふまえるから、武帝によって宮刑に処された司馬遷とはことなり[五六]、「報怨以徳」であったかもしれない。「遺誡和歌二首」の有無などをふくめて「自序」の内容は祖述するのではなく検証されるべきであろう。

林家と光圀

天下の孤本『武家年代記』に対し、『日本王代一覧』（慶安五年〔一六五二〕自跋）は林鵞峰が若狭国主酒井忠勝のもとめに応じて国史小説等をもとに撰して寛文三年（一六六三）刊行され、明治まで版をかさね、一八三四年オランダ商館長ティツィングのフランス語訳が出版されるほど普及した[五七]。九十五代後醍醐天皇、九十六代光厳院につづく後醍醐重祚の項を「コレヨリ吉野ヲ**南朝**ト号シテ、帝王二人マシマス」とむすび、百一代後小松院の明徳三年（一三九二）に「閏十月二日、**南帝**煕成王入洛、嵯峨ノ大覚寺ニ到著、其儀式行幸ノ如シ同五日、南帝三種神器ヲ禁中へ渡サル、煕成王ハ太上天皇ノ尊号ヲ蒙テ、後亀山院ト号ス、延元二年（一三三七）、後醍醐天皇吉野へ入給シヨリ此ニ至テ五十六年ニシテ、**南北**始テ一統ス、然レトモ、**南方**ノ餘類、少々猶吉野ノ奥ニ残ケルモアリトナン」とあるのみで「北朝」「南北朝」はみえない。鵞峰は読者対象の水準と幕府の儒者としての立場を考慮して、ぎりぎりのところで当時の標準的理解と妥協している。

寛文二年（一六六二）十月鵞峰は父羅山が編纂した『本朝編年録』完成の幕命をうけ、二年後酒井忠清の「編年録之事何緩緩也」「子之所作王代一覧、大綱既備」との催促に編集体制のバックアップを要請した。その後、「今官議決而称通鑑、則先父之志也」と主張し『本朝通鑑』と改題された。

十一月二十八日面会した水戸の徳川光圀が祝福につづいて「通鑑」という名のおもさにいいおよぶと鵞峰は「此非所望」といつわるが、「抑安徳西狩之後、正統猶在安徳乎、然平氏之所立、則以在洛帝為正統乎、後醍醐不伝位、高時立光厳、尊氏立光明、此等之所孰以為正統乎」ととわれ、「此是本朝之大事、然非〔無〕微意」としてまず羅山の『本朝編年録』の例をあげる。「先父曾於大友天武事又有所思、然上覧之書非無遠慮、故以大友不為帝、唯不準叛臣之例」というように「上覧の書」という遠慮がなければ『大日本史』の大友天皇をさきどりしたであろう。

さらに「亦馬子弑逆、厩戸不逃其罪、先父想可記厩戸弑天皇、其事見文集」とあるのは、『羅山林先生文集』巻二十六「蘇馬子弁」の「又」「林氏対曰、八耳弑天王、是春秋之法也、宣公四年夏六月乙酉鄭公子帰生弑其君夷、実公子宋為之而書帰生何也、左氏曰、権不足也、君子曰仁而不武無能達也、…」であるが、家康の命で法体をうけいれるなど儒者としては鬱屈したところがある羅山父子は権力をはばかり一家の持論を直筆しなかった。

以上をまえおきとして「然於上覧之書則不能如意、今於某亦然、曾私修治承以来百餘年之事、於安徳未萌之時、繋正統於此、分註記元暦年号」とし、『本朝通鑑』は吉野の後醍醐にも適用するが、隠岐の後醍醐を「先帝」とし、帰還後を「重祚」とするのは「然今所修、妄以当時帝王之祖為僭、以**南朝**為正、則書出之後、未知朝議以為奈何、是非公命則所何私議也」という理由で時期が完全にかさなる光厳を否定するわけにいかずダブル・スタンダードをもちいたのである。

南朝正統論は朱熹『資治通鑑綱目』を日本に適用したもので、友人の奥医師野間三竹ら「此度蓋倣朱文公綱目之例」を期待した知識人と幕閣など一般との落差はおおきかった[五八]。「若夫国老執政、如君侯知倭漢先例、則余亦可開口」。幕閣はともにかたるにたりないが、光圀の正統論にはこたえざるをえず、「今幸承此命、欲使七百年来之治乱興廃以著于後世、故聊記事実以倣通鑑之体、於筆誅謹言之事、則未能太快、然書成而如君侯之人見之、則或夫某所有微意乎」とむすぶと「参議莞爾」とある。

以上はあくまで鵞峰の観測であり、光圀が本来『本朝通鑑綱目』を編纂したかったとすれば双方の心理は微妙であるが、最後に「本朝史記」編修のため人見道設、小宅生順らが通鑑編修を随時見学することをこうた。水戸学後世はしばしば『本朝通鑑』を批判するが、小宮山楓軒『耆旧得分』は「人見卜幽（道設の養父）、…林羅山先生ノ門人ナリ、　威公召シテ禄四百石ヲ授けたまふ、是水戸ニテ儒者ノ始ナリ、…相尋テ辻了的召サル、…亦羅山門人也、…幕府諸家ノ系譜ヲ纂集ノトキト幽、了的共ニ編著ニアツカレリ、…林春斎本朝通鑑ヲ修セシトキ、ト幽既ニ衰晩ノ年ナリシカト日々国史館ニ至リ、其校読スル一字モ残リナクコレヲ聞リト、鵞峰集ニ見エタリ」と初期における水戸の儒者が林家におうた次第を客観的にしるしている。

「北朝」という戦略

四年後に完成した『本朝通鑑』凡例には「一、寿永元暦、東西有二帝、自暦応至明徳、**南北**両統、是本朝大変也、是亦非可妄決正偏、故聊寓微意於各篇耳」、『続本朝通鑑』巻第一百三十二「光明天皇三 南朝後村上天皇二」には「○按後醍醐帝延元元年潜幸吉野、自是**南朝南帝**之称、然後醍醐無譲位之儀、光明帝為尊氏被立、則終後醍醐之世、乃帝統之正、可在吉野、至後村上、則不可無都鄙之弁、況**北朝**帝運、伝至今日哉、故至此、**北朝**為正、附**南朝**於其間」と、後醍醐一代は正統としながら後村上以降は「都鄙之弁」によって「南朝」と付記する。

完全に同格ではないが、天皇を並記し南朝年号を付載するとともに「北朝」の語をもちいるのは画期的であり、「微意」が存するところであろう。南朝を「北朝」と同等にひきあげる、逆にいえば「北朝」と称して南朝と同格にするところからひそかに開始された南朝正統論への逆転が明治末年に至って完了し、いまだにその影響下にある。

新井白石が正徳二年（一七一二）徳川家宣に講じた『読史余論』は「一、本朝天下の大勢、九変して武家の世となり、武家の世また五変して当代に及ぶ総論の事」にはじまり、「八変 一、後醍醐復位の事」につづいて「九変 一、**南北**分立の事 その十二月に吉野へ奔り給ひき、これより吉野殿を**南朝**といひ、武家の共主を**北朝**と申せしなり、…後亀山院即位ましまし、在位十九年にて、**北朝**後小松院の明徳三年（一三九二）閏十月、**南北**御和睦にて、ありし世の如く持明院統と大覚寺統とかはるがはる御治世あるべしとて、南帝御入洛にて大覚寺殿に入らせ給ひ、三種の神器を北朝へ渡されき、南北分立五十六年」とするのも藤原惺窩―松永尺五―木下順庵の学説をつぐ朱子学流にすぎないが、近代史学と親和的で常識となったとおもわれる。

太平記が、さらに『増鏡』へのみかたをふくめて、依然として『難太平記』と林家、『太平記評判秘伝理尽抄』『参考太平記』の影響下にあるのは羅山、鵞峰父子の執念かもしれない。

一 佐倉由泰「『蒙窃』に始まる叙述―『太平記』試論」『軍記と語り物』二九、一九九三年三月、三二頁注（五）が「蒙窃」の典拠を指摘している。

二 一九三九年三月近衛文麿が第一次内閣の辞意をもらしはじめたころ、元老西園寺公望は「もう既に大体尊氏が天下をとつてゐるやうな時代だから、困つたもんだが…」「建武の中興の当時の関白には、『尊氏は剣なり。自分は璽なり』と言つて、…尊氏に迎合したやうな者もあつた」とかたったが、後者についてはみずから抹消したという。（原田熊雄『西園寺公と政局』第六巻二六二頁、岩波書店、一九五一年十一月）。『続本朝通鑑』をうけた『日本外史』の二条良基のこのときの記事で、これを機に良基は公賢にかわって貴族の中心的存在として活躍するが、西園寺もこのころから後継総理の推薦を内大臣にゆだねるようになる。なお、「関白」は近衛のあだ名であった。前年十月十八日平沼騏一郎に関して「尊氏なんかは大したものぢやあなかつたけれども、結局大したもんぢやあない者があんなことをするんだから、やつぱり気をつけなければいかん」、四〇年十月十四日には「やはり尊氏が勝つたね」とかたった（前掲書第六巻一一九頁、第八巻三六五頁）。

三 「至今四十餘年」が古本系などで「三十餘年」であることは従来成立年代の問題として論じられてきたが、むしろ北野通夜物語との対応関係をしめし、流布本は全巻巻頭には不適当としてあらためたのではなかろうか。

四 「民俗学と岩手④書かれざる歴史『民俗学』庶民生活の探究」『柳田国男全集』三二、筑摩書房、二〇〇四年七月、三八一頁。『岩手日報』新春清談として一九五三年元旦から一週間連載された。

五 山崎正和訳『太平記』河出書房新社、一九九〇年十一月、一一頁。他の訳注も同様であるが、現代語だけで独立しているので意味がもっとも明確である。現代語訳のための熟読により山崎の太平記に関する着眼点は非凡であるが、本文のように解することによって、より明確に意味づけられるのではなかろうか。そもそも六国史の廃絶以降、日記がその役割をはたすが、日次記はしばしば部類記に編纂しなおされ、通史といえば、『愚管抄』や『神皇正統記』のように幼学書である（前者については森新之介「慈円『愚管抄』幼学書説―その想定読者に着目して―」『日本思想史学』四七、二〇一五年九月参照。後者には周知のとおり「此記者、去延元四年〔一三三九〕秋、為示或童蒙、所馳老筆也」とある）。ここで検討する余裕はなく、これを歴史というカテゴリーにふくめてよいか疑問もあるが、みずからの歴史観を十分発展させる以前に中国の史書であってしまった日本にとって、線的ではなく、点と点を直結させることこそ納得のいく歴史であった可能性はないであろうか。一日一史、366 Daysといった書はイギリスにもあるようだが。

六　山崎正和「私生活者のための歴史―太平記の救済―」『山崎正和著作集』五、中央公論社、一九八一年十月、二二〇頁。

七　『荀子』不苟篇の「天地始者、今日是也」をふまえるとみられる『神皇正統記』応神天皇条のむすび「代くだれりとて自ら苟むべからず、天地の始は今日を始とする理なり、…」とはまったく異質である。このころまでに『荀子』をよんだのは藤原頼長と、かれにならった花園院くらいであろう。

八　浜崎志津子「太平記北野通夜物語の<因果観>考―当代批判との関わり」『軍記と語り物』二八、一九九二年三月。増田欣「太平記と史記　五作者の歴史認識の方法」『中世文芸比較論考』勉誠出版、二〇〇二年二月はこの問題にほとんど気づきながら近代的な歴史観にとらわれて「現実社会とは直接的な歴史的因果関係」（三七三頁）のみにこだわり「『太平記』の作者が『今』を認識するための鏡とした『古』は、所詮、『今』には繋がらぬ『異国』の『古』だったのである。従って、そこで追求されているのは政治史的・経済史的な発展推移の過程ではなくて、人の世の歴史における興廃盛衰の原理が、それも極めて道義的な因果の理として捉えられて行くことになる」（三七四―三七五頁）と否定的な評価におちいっている。

九　石井進「『太平記』を読む」『中世の村を歩く』朝日新聞社、二〇〇〇年三月、一五〇頁。

一〇　実際、阿野家は南朝で内大臣になり、後亀山にしたがって京都にかえったのち、室町中期には実治が権中納言になっている。

二一　『春秋左氏伝』哀公十一年夏「国子敗胥門巣、…甲首三千、以献于公、…公使大史固、帰国子之元」の注に「帰於

斉也、元首也」とあり、国子の首を斉に帰したという意味である。

一二　表現がちかい『平治物語』の流布本について、釜田喜三郎「流布本保元平治物語の成立」『語文』七、一九五二年十一月は太平記の影響があるというが、プロットそのものは諸本にみえる。したがって、『平治物語』↓太平記↓『平治物語』流布本という影響関係もありうるが、なお検討が必要であろう。同「流布本保元平治物語の成立を論じて太平記の成立に及ぶ」『国文学』一〇、関西大学国文学会、一九五三年は未見。

一三　「金餅」は月の比喩。「灎灎」は「艶艶」とするものもあるので、『詩人玉屑』の版による差や別の典拠によった可能性もあるが、玄恵識語のある五山本をもちいたとすれば、単に氵を省略したことになろう。

一四　時系列でしるせば、元暦二年（一一八五）三月平家滅亡、八月文治改元、十一月総追捕使補任となる。武家繁昌事は「従是武家始テ諸国ニ守護ヲ立、庄園ニ地頭ヲ置」とつづくが、『葉黄記』宝治元年（一二四七）二月廿八日条で葉室定嗣は改元定で「文治頼朝卿賜日本国地頭、世衰之始也云々、此事、尤不可然、治承以後者、元暦天下騒乱、頼朝討朝敵、預勲功之賞、強不可及後代之難歟」と文治守護地頭の否定的評価に反論したという。

一五　彌永信美「第六天魔王と中世日本の創造神話」（三）『弘前大学国史研究』一〇六、一九九九年三月、二二頁も「ことばの上では、…矛盾するが、実際のイメージとしてはほとんど同じことと言っていいだろう」とする。

一六　すでに、鈴木登美恵「『太平記』における歴史論—山伏雲景と天狗太郎房の問答」『中世文学』四二、一九九七年六月は、雲景未来記事が天狗太郎房の発言を羽黒山伏雲景が書留めたという「幾重にも複雑な状況設定がなされてゐる」ことへの注で「足利政権に対する批難を作者自身の論評の形で示すことは避ける必要があったと考へられる」と指摘しているが、雲景未来記にかぎらず、後半に一般化できよう。

一七　彌永前掲論文二四頁。

一八　神代紀上一書の注に「清地、此云素鵝」（よみは「すが」、『古事記』では「須賀」）とある素戔嗚尊による和歌発祥の地は「玄象」「紫鸞」（色 - 鳥獣）との対句でこの字をもちいる。下記の引用で「盛乱之世」は『後愚昧記』三月二十九日条の「盛礼之世」が「礼」という字体も『毛詩正義』にみえ適当であろう。乱＝治と解しうるので、この一字の改変に皮肉をこめたとはかんがえにくい。九条流の三摂家のみならず、鎌倉将軍の父、四条天皇の外祖父であった道家は、良基にとって目標であったようで、太平記が吉野殿与相公羽林御和睦事で先例がないと批判されている北畠親房にならい永和二年（一三七六）、道家のころからたえていた准三后につく。

一九 資名は資朝、賢俊の兄。女名子は西園寺公宗の妻で『竹むきが記』の記主。孫女業子が義満の室となって以降、足利氏の外戚となる。三河守友俊は資名の従弟で、日野別当僧都頼宣の子（『地下家伝』十八、藤原氏　称号松波）。

二〇 以下、「一夜御逗留、一事以上北室之沙汰、次日〈二日〉中食以後、西寺御入堂、朝程ハ東寺御巡礼之後、中門ヨリ直ニ御還向畢、寺中ハ御歩行也」とある。

二一 「目出」の用例は二〇。①巻第十三浦大多和合戦意見事「懸ル目出度事こそなけれとて、驚者一人モナシ、只兎ニモ角ニモ、運命ノ尽ヌル程コソ浅猿ケレ」②巻第十二大内裏造営事付聖廟事「目出カリシニ、無幾程、又安元二年ニ日吉山王ノ依御祟、大内ノ諸寮一宇モ不残焼ニシ後ハ、国ノ力衰テ」③巻第十六船坂合戦事「合戦ノ様ヲ委ク新田殿へ申入候也ト答ケレバ、…目出候ト感ジテ、道ヲ開テゾ通シケル」は欺瞞、④巻第十八瓜生挙旗事「一引両ト大中黒ト、…吉凶ヲ云者、大中黒程目出キ文ハ非ジト覚ユ」その後の歴史は逆⑤越前軍幷金崎後攻事「是程目出キ砌ニテ候ニ、…春宮ヲ始進セテ、当家ノ人々金崎ノ城ニ被取籠御座アレバ」⑥⑦春宮還御事付一宮御息所事「天下悉公家一統ノ御世ト成テ目出カリシカ共、一宮ハ唯御息所ノ今世ニ坐サヌ事ヲ歎思食ケル処ニ」「目出キタメシニ思食タリシニ、楽尽テ悲ミ来ル人間ノ習ナレバ、…」⑧⑨⑩義貞夢想事付諸葛孔明事「目出キ御夢ナリトゾ合セケル、爰ニ斉藤七郎入道々献、…是全ク目出キ御夢ニアラズ、則天ノ凶ヲ告ルニテ有ベシ」「目出キ御夢ナリト合ラレツレ共、道献ハ強ニ甘心セズト眉ヲヒソメテ云ケレバ、諸人ゲニモト思ヘル気色ナレドモ、心ニイミ言バニ憚テ、凶トスル人ナカリケリ」⑪巻第二十七雲景未来記事「目出カリシニ、…後醍醐院武家ヲ亡シ給フニ依テ、弥王道衰テ公家悉廃レタリ」⑫左馬頭義詮上洛事⑬大嘗会事⑱巻第三十四宰相中将賜将軍宣旨事は観応の擾乱を予感させる、⑭⑮巻第二十九光明寺合戦事付師直怪異事「目出シト感ジケル声、暫シハ静リモ得ザリケリ、…旁以不吉ナル歌ト、忌々シクハ思ヒケレ共、目出キ歌共ニテコソ候ヘトゾ会釈シケレ」⑯将軍御兄弟和睦事付天狗勢汰事「如此目出度事ノミアル中ニ、高倉殿最愛ノ一子…俄ニ失給ヒケレバ」⑰巻第三十一笛吹峠軍事「是ハ将軍ノ御内ノ者ニテ候ガ、…開テ通サレ候ヘト、高ラカニ呼テ、気色バウテ打通レバ、目出タウ候ト感ズル人ノミ有テ、思トガムル人モナシ」も欺瞞、⑲巻第四十中殿御会事は本文にふれた、⑳細河右馬頭自西国上洛事。⑪⑫⑬はいわゆる古態本にみえず、増補かもしれない。⑬は滅亡を象徴する詩句をもちいてきわめて興味ぶかく、⑪の雲景未来記とともに増補でも太平記のイロニーがますます誇張された例である。

二二 和田英松『国史国文之研究』雄山閣、一九二六年二月、四〇四―四〇六頁と平田俊春『吉野時代の研究』三一書房、

一九四三年三月、六六六頁では体裁、字句に若干の相違はあるが、「本云此一通、言渉怪誕、不足信受、為然而書写之者也、洞院前大納言公定卿所為歟之由、所推者也、則以彼本書了、　至徳四年（一三八七）後五月廿八日　判　〈隆郷判〉」という本奥書のあとに「于時応仁元年（一四六七）七月晦日、以四条中納言隆量卿本写之」との奥書がある。隆量は隆郷の曾孫。「一人王九十六代時、東夷滅畢、三ヶ年後年号上文字置建字云々、取詮」は後段によれば後醍醐となるが、前段によれば光厳との解釈も可能ではなかろうか。なお、「永和五年康永元也」は「康暦元也」のあやまりである。

二三　一八九二年（明治二十五）七月陸羯南の「武臣干政論」は辞表を提出して松方内閣をたおした陸海軍大臣らを批判するが、「往昔文武混政の世に在りては、武臣の干政固より其の本色にして毫も怪むべきなし。…今や文武互に分かれて相ひ干与せざること、政法の認むる所、武臣の干政只だ其の貪濫の慾を充すに止まりて、毫も之れに引決の責を負はしめず。是れ其の大弊たる所以なり」（『陸羯南全集』第三巻、みすず書房、一九六九年九月、五七四頁）とあるから、太平記をふまえつつ、原義の文臣／武臣にもどっている。この論の政治史的背景はつづく「時事月旦」にかたられており、同題の続編が『大日本』に掲載された（同書七二六―七二七頁）。また、丸山真男「陸羯南―人と思想」『丸山真男集』第三巻、岩波書店、一九九五年九月、一〇一頁参照。

二四　木山英雄は駒田信二『対の思想』の書評（『言語文化』八、一九七一年十一月）で、「水滸の宋江、三国演義の劉備、西遊記の三蔵などのような『無能な』『でくのぼう』が主人公たちの上に君臨している図について」、駒田とは別の「無辺の仏法にせよ、また揺るがぬ君権にせよ、小説の底部では、英雄豪傑の脅威を相対化する絶対の枠として、いわば下からも求められているふしがある」「劉備の嫌味な精神性も、英雄豪傑の肉体的な行動が歴史という全体に関わるための手づるが、正統論という時代的な形をまとったことと切離せない」といった解を提示している（一一九―一二〇頁）。太平記に中国の章回小説や宋朝の正統論の直接的な影響はなく、『三国演義』より『三国志』にちかいであろうが、構造的な問題は共通しているかもしれない。

二五　「同年十月三日改元有テ、延元ニウツル、其十一月五日ノ除目ニ、足利宰相尊氏卿、上首十一人ヲ超テ、位正三位ニ昇リ、官大納言ニ遷テ、征夷将軍ノ武将ニ備リ給フ」とある。後醍醐は建武三年（一三三六）二月二十九日延元と改元したが、九州にあった尊氏は建武をつかいつづけ、十一月廿五日従二位のまま権大納言となるが、実際の征夷大将軍補任は二年後の八月十一日で、『平家物語』征夷将軍院宣とともに史実よりはやいことは「関東」の項でふれた。

同時代人が敏感な「上首十一人」超越のみは正確である。
二六　田中義成『足利時代史』第五章「義満の今川了俊に対する処分」明治書院、一九二三年四月、三三頁。和田琢磨「今川了俊と『太平記』」（『「太平記」国際研究集会編『「太平記」をとらえる』第三巻、笠間書院、二〇一六年十月）九九、一〇〇頁が「了俊は『太平記』を必ずしも精読していたわけではない」とするのは首肯できる。そして「室町幕府政権内で失脚したことをきっかけとして、了俊が『太平記』に利用価値を見出すようになったという推定」は、「述懐の書」がかかれることはなく、かかれれば『難太平記』とよばれるような内容にはならなかったことを意味する。
二七　『後愚昧記』三（大日本古記録）『兼敦朝臣記』（『歴代残闕日記』第十五巻）各永徳三年六月廿六日条、同廿八日中原師香書状（『後愚昧記』四、六〇—六一頁）。大内記粟田口長方が不参の場合の代替案まで考慮していた。
二八　この書をはじめて校訂刊行（『史料纂集』二〇一一年三月、二〇一六年十二月）した小川剛生に「迎陽記の改元記事について」（水上雅晴編『年号と東アジア—改元の思想と文化』八木書店、二〇一九年四月）があり、同書は他にも中世関係の個別研究をふくむ。
なお、小川『足利義満』中公新書、二〇一二年八月、一一八頁は「明の年号『洪武』に倣って、『洪徳』という号を提出させ、公卿の反対に遭って断念したことは、著名なエピソードである」と常識としてすませているが、「公卿の反対」の実態はどうか、カギになるのは義満の姻族である日野一門の反応である。以下具体的に検討してみよう。
二九　臼井和樹「図書寮蔵『迎陽記』諸本解題」『書陵部紀要』六七、二〇一六年三月、三六頁表2によれば、秀長は永和五年（一三七九）から至徳二年（一三八五）にかけて日野一党の亡父の諷誦文すら一手に代作している。
三〇　佐藤進一「時宜（一）」（網野善彦他編『ことばの文化史』中世一、平凡社、一九八八年十一月）、同「時宜」（『日本史大事典』三、平凡社、一九九三年五月）。
三一　義満が「洪武」にあやかる理由を「大明洪武廿餘年也、尤珍重」とのべた。あまりに空想がすぎるが、重光はそれならば水難のある「洪」字をもちいずとも「応永」（まさに永かるべし）がそのものズバリであり、自分は欠席するから、仗儀に判断をゆだねようと提案したのかもしれない。これはおとした秀長へのトラップとなる。資教は最低限の義理をはたし、一門の沈黙は中立と称しうる。なお、国際日本文化センターのウェブ上の応永永享期文化論研究会レポート②、二〇一九年十月によると、臼井和樹の報告「元号『応永』考」は「13.～15.世紀の元号案に見られる漢籍の分析より解き起こし、応永改元定の経緯を詳細に論じ…明が採用した『一世一元の制』の影響で、『応永』が３０年以上の長きにわたり続いた可能性を指摘した」という。「年号『応永』考」が芳沢元編『室町文化の座標軸―遣明船時代の列島と文事』勉誠出版、二〇二一年十月に収録されたが、未見。

三二 たとえば、『朝鮮王朝実録』憲宗実録には「〇碑文、憲宗経文緯武明仁哲孝大王、崇禎紀元後二百年丁亥七月十八日誕生」とある。

三三 小川前掲論文は『寛永』号は、洞院公定との談合、あるいはその教示のもとでなされた可能性が生ずる」（六〇―六一頁）ことから「字義や本文解釈の探求…は仕儀に参仕する公卿の側に高く、勘者の側にはむしろ低いと言える」（六四―六五頁）と結論している。これは摂関期には儒者の公卿がまれで分業が生じており、藤原頼長をはじめてして有意の公卿が仗儀で識見をきそいあうため宋元本に新知見をもとめたのに対し、家学に伝受に拘束される儒者は消極的で経済的にも不利であったためではなかろうか。

三四 水上雅晴「難陳」（水上編前掲書）五二九―五三〇頁は『新字』、すなわちこれまで年号に使われたことがない文字」とし、「久字善悪相交候、恒字珍ク候、被用新字者、撰無殊難之字可宜候歟」を「年号案『恒久』の『恒』が『新字』であり、新字を使う場合は取り立てて問題がない文字を選んで使うべきことが説かれている」と解しているが、「これまで年号に使われたことがない文字」である「恒」でなく、「新字」に「善悪相交候」「久」字をえらんだことが問題だというのである。たとえば、応永度（一三九四）東坊城秀長がえらんだ新字、日野重光の「**慶応**」、資俊の「**弘応**」、資衡の「**弘化**」は、いずれも二字とも**慶**雲（七〇四）**応**和（九六一）「**弘**仁」（八一〇）大**化**（六四五）などにもちいられたことのある字のくみあわせである。

三五 のちにひく『経光卿改元定記 寛元宝治建長』寛元五年（一二四三）二月廿七日条のほか、『岡屋関白記』『葉黄記』建長元年（一二四九）三月十八日条に改元定以前に参院し摂政、内府以下が御前で年号沙汰があったことがかたられている。

三六 『明月記』嘉禄元年（一二二五）四月十五日条。「モトノヒト」が後鳥羽らを連想させるのであろう。

三七 『太田晶二郎著作集』第一冊「漢籍の『施行』」、吉川弘文館、一九九一年八月。引用中の「文」に（フミ）とルビを付している。なお、『姉言記』は原拠の書名をしるさない『続群書類従』巻第二百八十二「改元部類」によって校訂したので、太田の注九とはことなるが、いずれも「張敦」は「張祚」であるなど誤写がすくなくない。通親はじめて出席した養和（一一八一）の改元定で、自分のあげた「応暦」を「異朝」「偽位」の年号と難じられたので、今回はひとり「応暦」について「前々有難、契丹之年号也、件王不快也」と難陳しているが、久寿度（一一五四）藤原朝隆の「応暦者、契丹主耶律明之年号也」、左大臣頼長の「偽朝事尤可禁忌、凡云初云終可有其憚歟」にはじまり、平治（一一五九）、永万（一一六五）、養和、元暦と勘申されたから、『姉言記』では「度々事旧了、…不可及沙汰」と発言そのものを無視されており、橋本義彦『源通親』吉川弘文館、一九九二年十月、五八頁の「通親は、…諸卿の難陳をリードしている感さえある」は過褒であろう。

三八『続群書類従』巻第二百八十七「元暦改元定記」九槐記（右大将良通記）。橋本前掲書はこれによって『太平御覧』によると偽位の年号であるというが、一年も通用しなかったもので、年号というほどのものではなく、特に難はないとしてこの号を推し」と記述している。「不似普通之年号」の「普通」はあまねく通用するという文字どおりの意味であろう。「経房卿云、件条不及難」以下諸卿の難陳も具体的につづくが、割愛した。『太平御覧』巻百二十四偏覇部八、前涼張祚に「崔鴻十六国春秋前涼録曰」「僭即王位于謙光殿、大赦、改年為和平」とあるが、翌年廃主、旧年号を復する檄が飛び反乱軍が突入して殺され「以庶人礼葬之」というから王位を否定された。「未被施行」は反乱軍がもちいない新年号についていうのであろうが、「元暦」ではなく「和平」であり、理解にくるしむ。あるいは「張敦素建元暦二巻」（『新唐書』芸文志など）と混同したのであろうか。いずれにしても中国に「元暦」という年号はみあたらない。

三九　後伏見妃で花園の准母である広義門院の祖父西園寺実兼の六七日追福の願文で、家高は花園がその死をおしんだ菅原在兼の孫で、花園、後醍醐の侍読、文章博士、大学頭を歴任した。

四〇　臼井和樹「『西襦鈔』なる改元部類」『書陵部紀要』七一、二〇二〇年三月、二九頁は「改元には時代によっても異なるけれども様々な作法があり、…特にその変動が大きかったのが鎌倉～室町期だろう。この時代『未施行』（博士家が加点していない）の書物を避けるという傾向が薄まってきたのか、例えば柳原忠光は延文改元に際し、」としてこのエピソードを紹介し、さらに『迎陽記』『荒暦』によりきびしく批判している。カッコ内の「未施行」の定義は太田のいう「未師行」（『博士家の師承・師説の有る』といふことらしく、それならばそう珍しいことでもなく）（太田前掲論文二七五頁）に相当し、花山院師継の用法に対する私見にちかかろう。しかし、森本角蔵『日本年号大観』一九三三年七月、目黒書店、一一三―一一五頁の年号引文典籍新出の時代分布表を一見するだけでも平安、鎌倉、室町と時代がくだるにつれて「未施行」とされるような新典籍の数がへる傾向は明白で、たとえば、『孟子』も天暦度（九四七）後江相公とあおがれる大江朝綱の勘文の典拠とされている。

四一 高嗣の推測どおり、前者は人事部八十八品藻下に「魏文帝典論曰」として、後者は皇王部二十一世祖武皇帝に「唐太宗武帝紀論曰」としてみえるが、続紀の章でふれたように『晋書』の太宗の制にほかならない。ただし、平安末期の『太平御覧』の普及度からみて、『修文殿御覧』によった可能性がたかいのではなかろうか。

四二 実光、俊経は有国流、永範、光範親子は南家の儒者で平安末から鎌倉初期にいずれも儒職を歴任し公卿にのぼっている。かれらは太田のいう「れつきとした朝臣」であろうし、かれらが年号を「『未施行』の書」からえらんだことは「公事に無効である」という太田説への反証となりえよう。

四三 道嗣からの返報の行間にかかれた第二信を参照すると、「承元」は「安元」のあやまりである。「延文」の「文」を下におくのは不適当とする難に対して、「永」や「安」は下においた例があると反論しているのである。この第一信を『史料纂集』の標出は「近衛道嗣書状」とするが、これは「嘉慶」の引文を道嗣に質した公賢の書状である。それに対して「嘉慶引文只今引出候、毛詩載蔓篇箋詞候けり」にはじまる道嗣の返報があり、ただちに行間に第二信がかかれたのである。「蔓」は「芰」のあやまり。また、『大日本史料』第六編之二十は「嘉慶事、昨日尋申亜相候き」の「亜」に「宰歟」と傍注するが、息子の権大納言洞院実夏にきいたのであろう。翌日改元定について報告する三条実継の書状は「延文・々安群議不一決、奏聞之間、可為延文之由被仰了、いかにも御執奏故と存候」と図星をさしている。「延文」と「文安」では天皇は公賢の意見をきいて当然「延文」をえらぶ。こうして公賢は儒者からみせられる勘文への合点によって勘申される年号をセレクトし、上卿を通じて仗議をリードしえたから上奏する年号に意中の候補をいれ、職事を通じて天皇に自分の意思をつたえたから、不適とするものを排除し適当とするものをえらぶことができたのである。

四四 忠光自身が第一信で「延文先々いかなる難候つらん」としるしたのは、「延元」の近例が不快で「文」を下にもちいる例がないといった難陳（久我通相）を予想したものであろうが、公賢は「無巨難思候、…只在上字居下、…例吉凶歟、…」と問題にしていない。延文三年（一三五八）尊氏が死に、結果的に凶例となる。

四五 高田宗平「年号勘文から見た日本中世における類書利用—『修文殿御覧』をめぐって—」（水上編前掲書）九九頁が指摘している。

四六 『経光卿改元定記 寛元宝治建長』寛元五年二月廿七日条に「改元字事昨日於仙洞聊評議、前内府（定通）一人祇候歟、経範朝臣撰申代字、宝治云々、…経範朝臣日来所付之勘文今朝又相替云々、是宝治書入之故歟、昨日且仙洞評

定時、彼朝臣依召祇候云々」とある。ただし、宝治の典拠「春秋繁露曰、…」がみえるのは『芸文類聚』人部四賢である。

四七 『冬定卿記』はつづけて「或人云、御覧雖載之、本所真宝不見、此号尤可難云々」という。菅原在輔も「唐書」を典拠に「元応」を勘進しているが、引文は不明。なお、建長度（一二四九）藤原経範、正応（一二八八）永仁度（一二九三）茂範の「嘉暦　唐書曰、四序嘉辰、歴代増置」は『旧唐書』徳宗紀下であるが『太平御覧』にもみえ、徳治度（一三〇六）延慶度（一三〇八）藤原淳範の「建文　唐書曰、建文武大臣一人、…」は宋の『新唐書』陸贄伝である。

四八 笠松宏至『法と言葉の中世史』平凡社ライブラリー、一九九三年十二月、二〇四頁に「先例・傍例の語が、あまりにもしばしば使用されているために、これらを全く無内容なきまり文句、修飾語にすぎないと一概にきめつけてしまうのは、それを鵜呑みにしてありがたがるのと同様の誤りをおかすことになります」とある。珠玉の短編を本文のように要約するのはしのびないので、是非原文につかれたい。

四九 伊藤敬「伏見宮貞成—北朝和歌終焉考—」『室町時代和歌史論』新典社、二〇〇五年十一月、八八、九七—一〇六頁。以下、『菊葉集』に関しては同論文による。

五〇 三浦周行「足利時代に於ける上流武士の公私生活」「大館持房行状」『日本史の研究』新輯三、岩波書店、一九八二年三月。和田琢磨「『大館持房行状』に見る五山僧の『太平記』受容」『季刊悠久』一五一号、二〇一七年十一月は未見。

五一 田中義成『南北朝時代史』明治書院、一九二三年、四頁。

五二 応仁の乱後ともなると、寿桂月舟『幻雲稿』「茂叔和尚住建仁山門〈明応八年（一四九九）己未五月廿六日入寺、…〉　南朝称兄、北朝称弟、　待四海一家之時、　西方言仏、東方言仙、　感大道夕陽之日」となると、ほとんど具体性をもたないようにおもわれる。

五三 経済雑誌社版国史大系『続史愚抄』の巻頭に当主義光の「此一篇者、紀光享父光綱之遺訓、録本書纂修之原由、所伝於子孫也、今寘于巻首以為序」という一行を付して掲載された。以下の引用で「勅」は闕字としたが、平出である。なお、義光は白蓮の異母兄。

五四 平井誠二「近世公家の学問」（大倉精神文化研究所編『近世文化の諸相』大倉山夏季公開講座Ⅰ、一九九二年八月）。

五五　松沢克行、荒木裕行「大日本近世史料　広橋兼胤公武御用日記十」（『東京大学史料編纂所報』第46号、二〇一〇年度）。
五六　時代はくだるが、作家円地文子は父上田万年の紹介で岡田正之から漢文の個人教授をうけた。その自伝的小説『朱を奪うもの』（初出『文芸』一九五五年八月号）の主人公が子宮をうしなって連想したのは司馬遷が「史記」をかいたことであったとするのは、そうした推測がかならずしも「奇矯」ではない傍証となろう。
五七　松方冬子「ティツィングと日本の書物」など、横山伊徳編『オランダ商館長の日本—ティツィング往復書翰集—』吉川弘文館、二〇〇五年五月参照。
五八　野間三竹については伊藤善隆「野間三竹年譜稿」『湘北紀要』二九、二〇〇八年三月参照。

V　近代の幕府

鷗外の漢詩

征程不礙一身閑　**幕府**名流日往還　戦跡収来詩巻裏　羈愁消得酒杯間　…

軍医として日清戦争に従軍した森鷗外が野口寧斎の「寄懐森鷗外在台湾総督府」に次韻した詩の前半で、陣中の鷗外の詩のほとんどがこうした贈答のたぐいであり、漢詩が知識層のコミュニケーションの手段であったことがうかがえる。「幕府」が寧斎のいうように台湾総督府をさすのは、あらたに獲得した領土におかれ、北白川宮ひきいる近衛師団がなお南進中であるという意味で、漢代の用法の延長上にあるといえようが、そのまえに近世以来の幕府の用法をみておこう。

儒者の「幕府」

大徳寺住持玉仲宗琇の「泰岳諱紹安小早川右衛門尉」の「去歳之己亥夏秋之交、関白秀吉公、移台旆於九州、…抗敵者征伐而均也、頗隆景戮之也、依此之忠賞、以筑前後州、被領知乎**幕府**矣」の「幕府」は九州遠征中の秀吉の軍営で、「幕府」の本来の用法といえるが、五山からでた藤原惺窩は慶長十年（一六〇五）以降、林道春（羅山）にあてた手紙の「一件**幕府**曾無厳責之意」「奉待**幕府**于伏見」「執謁于**幕府**」いずれも家康、元和三年（一六一七）那波道円への手紙の「頃聞朝鮮国使来、其人品如何哉、道春兄弟侍**幕府**于伏見城」は秀忠と、征夷大将軍をさす。こうして羅山や松永尺五ら弟子たちからひろまる。また、山崎闇斎の「佐原義連碑」の「夏召北条三男於**幕府**」は

『吾妻鏡』によくみられる将軍の居処であるが、「土津霊神行状」に「慶安辛卯之夏　公薨、家綱公猶幼、霊神受委寄而輔佐之、国家大政必与決之、　**幕府**寵異之」とある土津霊神は保科正之、公は徳川家光、幕府は家綱である[二]。

[三]こうした朱子学派に対し、伊藤東涯『紹述先生文集』巻之二十五「芸府谷崎中斎翁、告老卜築其府東南肱山之下、扁曰洗心亭、因同僚堀君、見徴鄙詩、仍賦一律、以寓遐想之情云　**幕府**多年帰去来、洗心亭上且徘徊、…」の「幕府」は広島藩浅野氏にもちい[四]、応仁の乱以降の五山文学にみられた用法をうけついでいる。

大坂へ蝦夷地へ

徂徠門下の高野蘭亭「今治侯奉　命戍浪華、遣使上老侯七十寿」の「授鉞深衛漢主恩、**幕府**称觴遥上寿」は宝暦五年（一七五五）大坂加番の任にあった松平定郷が養父定基の七十の賀を祝したことをうたい、「漢主」は将軍、「幕府」は定郷をさす。また、「奉烏山侯戍衛浪華城」の「使君安在浪華城、**幕府**先分第一営」、「奉送泉侯戍衛浪華」の「使君持玉節、五馬躍秋風、地接中原近、城臨大阪雄、軍営留上将、**幕府**護群公、…」は、それぞれ享保十五年（一七三〇）烏山藩主大久保忠胤、延享四年（一七四七）七月泉藩主本多忠如が大坂加番として赴任することをよみ、前者の「第一営」は山里加番、後者の「上将」は大坂城代、「諸公」は二人の定番、四人の加番をさす。

駿府の山梨稲川の「送人従軍之蝦夷　新命諸侯鎮北荒、往年驕虜頗猖狂、従軍豈啻張威武、宣化還応**懐遠方**、**重訳導**山歴**夷落**、左言迎路奉壺觴、知君**幕府**才殊絶、倚馬時裁露布章」は[五]、文化四年（一八〇七）幕府が奥羽諸藩に出兵させ、若年寄堀田正敦ら総勢五百人あまりを派遣した際の作とすれば、正敦か。蘭亭や稲川は玉仲の軍陣につながる。

徂徠や太宰春台は「朝廷」「東宮」を将軍、世子にもちいているが[六]、寛政三年（一七九三）内裏造営で光格天皇から漢詩をおくられた将軍家斉が松平定信を賞し、翌年八月定信が幕府儒官柴野栗山に書かせた「宸翰御製記」は二字擡頭、一字擡頭、平出、闕字により雛壇にならぶように天皇、将軍、定信の朱子学的階層秩序を視覚的にあきらかにするが、「幕府」は「親臨」とともに闕字であるから、居処をさすようである。

帝大喜
親書
御製詩以寵光　**幕府**既数月
大君　親臨
宸翰一通以賜
公曰致此非常之寵者皆以卿総督有力故已

栗山は十一月神武天皇陵での詩に「陪臣無位柴邦彦謹書」としるすが、翌年の定信自撰自書は「幕府」を「大君」と同等にあつかい、「天子」もふくめてすべて平出でしるし意識のちがいをしめしている[七]。ちなみに蘭亭、稲川、栗山はいずれも武士出身ではない。

バクという隠語

天保十三年（一八四二）九月二十九日水戸の徳川斉昭が宇和島の伊達宗城にあてた書翰に「**幕府**文武之御世話は勿論、沿海ニ不限、武備…」、翌年九月二十九日「扨又、　**幕府**御新政追々承り申候」となると、現在の幕府の語義にちかづく。斉昭は幕府にさきがけて藩政改革を断行し、改革派のリーダー的存在であったが、その急進性ゆえ弘化元年（一八四四）隠居を命じた幕府は多分に批判の対象となる。嘉永元年（一八四八）八月八、九日、十一月五日の宗城書翰には「**バク**之方御模様」「**バク**在勤有志之面々」「**バク**当時之御様子」「最早**幕**にても」といった略記がみられ、翌年四月二十日の斉昭書翰に「寒ハ　**ハク**ニ手廻り居、天ニても寒を信られ候故」と水戸藩内反斉昭派の「寒」＝奸と同様、隠語的ニュアンスがある。ただし嘉永六年（一八五三）とみられる島津斉彬あての書翰にも平出で敬意を表しつつ「幕府」をもちいているから[八]、のちに一橋派となる諸侯のあいだに政治語彙としての「幕府」がひろまっていったのであろう。

アーネスト・サトウの証言

さらに時代がくだると、イギリスの外交官アーネスト・サトウの『一外交官の見た明治維新』は一八六三年九月下関の記述で「一般の人々はみな、外国人追放の命令を下したのは大君 Tycoon であると確信していた。私は市場で、一人の男が、『**幕府** ***Bakufu*** は二股政策をやっている』と言ったのを耳にした。**幕府**とは事実大君の政府をさす、当時の最も普通な呼称であった」とするが、一八六七年一月鹿児島、宇和島訪問にさきだつ記述では「すでに前述したように、大君というのは、条約において世俗の主権者を指した称号であったが、日本人は大君という言葉を決して用いてはいなかった。征夷大将軍 Sei-i-tai Shôgun、すなわち『夷狄を征服する大元帥』が公式の名称であったのだが、閣老たちは慎重にも外国代表との公式の往復文書にこの名称を使用せず、また一般人民もこれを公方様 *Kubô sama* とよんでいたのである。ところで、『反対派』の大名たちは**幕府** ***Baku-fu*** という言葉を用いていたのだが、これは厳密には『ミリタリ・エスタブリッシュメント』（軍政部）と翻訳すべきものであろう。私が友人たちとの会話に用いたのは、この言葉であった。これと同じ具合に日本の東部において大君の閣老会議を呼ぶ敬称である御老中 *Gorôjiû*（高貴な老人たち）に対しては、閣老 *Kaku-rō*（老人たち）という言葉をもって替えた。反対派の人々は、自分たちの顚覆しようとする政府が、いかなる尊称をもって呼ばれることをも承知しなかったのである」、十月長崎の小宴の記述では「すでに酔いのまわっていたナガタは声を大にして、『京都を攻撃してはならん。**幕府 *Baku-fu*** を倒せ』とどなった。幕府とは、大君の反対者が大君の政府を呼びならわしていた言葉で、『軍事的権力』を意味する。この言葉からして、久留米の人々は日本の西部に明らかにみなぎっている感情に共鳴していたように見受けられた」とする[九]。多少矛盾もあるが、サトウのつきあった討幕派のなかでは「当時の最も普通な呼称であった」といえるであろう。

この回想録は一九二一年に出版されたものとはいえ、「序文」にいうとおり日記にもとづいており[一〇]、たとえば、下関については「A man behind me in the market said "**Bakufu**wa riôhô yatteiru」とローマ字表記で日本語の「幕府は両方やっている」が挿入され、他の二例では英語のなかに bakufu という語をもちいている。サトウはイギリス人ではじめてオランダ語をへず直接日本で日本語をまなんだ通訳であったから、ことばにきわめて敏感であり、日本人なら習慣的に文章語化してしまうところを表音文字で表記しているから、単語についても史料的価値がたかい。おそらく、西洋人がはじめて bakufu という語をかきとめたものであろう[一一]。

ヘボンと大槻文彦

一八六七年（慶応三）のヘボン『和英語林集成』にみえないのはまだ常用語として認識していなかったからであろうが、一八七二年（明治五）再版以後、「The Shōgun, or Taikun's government.」という記述があり、政府と定義する点で、前代をひきずる「将軍家」とはことなる。

近年の翻訳はよみやすさを重視して、西洋人がみた日本の制度について japanese government でであろうが、tycoon's government であろうが、shogun's government、shogunate はたまた bakufu であろうが、すべて「幕府」と訳す傾向があるが、当時の外国人がどのようにとらえていたかが等閑視されて、日本人が気づかなかった点に対する異化効果がうしなわれてしまう。

この時期に幼年時代をすごした大槻文彦はユニークな歴史教科書『校正日本小史』巻之下の「攘夷開国ノ論并ビ起ル」の章で、徳川氏がペリー来航に際し、世に意見をもとめたことにより、国中上下が和親開戦の利害を論じ、政事を批議するようになって、徳川氏の威令がおとろえはじめたとかたったあと、「又、此頃、漢学士書生ノ輩、文ヲ作ルニ、将軍公方ノ政府ヲ**幕府**ト称シ、大名ヲ諸侯又ハ諸藩ト称シテ、遂ニ普通ノ称トナル」としるしている[二二]。下線部はまさに平安以来の紀伝語を意味している。

大槻文彦の父磐渓は著名な蘭学者玄沢の子であるが、自身は儒者として仙台藩につかえ、天保四年（一八三三）七月「青地林宗翁墓銘」の「文政五年、奉**幕府**之命、訳鄂羅斯人遭阨紀事」としるしている。吉田松陰も『東北旅日記』嘉永四年（一八五一）十二月十五日条の「即ち小金原にして、**幕府**の操場なり」以下常用しており、ペリー来航以前でも、松平定信と同様、漢学をまなんだものにはめずらしくなかった。従来はばかられた議論に「公儀」や「公辺」ではなく、価値自由的なこの語の露出がふえ、一躍流行語のようになった。あらためて議論するときの、あらたまった語が「幕府」だったのであろう。

磐渓はペリー来航のニュースをきくやただちに浦賀にいって船をやとい佐久間象山らをくやしがらせたような人物で、教育は放任主義であったという。文彦はペリー来航当時七歳にすぎなかったが、幼少から兄の修二とともに門生にまじって父磐渓の授業を聴聞しており、磐渓と交際した当代一流の知識人や門生たちの議論が強烈な印象をのこしたのであろう。

文彦が独力で稿を完成した『言海』はヘボンの『和英語林集成』を参考にしたが、第四冊（明治二十四年）に「ばく-ふ（名）〔幕府〕将軍之職、在征行、一所在止以二帳幕一為レ治」（一）将軍ノ居所ノ称。（二）将軍公方ノ政令ヲ発スル所。武家ノ政府。（朝廷ニ対ス）」とあるのみで、上記のような語史はしるされていない。右側の二重線は「和漢通用字」をしめし、上記のように「幕府」が中国、日本でそれぞれにもちいられたことをうらづける。読者の関心がなくなったせいもあろうが、現在の辞書にはみられない工夫である。

太政官日誌とアンチョコ

慶応三年十二月九日（一八六八年一月三日）王政復古の大号令の「自今摂関**幕府**等廃絶」により、幕府は廃止されるときにはじめて公式の呼称となった。摂関とならんでいることから征夷大将軍をさすとかんがえられなくもないが、意味するところはおなじであろう。

　翌年二月田辺太一の提案で創刊された『太政官日誌』第一に「外国御応接之儀者…一時**幕府**之失措とハ乍レ申…不レ被レ為レ得レ止於二**幕府**一相定置候条約を以御和親御取結に相定候…其節者**幕府**江御委任之儀ニ付諸事交際之儀於二**幕府**一取扱来り候…　二月十七日　太政官代　三職」などと散見する「幕府」の語は以後も戊辰戦争とその戦後処理にともなって登場する。『太政官日誌』は一八七六年（明治九）十二月まで京都の村上勘兵衛、東京の須原屋茂兵衛などの書肆から一一七七冊発行され、「政府の布達がその日その日に判るといふので、非常に珍しがられてよく飛ぶように売れ」たという（一三）。

　初出を中心にかなりルビがおおいが、みなれない語が濫用されたから、『新令字解』（慶応四年六月）『布令字弁』（明治元年十一月）など、まちがいもすくなくない用語のアンチョコがこれまたよくうれたという。前者には「幕府《シャウグンケ》」、後者の初篇には「幕府《シャウグンケノコト》」、『内外新聞画引』には「旧幕府徳川家ノ事」などとあるから[一四]、当時は説明を要する語であったことをしめす。ほかに「幕吏」「幕臭」などの語もみえ、時代を感じさせる。

江戸時代にもましてつくられた明治大正の膨大な漢詩には過去の歴史ではなく、当時の軍に関して「幕府」とよんだものがあったかとおもわれるが、いまやうもれてしまったといってよかろう。

薩長幕府

薩長の藩閥を「幕府」と批判してもよさそうであるが、きびしい言論弾圧、天皇に対する絶対的な遠慮にくわえ、佐幕派にとってはかえって旧幕府をおとしめることになるためか、めにつかない[一五]。

わずかに中野正剛が『東京朝日新聞』に連載中の「明治民権史論」の憲政党結成のくだり、一九一三年一月二十日朝刊三面「民党合同の成敗　閥族政府の陥落」に「〔平岡浩太郎が〕常に大言して曰く、今日の際彼の**薩長幕府**を倒さんと欲せば、彼等が嘗て徳川幕府を倒したるの故智に倣ひ、当年の薩長聯合を今日の自由進歩両党の上に行ふべきなり」というのは[一六]、まさに大正政変前夜である。

さらに北一輝『支那革命外史』十九（一九一六年四、五月稿印刷配布）の「蒸気と電気とが海濤の封鎖を破りて特に日本分割を現示するなくんば、歴史は或は**薩長幕府**の聯邦的或は戦国的中世史を循環せしやも知るべからず」では非現実の仮想としているのは[一七]、かつて『国体論及び純正社会主義』を原敬内相によって発禁処分とされたせいであろうか。北が以後ふたたび「幕府」の語をもちいた例はなさそうであるが、西田税を通じてこの本をよんだ皇道派の青年将校たちにうけつがれた可能性はある。

満洲事変後、フリーダ・アトリー『日本の粘土の足』一九三六年も「生起した反動的専制政治は、…王政復古運動に資金を提供した大阪商人やさらに一般的には、徳川幕府に代わる薩摩・長州幕府ではなく、特権の廃止をともなった経済＝政治制度の真の変化と『能力に応じた職業』を期待した町人階級をも激怒させた」という一八。

クーシューはみた

同時代においては、パリ大学の給費をうけた世界周遊の途上、日露戦争に際会したフランス人クーシューが「一九〇四年二月六日、東京 …重大なこの時期、実質的な日本政府は、議会でも公式の閣議でもなく、伊藤公爵、二人の将軍山県、大山、および二人の財政家松方と井上で構成されたゲンロー（ヴェテラン）の内密の会議である。…エンペラー〔天皇〕が主宰する元老会議は〔フランス革命時の〕公安委員会のように統治するであろう。より的確な直喩を日本の歴史にとるなら、一八六八年の革命以前のショーグンの会議に類似した幕府 bakufu（天幕の会議）であろう。危機のこの時期、日本はヨーロッパ風の改革を暫時放棄したように思われる。ミカドに委任されたインペラトル〔将軍〕ではなく、ミカド自身が絶対権力を保持している点をのぞけば、日本は歴史上の政治体制、昔の軍事体制にもどっているのである」としるした一九。

オランダ人エドアール・フレシネの『現代日本』一八五七年、ボアソナードの後任ミシェル・ルヴォンの『日本文明史・序説』一九〇〇年、『日本文学詩文選』一九一〇年などは独自のフランス語風表記をとっているが、およそフランス語表記になじまない bakufu がすでにブスケ『日本見聞記』一八七七年をはじめ、一八八八年東京で出版されたジョルジュ・アペール（木下広次協力）『旧日本』、ド・ラ・マズリエール『日本史論』一八九九年、ベルソール「日本の旅」（『両世界評論』一九〇〇年三月号）等々にみえ、英文著作よりも shogunat との併用がめだつ[二〇]。

ベルツの日記

ちなみにドイツ人医師『ベルツの日記』は二月十三日山県を診察した際、元老 Genro にふれ、政党とほとんど全新聞が「舞台裏の hinter den Klissen 政府」を攻撃したが[二一]、今日では役に立つものであることをうたがっていないとしている。さかのぼって、憲法発布後四ヶ月半の一八八九年六月二十五日には「内閣のもめごと。…ここで最も興味ある事実は、新聞紙が閣内の不和を公然と書立てていながら、本来このような事がらはすべて天皇に発言権があるという点には、一言も触れていないことである。というのは、事実閣僚たちが、お互いの間で勝手に大臣の地位を割り当てているからである。…閣僚たちは君主からも、政党からも、たいした妨げを受けないから、事実上、この国の主人公である。かれらは、現在よそでは、どこへいっても見られない寡頭政治を形づくっている。おそらく、そうするのが日本にとって一番よいのだろう。…」とある。

内閣官制公布はこの年十二月、両院選挙は翌年であるが、立憲制への要求がたかまりに対して、藩閥政府はその調整機能にふれないかたちで、個々の機関を明文化し、あらたに貴族院と衆議院からなる帝国議会がもうけた。したがって諸機関は並列的であり、相互関係はほとんど無規定である。

衆議院は野党が多数をしめ、政権運営のため、まず伊藤が、ついには山県直系の桂までが政党組織にのりだしたが、衆議院もしくは軍に基盤をもたない単独輔弼制の内閣はつねに不安定であり、政争がさけられた日清、日露戦争時の第二次伊藤、第一次桂両内閣以外、明治憲法下で三年間維持されたのは原敬内閣のみである。文武の官僚養成システムが制度化すると、官僚も山県閥より次第に政党に吸収されるようになり、藩閥は人材が枯渇し山県もカードがつきて、まずかつての仇敵大隈、ついには最大の敵の組閣をみとめざるをえなくなったが、衆議院での多数を基礎に官僚や貴族院にも勢力をのばしたその原が暗殺された。こうして憲法の空白が明白となった時期、訪欧から帰国した皇太子が摂政に就任する数日前にフランス大使ポール・クローデルが来日した。

クローデルの外交書簡

一九二二年(大正十一)二月十八日クローデルは元老山県有朋の訃報を「一八六八年以後徳川体制にとってかわった秘密の**幕府** le Shogunat cculte のまえに、社会問題、選挙権拡張と世論の台頭といった問題がますますさしせまったものとして提起されている。しかし今のところまったく危険でも解決不能でもない」とむすび[二二]、このとき摂政宮周辺にのこる、明治の指導者の路線を逸脱しないグループの一人として紹介していた平田東助が九月元老松方正義にかわって内大臣となると、「平田伯の経歴は、庶民の出で、トップの地位をしめたこともなければ、国政に独自で斬新な影響をあたえたこともないにもかかわらず、徳川体制のあとを集団的で秘密の**幕府**につながせた、ブレーン、財政家、権力者の小借款団のどんな討議にもかかわらなかったことがなかったという意味では、奇妙でまさしく明治期の日本に特徴的なものである」と報告した[二三]。

徳川から薩長への政権継承には部外者の文官ながら、これをささえる関係が、米英仏日の中国に対する新四国借款団を連想させたのであろうか[二四]。この年刊行され六月には日本でも紹介されていたアレクサンダー・パウエル『岐路に立つアジア』の前言は[二五]、極東政治に関する記者が説明ぬきでもちいがちな慣用句として、**幕府** shogunate、元老 genro、督軍、安徽派、借款団 coneortium、紳士協定、二十一箇条要求をあげている。

これに対し、日英同盟廃棄後になると、大アジア主義者満川亀太郎に「**世界幕府**の維持に悶ゆる英国」「世界幕府としての大英帝国の動揺」、下中弥三郎に「維新日本は、幕府を倒して皇政維新を実現したが、現代日本は、**世界幕府**イギリスを倒して世界維新を断行すべき使命を帯びてをる」といった用例があらわれる[二六]。

二重政府

ワシントン会議をひかえたアメリカの『アトランティク・マンスリー』一九二一年七月号もクローデルが参照した先行文献の一つではないかとおもわれるが、パウエルの論文「われわれは日本を公正に遇しうるか」は日本でも注目され、翌年三月『日米問題厳正批判』の訳題で刊行されていた[二七]。

一冊の雑誌のなかで前後に分載された後半は「日本の軍国主義、帝国主義のカギは日本に存在する二重政府にある。世界にありふれた、内閣、貴族院と代議院で構成される議会、行政官僚制の、立憲政府は存在する。しかし元老すなわち長老をトップとし、配下に参謀部をもつ軍閥と軍関係団体からなる、かくれた政府、みえない帝国もまた存在する。二つの政府のうち後者が断然強力である。日本の政策、特に外交は、かならずこのみえない政府によってさだめられ、その要請は一般に立憲政府の決定にうつされる」とはじまり、invisible, unseen がクローデルの occulte に相当し（訳語は「黒幕政府」「幕の蔭の政府」「裏面政府」など）、「このみえない帝国は、エンペラーが名ばかりの支配者でショーグンが日本の真の支配者であった幕府 shogunate 時代にさかのぼる」と連続的にとらえ、大隈重信を元老にかぞえ西園寺公望を無視する点でも共通する。

訳出の動機

雑誌で直前におかれた「極東問題」には中国をめぐる日米関係を中心に対中借款団 consortium への言及がみえる。筆者ブランドは『西太后治下の中国』でしられ二八、一方で日英同盟更新問題をにらむ『タイムズ』六月二十四日の同題の記事にも「維新ノ大政奉還ト云フモ、要スルニ旧来ノ藩主ノ勢力ヲ、薩長二藩ノ手ニ移転シタニモノニ過ギヌ。…而シテ此二藩ハ維新当時ト同ジク、今モ尚ホ日本ノ真ノ支配者デアル」とあって、欧米人にはかなり広範にみられた認識であろう。「日本ノ協同ガ必要」「誤解サレタル日本」といったあたり日本の人口問題を理解し、日本が平和的で中国本土を侵略しないかぎり満洲における特殊権益をみとめようとする面があり、外務省情報部（パリ講和会議の反省にたって一九二一年設置された）により最終節「モラルの衰退」は訳出せずに『余ノ極東観』として原文を付して刊行された。

訳題で個人の見解をよそおうが、会談した日本人の多数が「英国政府ガ日本ニ対シテ、若シ在来ノ侵略主義ヲ止メナケレバ日英同盟ヲバ更新セナイト云フナラバ、日本軍閥モ孤立ノ運命ヲ怖レテ自由政策ヲ採ルニ至ルベキコトヲ云フ。…又東京及ビ大阪ニ於ケル実業家ノ巨頭モ過去二年間ノ経験ニ依リ、在来ニ於ケル侵略政策ガ、結局商業ニ打撃ヲ蒙ラス所以デアルコトニ気付イタラシイ」といったあたり、国際世論という外圧によって陸軍をおさえ、一元外交を確立しようという国内情報戦の一面がすけてみえる。

この論文を敷衍した『中国、日本、朝鮮』の第一部も一九二二年二月『日本の死活問題』として訳され、「日本の帝位の背後に在つて、其の政策を実際に管理する、目に見えざる勢力が、ただに政府の公にせる宣言に著しく反するのみならず、日英同盟の精神及び字句に直截に背反する数多の事態を支那に於てなしたてふ事も亦明白に真実である」「三十年前も、今も―日本の外交政策は外務省ではなく、陸軍省に指導されている。声は内田〔康哉外相〕の声だが、手は山県の見えざる手である」「余は彼等〔全政党の指導者〕が…早晩代議政府が薩長閥の支配と代るであらうとの意見を述ぶるのを見出した」といった記述がみられる。「(目に) 見えざる」の原語は unseen である。

訳者青柳篤恒が「日本人の口から言つて見たいところを、外国人の筆で書いてあるといふことに、特殊な興味を感じて」とかたるように翻訳がはやかった理由は[二九]、ブランドが『タイムズ』北京特派員の上司のモリソンとは逆に、クローデルと同様、南北の勢力圏をみとめあおうとする点にあろう。

ブランドが「大戦以来、東洋に於けるかかる状態に関して著はされたる最良書の一」とするフレデリック・コールマン『極東の内幕 Unveiling of the Far East』(一九一八年) は大隈が後継指名した加藤高明を山県が拒否し、寺内内閣が成立したことに衝撃をうけて「一九一六年の元老の一撃」という一章をもうけ、二十一箇条要求まで山県に帰し、大隈を免罪した。大隈との対比はクローデルにもみられる[三〇]。

平和的協同的日本へ

石橋湛山「禍根を貽す外交政策」とは対照的に一九一五年六月『日支交渉論』で二十一箇条要求を肯定した吉野作造は[三一]、「二重政府から二重日本へ」では「つひ此間まで我が日本は、諸外国から、徹頭徹尾侵略的軍国主義の国と観られて居つた。…成程朝鮮満洲乃至西伯利などに於ける一部軍隊の行動には、斯く観られても仕方がないものがあつた」「此頃は…日本が如何にも侵略的に見えるのは、一部の軍閥が外交に干渉するが為めである。…と云ふ風に観て、所謂二重政府は、日本をして世界に誤り観られしむる原因を造つたと云ふやうに観るに至つた」として「今や旧い日本と新らしい日本」のと二重日本 double Japan の文字をもちいるやうになったとして「我々は更に之から努力して二重日本を単純な平和的協同的日本に築き直さなければならない」と論じ[三三]、これをうけて「如何にして帷幄上奏の弊を救治すべき」ではまず武官専任制の廃止と参謀本部、海軍軍令部の改革を提言する。

山梨軍縮で退役した一陸軍少佐が同様の私案をのべていることからも当時の風潮がかいまみえる[三三]。かれは日露戦争直後の陸軍士官学校入校、一九〇七年卒業、史上最多一〇六八名の第十九期生で、前々年三六三名、前年九二〇名、翌年二七六名と[三四]、場当り的に量産した士官を待遇する余地は、大規模な軍拡が実施されないかぎり、存在しないから国際的なムードのなかで軍縮は必然であったが、他方、青年将校の不満を軍の要求の実現に利用しようとする傾向は「下剋上」をうみ、デモクラシー、国際協調の攻勢に対応しつつ対外戦争に反攻の機会をうかがう計画は張作霖爆殺事件をへて昭和恐慌さなかに満洲事変をおこす[三五]。

日本のキング

さきばしりしすぎたが、クーシューにおいては憲法に規定がないとはいえ天皇に諮問された元老会議をさした「幕府」が、クローデルでは完全に非公式で私的な山県閥に化している。植原悦二郎は、伊藤存命中にはおよばなかったが、「過去数年間に於ける我国の統治権は、事実上宛然山県公の所有物であつた。…或白人は予に向ひ、日本のキングは山県公ですかと問うたことがある」「公は、所謂山県系なる徒党を造り、彼等をして常に国政を左右せしむことに腐心して居つた。…之れに就き異様なる現象は、山県公の権勢は公が政界の表面より退きたる後更に発達したことである」と指摘している[三六]。

山県以後、陸海軍にかぎらず官僚機構が整備されるにつれて省益以下のセクショナリズムを調整する機能の欠如が顕著になる。党利党略が議会やマスコミを通じて喧伝されるにつれて、軍内部の抗争や無統制は隠蔽され、むしろ純粋なイメージが強調されるようになる。軍の幹部は反発をおそれて統制を放棄し既成事実を黙認するか、ネポティズムであらたな派閥抗争をうみだすかであった[三七]。

空虚な中枢

しかし、クローデルも皇太子の摂政就任に際して報告したように、山県の権威すら宮中某重大事件でゆらいでいた。この間、二月二十八日には「今日日本にきて、憲法のさまざまな擬制 fictions のもとで、国全体を動かす主要な機構がはたらく場所について、…最も複雑な状況を通じて指導する中枢機関や意志について、理解しようとする人がもっとも驚くことの一つは、空虚 vide にしかであわないことである」という[三八]。怠惰、愚鈍な非効率なら理解しやすいが、まったく逆に中略部分には「他にほとんど例をみない用心深さとエネルギー、一貫性をもち」とある。

さらに具体的に、睦仁（明治天皇）の死後、もはや空疎な見せかけにすぎなくなった天皇Empereur[三九]、伝統も権威も理念も計画もなく、いかなる民意も代表しない議会、議会になんら責任を義務づけられていないと感じる閣僚、しかも憲法上天皇にしか責任をもたない最重要閣僚陸海軍大臣[四〇]、もっとも重要な元老山県元帥が死んだばかりで、のこる財政家松方侯と日本の運命を手中にしていることはうたがいないディレッタント西園寺侯、権限が不明確で国策をねるには人数が多すぎる枢密院・臨時外交調査会・軍事参議院、ライヴァル活動は過去のものとなりつつあるといわれる薩長藩閥、を列挙し、「ヨーロッパ風議院内閣制の首相としてある程度成功した」原敬死後の日本政府は人の往来がみえないように衝立でかくされた部屋のようだという。

クローデルの指摘どおり、関連法規をふくめて憲法には天皇が総理大臣任命にいたる過程が規定されていない。この vide（真空）をうめるべく周囲からなだれこもうとするせめぎあいがその後の近代史であるともいえようが、二年前には新設の憲法第二講座に美濃部達吉が兼担を命ぜられて、学界、官界においては正統学説の地位を獲得したが、『憲法講話』一九一二年の国務大臣の項では大臣は議会に対しても政治上の責任を負うとし、閣議決定には全内閣員の一致を要することから議院内閣、政党内閣が「必然の趨勢」であると論じる四一。

クローデルをつよく意識したロラン・バルトが都市東京の中心が空虚 vide であるとしるした半世紀ちかく前に四二、当のクローデルは日本の憲法下、政治の中心が空虚であると喝破していた。

バルトが「御城」と葵紋のかかれた江戸図にかたらせた平面的な「空虚」を毎日の散歩で右手の石垣に感じつつ、クローデルは垂直方向にもみる。政府は「天地の間にうかぶマホメットの棺」ににているという評は四三、憲法上大臣は議会に責任をもたないのだから当然といえよう。前段に「睦仁の死以来、皇帝はもはや空疎なみせかけにすぎない」とあり、日米開戦の二年まえ西園寺公望は「投書なんかの中に、お前達は陛下を機関に用ひてゐるんだ、とかれこれ言って来る者もある。それなら陛下をまるで棚の上に祭り上げてゐればいゝといふことになるんで、さうすれば結局陛下をロボットにしろ、といふことになるんだが、…」とかたった四四。結局丸山真男の「無責任の体系」につきるといえようが、さらに「まつり」を「祭」ではなく「奉」と解する「まつりごとの構造」を参照すれば、真空にむかってふきあがる「下剋上」と解される。丸山は『下剋上』は抑圧移譲の盾の半面であり、抑圧移譲の病理現象である。下剋上とは畢竟匿名の無責任な力の非合理的爆発であり、それは下からの力が公然と組織化されない社会においてのみ起る。それはいわば倒錯的なデモクラシーである」という[四五]。

憲政発達の九大障害

当時の日本人がこの空虚に気づかなかったわけではない。米英で中高等教育をうけた植原は「我憲政発達の九大障害」(『第三帝国』一九一四年十月)として1元老2皇室の地位3海陸軍官制4枢密院5貴族院6議会会期の制限7普通選挙8教育制度9国民の好戦的性癖をあげており、8 9をのぞいてクローデルの論点に相当する。

8について植原は「以上述べたる所の幾多の障害は其根本を質せば一に帰する、即ち日本の今の教育制度がそれである。…余の所謂官学とは教育者が官吏であるといふことだ」とし[四六]、同憂の三浦銕太郎、田中王堂、田川大吉郎らも同意見であったが、石橋湛山は「しかし教育を改めるのには、その教育制度を支配する国政が改まらなければダメなのだから、右の結論は、実際問題としては少しも結論になっていなかったのである」として自由思想講演会を組織したという[四七]。今日からみれば、9は多分に8の結果といえる。

二年後吉野作造「憲政の本義を説いて其有終の美を済すの途を論ず」が発表されると、植原は「従来一般に我国の官僚の巣窟、否我官僚制度の源泉と目されて居た帝国大学の教授から斯る説を聞くに至つたことは、我学術界及思想界の一大進歩であると思ふて歓喜に堪へぬのである」と歓迎しつつ、民主主義と民本主義など、吉野の不徹底を明快に指摘した[四八]。

一九二四年六月ようやく成立した護憲三派内閣のもとで[四九]、普通選挙法とひきかえに治安維持法が成立し、宇垣軍縮とともに陸軍現役将校学校配属令により軍事教練が実施される。政争のそとにおき貴族院対策を考慮しても、寺内内閣の文部大臣岡田良平以外に適任者はあろう[五〇]。

一九二〇年来日し親日家として財界を中心に歓迎をうけた前上院議員バートンは中国、オーストラリア、ニュージーランド歴訪ののち、翌年二月一日から五月十六日までほぼ毎週日曜『ニューヨーク・タイムズ』に「極東に関する真実」を連載する[五一]。「日本は帝国主義勢力としてドイツをつぐか？」「日本政府　絶対専制」にはじまり「日本と近代民主主義」でも「ほとんど進歩なし　政党に政綱なし　悪名高い投票買収　首相の困難な地位」といった見出しがならぶ。

バートンもマクラーレンの『明治日本政治史』（一九一六）の「ゲンロウの消滅、憲法改正、政党政治の確立―これらはたぶん日本国民の過激な帝国主義をきわだたせるのみであろう」同様[五二]、ほとんど原敬を無視したが、暗殺後に来日したクローデルが重視しているのは、政友会内閣の内部崩壊がその統率力をクローズアップさせたのであろうか。

国際的孤立

すでに一九二一年十一月ワシントン会議開会早々から指摘しているが、翌年六月二十一日には四箇国条約により日英同盟が廃棄されたことをうけて「極東においてあらゆる機会をのがさず強化されるアングロ‐サクソン・ブロックに直面して、日本は直接的脅威といわないまでも危険な孤独を感じた」と報じている。

さきの北一輝の引用は「日支同盟と日米経済同盟」と題された章からで、実現可能性はともかく方向感覚は類をみないが、序に「此書が大隈寺内氏等に誤り読まれて」というとおり、両内閣は二十一箇条要求、西原借款とまったく逆走する。その負債をせおった原敬は一九一九年八月二日臨時外交調査会で「今ヤ我帝国ハ非常ノ窮境ニ陥リ居ルコトヲ覚悟セサルヘカラサルモノアリ大隈内閣ノ当時支那ヲ圧迫シテ廿一箇条ヲ強要シタルコトハ実ニ欧州列強ノ嫉視ヲ招キ…講和会議ニ於ケル我帝国ノ困難ナル境遇ニ陥リタル原因ハ主トシテ茲ニ存ストハ加藤恒忠ノ此頃帰国シテ予ニ語リタル所ナリ」とかたった[五三]。

この国際的「孤立」はつとにマクラーレンによって日露戦後の満洲、そして韓国併合をめぐる事態としてかたられていたが[五四]、日本でも原のみならず、さきにもみたとおり石橋湛山、柳田国男ら知識人には明白であった[五五]。クローデルが赴任にあたってブリアン首相からうけた訓令は、まず世界情勢における日本の孤立を指摘し、第一に日本の対外的野心、ワシントン条約、ボルシェビズムへの態度への注視、第二に英語、ドイツ語に対してフランス語、文化の普及宣伝[五六]、第三にフランス製品の売込、第四にフランス領インドシナ（仏印）の関税問題の調査で、日本人の自尊心についても注意されたという[五七]。政権に復帰したばかりのブリアンは、みずからワシントン会議におもむくが、成果をあげられず退陣する。西園寺もクローデルとの面談時には社交辞令をのべたが、英米との関係を独仏では到底代替できないというのが終生の持論であった。

経済危機、外債と金解禁

クローデルはさらに一九二二年五月十七日日本の経済危機について堀江帰一の論文を紹介する[五八]。日本だけが景気循環のメカニズムがはたらかず不景気なのに物価高、入超がつづくことを問題にしたものであるが、政権交代による高橋是清の放漫財政からの転換などの提言はカットしている。寺内内閣はアメリカのあとをおって金輸出を禁止したが[五九]、原内閣は解禁に追随しなかった。自分に責任のない第一次世界大戦の反動恐慌による下野をさけたかったであろうが、大規模な救済措置により脆弱な企業・銀行の整理をさきおくりとなった。大正天皇の大喪に参列したのちクローデルは駐米大使として大恐慌をむかえる。

前半生は山師的で日露戦争の戦費を調達して元老の信頼をかちえた高橋も、政友会内閣の大蔵大臣として金融恐慌、昭和恐慌に再三登板し積極財政で収拾にあたるが、最後の岡田啓介内閣では軍事費の圧縮につとめ二・二六事件でたおれる。そもそも外国からの借金で戦争するのは富国強兵どころか貧国強兵ではないか。そうした実態が隠蔽されたために、日比谷焼討事件がおこったにとどまらず、かがやかしいレジェンドが負の作用をつづける。

関東大震災で日本はふたたび債権国に転落するが、外債をひきうけたモルガン商会のラモントと、さきに日銀総裁として新四国借款団で親交をむすんでいた大蔵大臣井上準之助との関係はのちの金解禁につながる。理財局国庫課に勤務していた大内兵衛の回想によれば、そもそもアメリカの金輸出禁止に無関心な大蔵省を転換させたのは、横浜正金銀行総裁であった井上であるという六〇。

金輸出禁止について美濃部達吉は「貨幣制度の根底を動かすものであるから、…嘗て寺内内閣の下において一片の大蔵省令を以てこれを断行したが如きは、憲法違反の甚だしきもので、犬養内閣がこの悪例を踏襲したのは遺憾である。これも政府が議会を無視する傾向の現れであり、議会政治が日本においてまだ十分に発達してをらぬ一例証と見ることが出来る」と批判する六一。浜口内閣の金解禁も同様であったことはいうまでもない。

ラモントは海外駐剳財務官森賢吾を通じて外債をひきうけたが、一九二七年十月再来日すると、高橋蔵相の懇請で日銀総裁に復帰した井上をふくむ金融界の最高幹部たちと会議をおこない、朝日新聞には「日本の経済政策は総て　金解禁を目標とせよ　解禁嫌ひの現内閣をやゆした　ラモントの置土産」の見出しがおどった六二。

政党政治亡国論

一九二七年台湾銀行救済の緊急勅令案が枢密院に否決されて第一次若槻内閣がたおれ、田中義一内閣が誕生すると、西田税のある同志は満川亀太郎に「帝都は政変また政争、国を他所にして**新幕府**は**旧幕府**の地頭代官を更迭し、町奉行を換へ、誰が為めの政治なるや誰が為せる政治なるやの感を深めしめ候、かくては立憲政治（政党政治）亡国論も起るべしと存せられ候はずや。真に天子親政の聖代こそは望ましきものに候へ」と書簡をおくった六三。憲政会から政友会へのはじめての政権交代により知事や警視総監が更迭されたことをいうが、「憲政の常道」の当初から政党政治への不信感があったことをしめす。

ロンドン海軍軍縮条約締結とともに、緊縮財政をつづけ旧平価による金解禁を断行して恐慌をもたらした浜口雄幸首相、井上前蔵相がテロにたおれる。石橋湛山らが旧平価による金解禁に反対したことは周知のとおりであるが、根底において真のデモクラシーがなりたっていない、政治に、言論に、真の自由、真の批評の精神がかけていることに警鐘をならしつづけていた。また、一九三一年五、六月朝日新聞社が主催した財政整理座談会は井上準之助蔵相、久原房之助政友会幹事長、湯浅倉平会計検査院長、藤原銀次郎王子製紙社長、美濃部達吉東京帝大教授ら与野党、政官財学界の名士をあつめ、文部省・司法省廃止、陸海軍省統合・文官制、知事公選、憲兵廃止、恩給制度改正、機密費・特別会計整理、政治教育、学校制度改革など現在でもまなぶべき、デモクラシーのピークをしめす急進的な改革プランが提案されたが、軍人は参加していない六四。

神輿の比喩

最後の内大臣秘書官長松平康昌は満洲事変以降、日本の戦争への道程をつぎつぎに担ぎ手がかわり谷底におちた神輿にたとえたという[六五]。たしかに、満洲事変の首謀者石原莞爾は日中戦争の拡大をおさえようとしたが、武藤章らあたらしいトレーガーに阻止され、のち東条英機と対立して予備役にされた。武藤も軍務局長となると戦争を終結させようとするが、東条は第二、三次近衛内閣の陸軍大臣として陸軍の要求をおしとおしたが[六六]、もともと宇垣一成ほどの野心ももちあわず、総理大臣として昭和天皇から再検討をもとめられても、別に政見があるわけではなく従来どおりで谷底におとすしかなかったというのが実情であろう。

この比喩を拡張すると、軍人による対外侵略の神輿のほかに、右翼と軍人によるテロや反乱、音頭をとるものを別とすれば明治以来の検察官僚を中心とした思想言論弾圧、大島浩・白鳥敏夫・松岡洋右らをはじめとする三国同盟の神輿などがかわるがわる前面におどりでてあばれ、後方からあおって道をせばめたといえよう。文武官僚が転任や昇進により担当者がかわるのは当然である。さらに別の比喩をかさねると、欧米の政治がごく少数の指導者や集団に注目した剛体の力学で解析できるとすれば、日本は個々人の意図をこえた統計力学的な世界にちかいのではなかろうか。

満洲事変勃発の四十日前、一九三一年八月八日『大阪朝日新聞』に「軍部が政治や外交に喙を容れ、これを動かさんとするは、まるで**征夷大将軍**の勢力を今日において得んとするものではないか。危険これより甚だしきはない。国民はどうしてこれを黙視できやうぞ」という論説がのった。「幕府」の同義語で新聞が軍部を批判しためずらしい例であるが、事変の翌月一日には論調を変化させる[六七]。

くしくも犬養内閣成立の日に美濃部達吉は『憲法撮要』をはじめて改訂した第五版序をしるし、「内閣制度」には「即チ我ガ国ニ於テモ少クトモ近時ノ政治上ノ情勢ニ於テハ議院内閣制ノ慣習ガ略確立シタリト謂フコトヲ得」の一文をくわえた。発行は五・一五事件の四ケ月前、発禁処分をうけるまで三年あまりである。

これよりはやく、美濃部と論争をくりひろげた上杉慎吉の『憂国の叫び』東亜堂、一九二一年四月の巻頭「序文にかえて＝全国労働者に檄す＝」は「日本国家は平民たる我等の父兄の維持し擁護したる所なり。…国難を利用して不義の富を得たる資本家は指を屈するに遑あらざるも、斯かる不所存なる国賊は我等労働者の間には一人もなく、皆黙して脇目も振らず皇運を扶翼せるなり。…普通選挙を行ひて挙国参政の実を挙げ、我が国粋たる四民平等を具体にせんがために無用の華族を廃止し、…」などと、エリートではない、あたらしい選挙民に照準をあわせている。

昭和幕府

三月事件の失敗や軍縮で宇垣一成に反発し統制派と対立する皇道派の青年将校を中心に「幕府」の語がもちいられる。まず、一九三二年五・一五事件の陸軍側証人予審尋問調書で安藤輝三は「一君と万民の間に不純な金権と結託したところの支配階級が存在して自分達の利益を本位として居り、…即ち徳川幕府に代る**一種の幕府**が再現したと思ふて居りました」とこたえ、士官学校事件関係者に対する調査書で小川三郎は「**昭和幕府**」とのべるが、かれらは士官学校事件で停職となる磯部浅一の士官学校同期で二・二六事件にかかわる[六八]。

一九三三年七月に発覚した神兵隊事件は上杉慎吉門下で新人会に対抗する興国同志会を組織し、父が社長をつとめる日本楽器の争議団攻撃を指揮した観念右翼の天野辰夫を総帥とし、かれが指導した裁判闘争以降、「政党幕府」「昭和幕府」「金権幕府」などさまざまな非難がみられる[六九]。今日ではおよそ形容矛盾とおもわれる「民主幕府」という表現において、「幕府」はそもそも唯一の主である天皇に反して「民」である将軍を「主」とするものであり、「民主」主義や政党内閣、天皇以外の個人や集団による権力集中は国体に反する「幕府」だというのであろう。

司法省刑事局『右翼思想犯罪事件の綜合的研究（血盟団事件より二・二六事件まで）』一九三六年一月の天野の項は「昭和六年（一九三一）の十月事件に際しては、同事件が軍の一部が直接行動を以て、**政党幕府**政治排撃を企図したと言ふ重大事件にして、改造運動の一躍進段階なると同時に、同事件が国家社会主義を指導精神とし独裁政治の実現を企図するものであるとなし、真の行動闡明のためには〇〇内閣の実現を計らざるべからずとなした」という[七〇]。

この事件を担当した佐野茂樹検事は前年十月思想実務家会同の講演で「私共が初めて之に接しました時には頭から『幕吏』呼ばはり致します。『幕吏』に物を言ふ必要はない。貴様達は『幕吏』ぢやないかと云ふので横を向いて居ります」とかたり動揺しないためには国体に対する信念をもたねばならないとうったえる[七一]。判事にさまざまな心理的圧力をくわえて無罪にちかい判決をかちとる手法は甘粕事件などでもみられたが、天皇機関説問題をもちだして逆に尋問した。佐野が右翼思想事件にかかわるようになった血盟団事件で天野は弁護士として公判闘争を指令していた。

現代幕府、金権幕府

一九三五年六月の「昭和の安政大獄」という怪文書には「昭和九年九月以降に進められている**現代幕府**の実質上の中心である陸軍では、安政の大獄以上の策謀がなされている。陸軍省軍務局長永田鉄山が間部詮勝だとすれば、武藤某片倉某等は長野主膳、目明し文吉の役を演じた者に彼の有名な辻某其の他の者があると云えよう。…永田の渡満。永田は今第一次・第二次弾圧を終り大老井伊（宇垣及び南）に満鮮でその復命をしている」とあり[七二]、宇垣一成、南次郎、軍務局の永田や武藤章とともに士官学校事件の片倉衷、辻政信が非難されている。

永田を斬殺した相沢三郎が所持していた雑誌『皇魂』の、事件後の十二月号には「其の経たるものを**民主金権幕府**と為し　其の緯たるものを民主武門**幕**僚と為す」「或は『御統帥』に名を仮り、悠に皇軍を支配独制し　或は『天皇政治』を僭称し奉りて**金権幕府**と苟合結化し」「本年八月**金権幕府**の手代たる斉藤〔実〕、伊沢〔多喜男〕及宇垣、南等に使嗾せられたる彼は、大命を藐視して陸相林を強制し遂に真崎教育総監を更迭貶黜せり」などの文言が散見する「北満第一線　皇軍将校有志」の「御統帥の×××〔擁護者〕　相沢三郎中佐」とある[七三]。

公判で特別弁護人をつとめた陸軍大学校教官満井佐吉は二・二六事件の前日、内大臣斎藤実、三井財団常務理事池田成彬ら七人の証人尋問を申請した尋問事項のなかで「池田成彬氏は実に日本現下に於ける**金権三井幕府**の大老であるのであります。此の全日本の経済活動の決定的支配権を有する**財閥幕府**は、今や重臣と結托し政府を操り言論機関を自家薬籠中のものとなし、政党を買収し、官僚を使嗾し、而して遂に軍首脳部にも或は直接に、或は間接に其の作用を伸ばし、…故永田閣下は、遂に此の**金権幕府**の大老たる池田成彬氏と関係を結ばるるに至つたものと思はれます」とのべたが[七四]、二・二六事件の「叛乱者ヲ利ス」として有罪となり免官された。

右翼と警察と

一連の思想弾圧事件で策動した蓑田胸喜も上杉の影響下の皇国同志会に入会したが、一九三三年「然しながら昭和維新の破邪対象『**幕府**』、その『江戸城』は思想的根源的には『政党』にもあらず、『財閥』にもあらず、何物なるか、曰く『新聞』、その根城本丸としての『大学』である」とし、さらに「憲政常道論」「民政」主義、共産主義思想運動の温床発源地は大学ことに「帝国大学法文学部」を標的にし、「新聞雑誌はその二ノ丸三ノ丸また外廓に外ならぬ」としている[七五]。天皇機関説事件は美濃部達吉が法学部教授を辞任した翌三五年、津田事件は津田左右吉が一九三九年東京帝国大学法学部に新設された東洋政治思想史講座の講師を担当した翌年におきた[七六]。

第一次近衛内閣の一九三七年十二月富田健治の保安課長から警保局長への昇進人事について昭和天皇は末次信正新内務大臣に「一体今度は人事はどういふのか。富田といふ男はファッショだときくが、どうだ」と下問した。西園寺公望の秘書原田熊雄は安井英二前文部大臣の推薦とし、「安井とか或は平泉澄とか、神兵隊の前田あたりと非常に懇意である」と解説する[七七]。取り締るはずの警察官僚トップに右翼が就任し、翌年退官した富田から「閣下なんかは犠牲にしたくはないけれども、場合によつては已むを得ないかもしらん」と脅迫的に辞職勧告された近衛文麿は「自分が内閣を続けてやるやうになれば、一つ右翼を全部包含した大きなものを作らなければ、とてもやって行けない」とかたった。第二次内閣発足にあたって近衛は書記官長に抜擢した富田と「右翼の方は、もう貴下にすつかりお任せするから、宜しく願ひます」「総理はぢかにお会ひにならない方がいゝでせう」と会話する[七八]。

丸山真男が現代世界の右翼的な国家主義のイデオロギー、精神的傾向を列挙したうえで、「誰が一体右翼か。ごく少数の異端者をのぞくすべてである!…なぜなら、これらの項目の一つ一つは、明治以来、日本帝国のパワー・エリートが国民に組織的に課してきた忠君愛国教育のなかに本来包含されているか、…派生する蓋然性の多いものだからである。…右翼の攻撃に対して、…自分たちの思想と行動が決して『国体』と矛盾しないといって弁明することから出発しなければならなかったから、論争はどうしても受け身になりがちであった」と指摘するのは、佐野検事の発言でも傍証されるであろう。

さらに近代化に対する地方の農民や小事業者の憤懣の代弁者として、1壮士、2エリート教育からの脱落者で、「田園の侠勇（カヴァレリア・ルスチカーナ）」や大陸浪人、3青年将校、4インテリをあげる。「幕府」の主張者をみると、平岡浩太郎は玄洋社初代社長、テロリストには2の類型がすくなくないし[七九]、青年将校についてはいうまでもなく、天野、蓑田、富田は帝国大学卒業と、これらの類型にほぼ合致する。

幕府的存在

しかし、この語が政治的に重大な意味をもったのは近衛新体制の際である。近衛首相は一九四〇年七月二十四日の新聞で「一国一党といふことは外の政党政派を認めないといふわけだが自分はさういふ考へ方はしてゐない、建前として一つしか政党がない、其党の総裁が首相になるといふのは我国の国体に反すると思ふ、いはゆる**幕府的存在**になる、だが事実有力なものが出来て、その総裁に大命が下るといふことは考へられる」とかたった[八〇]。

この年六月から昭和研究会を主宰する後藤隆之助との関係で近衛新党運動のブレーンとして活動した矢部貞治による伝記『近衛文麿』は「革新右翼と観念右翼は、恰度統制派と皇道派との関係のように、鋭く反目していたが、近衛が新体制を唱えた頃は、欧州でのドイツの破竹の勢いを反映して、革新右翼が優勢に見えた。…これは親軍的一国一党への動きであったから、観念右翼の方はむしろ、近衛の新体制は『**幕府的存在**』だと称して、これを排斥していたわけである」「近衛が矢部に語った断片的な考えを綜合すると『支那事変の解決につき深く責任を感じている。…どうしても陸軍を圧倒するに足る政治力を持たねばならぬが、それには国民的基礎に立って、国民の世論を背景にする必要がある。…しかし一国一党の「**幕府的存在**」になることは、絶対に排斥する。自分としては今更政党の首領になる意思は毛頭ない』ということであった」「他方で近衛は、主として観念右翼が旺んに言い立てた『幕府的存在』という非難を、ひどく気にしていた。…有馬〔頼寧〕にも近衛は『世間の批評の中で一番不愉快なのは、幕府的存在という非難だ』と言っていたそうである。…むしろ軍を抑えようとするので、いわば現代の幕府を打倒しようというのだから、新党が幕府的存在になるなどという筈はないではないかと言ったら、近衛は『僕の祖先にも藤原道長がいるからネ』などと言ったそうだが、…」と解説する八一。

国民的声望のたかい近衛をおしたてて軍を制し既成政党を打破しようという当初の近衛新党構想に対し、軍も既成政党もこれを利用しようとなだれこみ、近衛は拒否しないから、一国一党的なものにならざるをえなかったが、これに対する「幕府的存在」という観念右翼の批判によわかった。同年十月十二日大政翼賛会発会式での近衛総裁の挨拶は「本運動の綱領は、大政翼賛の臣道実践といふことに尽きる」という無意味ながら大勢順応主義そのものとなる。

石橋湛山は八月二十四日の「新政治体制は何処に行く」では「元来政治の形態は、…独裁か公論主義かの二つより外には無いであらう。…勿論、どちらにした所が、我が国に於ては、政治の源は一に天皇に発するのである。…所謂独裁政治…は、確かに『幕府的』存在たる性質をもち、…右の根本を逸脱する危険が多分だ。況や『広く会議を興し万機公論に決すべし』との聖則が昭として存することを思う時、我が国の政治制度が、如何なる形態を選まねばならぬかは、論議の余地なく、明らかでなければならない」というように、このころになると、敵の用語や論法をもちいて帰謬法的なレトリックをもちいる八二。

海軍省で新体制問題にかかわることになり、調査課長に再任した高木惣吉は矢部から再三説明をきき、「一国一党に依つてあらゆる政治機関を独占し之に反する一切の思想、立場を拒否するときは選挙に於ける『公選』の意味も議会に於る『協賛』の意味も無内容なる形骸に過ぎざるのみならず、最も恐るべきはここに幕府政治を再現し畏多くも天皇を機関化し奉るの危険極めて大なることである」という「新体制ノ根本理念（近衛総理）新体制声明ノ原案ナリ　一五、八、一五　近衛総理ノ手元ヨリ内密入手セルモノナリ」や、十一月二十二日入手した大竹貫一が政界要路に撒布したという怪文書「藤原氏（近衛氏）ノ不逞ヲ歴史ニ見ル」なども極秘として大臣、次官らに回覧している[八三]。

佐々木惣一の憲法論

憲法学者佐々木惣一は『改造』十二月号の大政翼賛会事務総長有馬頼寧との対談で「例へば徳川家康および徳川家康の子孫といふやうな、特定の個人の家の者が恒久的に政治の衝に当るものと定まつてゐる場合のみでなく、特定の一つの団体大政翼賛会なら大政翼賛会といふものだけが、恒久的に政治の衝に当るものだと定まつてゐる場合も、**幕府的存在**になるのです」「恒久的に総理大臣といふものが一致するものだ――とか規則的に定めてあることは、つまり国家の政治力と大政翼賛会の意志力といふものが一つのものだ――といふことを定めてあることになるでせう。それが**幕府的存在**となるのです」「これはどうも憲法論ですから、しかも非常に重大性を有つてゐるからして、学徒の任務として、純粋に学問的に明にして置かなければならんと思ひます。どうしてもこれは**一種の幕府**ですから、それでこれは廃めて貰ひたいといふ希望を私は持つてゐます」とのべ、さらに「**有馬**　しかし、これは党ではないんだから、さういふものでない。といふことは、幕府的存在といふ批難にたいする、一つの……。**佐々木**　しかし、それは説明の言葉ですな。（笑声）党だ、政治結社だといつたはうが気持ちがいいやうな感じがしますけれど……。」と応じている[八四]。この件に関するやりとりは「**有馬**　――といふことは、**幕府的存在**にな

るから――という意味で？　佐々木　それがあべこべなんです。　有馬　はあ。」とはじまってい

るから、有馬はそれまでとは正反対の批判に虚をつかれた様子で、ここに大政翼賛会は観念右翼と

憲法学者のあいだで進退きわまっている。

有馬頼寧はA級戦犯容疑者として巣鴨に収監された一九四六年三月五日「近衛公の真意は前に書いた様に政治を軍の手から取戻すことにあり、最初は政党の形で進むつもりであったが、**幕府的存在**といふ非難を避けたのと、政党では部分的で有力でないといふ全然逆な二つの考へから翼賛運動の形をとった」、同十八日近衛について「若し死を覚悟するなら、これ以前に死すべきときは二度あったと思ふ」、第一は「最初、政党を作る決意をした時、**幕府的存在**といふが如き一部の非難を蒙った時、これを意に介せず、敢然として、それを信念にまで高め、勇気を以て邁進すべきであった。かくすることによって国民的支持を得たであらうし、又其形式を翼賛運動の形に改めた時も同様である。…そして恐らくは公自身も危険にさらされたであらう」、第二は「日米交渉が行きづまり、御前会議は已に開戦不可避の状態にまで追ひつめられた時、…公は自らの命を断つことによって、陛下の御決断を乞ひ奉るべきであったと思ふ。或はそこに戦争回避の機会が生じたのではあるまいか」としるした八五。

矢部は「近衛の構想が『新党』から離れて行く萌芽は、まだ諸政党の解消が実行されない前にも、既に現われていたことを否定できない。その直接の契機は、テロの威嚇を以てなされた右翼からの、『幕府的存在』という非難にあったのではあるまいか」とし、時系列にそっては「裏面では新体制は赤だとし、新体制は憲法違反だとする声が、倒閣運動にまで発展せんとする形勢にあつた。このやうな攻撃に対し、近衛公は十二月四日平沼男爵を入閣せしめてその防壁たらしめんとした。…これは観念右翼の勝利を意味する。…政治運動を志す者は、革新右翼を先頭として続々とこれから脱

退するに至つた。…平沼男の入閣に依つて、翼賛会は単なる精神運動団体と化し、近衛新体制はその時を以て死んだのである」と総括した八六。

有馬もリアルタイムで「平沼男無任所相となる。総理は何を考へて居るのか」、「平沼内相、柳川法相となる。もう駄目だ。こんなことをやつてゐれば此内閣も駄目、従つて日本の前途もあぶない」と慨嘆している。

近衛幕府

山浦貫一「政党はかくして没落した」は「政党政治が何故滅びたか、それは一つに歴史の法則に従つたもの」とし、蘇我氏、藤原氏、平氏、源氏から徳川氏、薩長藩閥を「**幕府的存在**」とするのみならず原敬の政友会を「**政党幕府**」、五・一五事件以後の超然内閣を「官僚**幕府**時代」とよぶ。さらに大化改新、明治維新とともに新体制運動も幕府的存在を撲滅して政治の実態を天皇に奉還する運動とし、「近衛公は**幕府的存在**を排するといふが、それは理念の問題であつて、実際上の問題としては近衛公が、将軍的存在にまでならなければ新体制は完璧なものとなり得ない」として第一次近衛内閣以来を「近衛時代」とよぶ八七。

入閣した平沼も一九四〇年八月十四日狙撃され、「**近衛幕府**ノ建設ヲ殲滅スル好機也　…近衛公ハ現体制ヲ新ニスルタメ　天皇政治機構ノ官吏ヲ用ヰズシテ別ニ特権ナル団体ヲ製造ス…殊ニ此運動ノ妨害ヲナス者アラバ厳罰ニ処スル命令スル等々ハ既ニ**幕府**令ヲ気取ルモノナリ仍テ私ハ昭和十五年八月十九日内容証明郵便ヲ以テ**近衛幕府**建設ノ萌芽殲滅ニ付キ木戸内大臣閣下等ニ請願シアルモ放置シ且益々不逞行為ヲ敢テスルニ至レリ…八・一四事件ハ非道難**幕府**天誅也」「積年の禍根とは外英米ソの敵性と内**幕府**勢力なり」「平沼は三井の池田成彬の財閥的巨魁と結び又荒木大将と結ぶ事に依つて関西財閥とも関係あり、同時に軍閥官僚閥旧党と連絡して大**幕府**勢力を形成して居るのである。…反国体的親英米、ユダヤ的**金権幕府**を構成して皇国を私し危して居る。昭和維新勤皇倒**幕**は迫る！」などの「不穏文書」が司法省刑事局の「国家主義団体の動向に関する調査」に収録されており、事件の背後には「勤皇まことむすび」運動に代表される、いわゆる「維新派」があったという[八八]。中略したが、財閥、宮中、政界、外交界の十四名の構成メンバーがあげられている。

グルーの観測

アメリカ大使グルーの『滞日十年』は一九四〇年十月二十二日条に「近衛がたおれ、軍部独裁、旧**幕府 shogunate** の再興のようなものにとってかわられるといううわさはつねにあるが、あきらかに極端なみかたであり、同盟が締結されたからには、近衛はしばらくのあいだもちこたえるであろう」、十二月一日条に「私がおそれるのは、より極端にふれ、辞任であれ、クーデタであれ、近衛が倒れるようなことがあれば、あとをつぐのは軍部独裁、**幕府**の再興のようなものにすらなりそうだということである」と[八九]、十日ほどの間に最初はうわさ、二度目は自己の危惧としてしるしている。

一年後、陸軍は近衛をみかぎり、神兵隊のように、あるいは前年畑陸相を単独辞任させて近衛を待望したように、東久邇宮を擁立しようとするが、開戦ぶくみで皇族をたてるわけにはいかず、内大臣木戸幸一は十月十七日陸軍大臣東条英機をえらび、陸海軍大臣に「九月六日の御前会議の決定にとらはるゝ処なく、内外の情勢を更に広く深く検討し、慎重なる考究を加ふるを要すとの思召であります」とつたえる。「外交々渉ニ依リ十月上旬頃ニ至ルモ尚我要求ヲ貫徹シ得ル目途ナキ場合ニ於テハ、直チニ対米開戦ヲ決意ス」という帝国々策遂行要領をさすが、「イ、駐兵問題及之を中心とする諸政策を変更せざること、ロ、支那事変の成果に動揺を与へざること」という軍の条件を[九〇]、アメリカがのむはずがない。東条首相に再検討できる力量があるなら、陸相時代に内部からの反発をおさえて和平をまとめていたであろう[九一]。

エドガー・スノウの「将軍制」

ところで矢部貞治は近衛との関係よりややはやく一九四〇年五月から海軍とかかわって海軍省調査課長の高木惣吉に情報提供し、同課の扇一登中佐が主催した総合研究会の政治懇談会幹事となっていた。一九四四年二月十日海軍省のかえりに大東亜省の総務課長杉原荒太から蒋介石『中国の命運』とともに同課訳『亜細亜の烽火』をわたされた。「エドガー・スノウが日本の戦力を批判してゐるところには多くの根本的誤謬があるが、その脆弱性が軍事的にも非ず経済的にもあらず、一に政治戦略の愚劣にあることを説き、全体的にそれが封建制を脱せず、従って又形の変った『将軍制』に基くことを論じてゐる点には戦慄を覚へざるを得ぬ」と読後感を六月五日日記にしるした[九二]。すでに二月二十一日東条、島田は幕府時代に逆もどだという反対をおしきって大臣、総長を兼任し軍政軍令を一手に掌握していた。

序に「本書はアメリカの東亜通として高名なるジャーナリスト、エドガー・スノウの新著〝The Battle For Asia〞（１９４１）の全訳なり」とあるにもかかわらず、「日本の軍事的ファシズムが将軍制の如き政治体制に復帰する傾向は、従前は、民主主義により打破されつゝあった。…軍部が『聯合国家』を組織するのに近衛公を選んだのも、単なる偶然の一致とは言ひ切れぬものがあるのではなからうか。蓋し、彼は、歴史上天皇が傀儡であつた時代に幾度か真の封建的権力の所有者であつた藤原氏の直系であるが故である」の「将軍制」が自分をあれほどなやませた「幕府（的存在）」の重訳であることにきづかなかった[九三]。引用の最後の部分は前記の近衛の述懐や怪文書と相応する。

対中政策についての「縉紳層との協力の必要を認識してゐた日本人もあったし、農民の獲得を意図してゐる、と私に語り

さへした者達——例へば、彼の叔父近衛公爵がパーマネント・ボード・オブ・セブン（Permanent Board of Seven）に任じ、日本を聯盟国家に変える任務を託してゐる松本の如きもあった」は一九四〇年八月内閣書記官長、法制局長官、陸海軍省軍務局長、企画院次長、内務次官と後藤隆之助で構成された新体制準備委員会の常任幹事七人に関する比喩表現（『新約聖書』使徒行伝）を理解できず原文どおりとしている[九四]。ただし、八人目として追加された松本重治は松方正義の外孫であっても近衛とは親族関係になくスノウの誤解である[九五]。

松本重治の回想

陝西北部の中国共産党根拠地にはいったスノウに対し、同盟通信社上海支局長であった松本は西安事件のスクープでしられたが、「エドガー・スノウも上海で初めて知った。一九三七年の春であったと記憶している。『中国の赤い星』の名著で読者もご承知のとおり、…北京で、それを一冊の本にまとめようと始めたときに、十二月十二日の西安事件が突発した。突発したが、スノウは旅行の見聞で、大勢の自然の動きを知れば、そういう事件が起っても不思議ではないという観方をもって、上海の『同盟』支社に現れた。西安事件の性格と、その後の中共の将来性と中国の動きについて、二人の意見は全く一致していて、お互いに大いに語り合った。私の判らなかったいくつかの点

を、スノウは、明快に説明してくれたので、非常に嬉しかった。スノウは戦後二、三回は日本に来たので、…旧交を温めたが、…」と回想している九六。ただし、新体制準備委員会は上海の会見より三年ほどのち執筆時の事実である九七。

陸軍幕府の攻防

大本営が設置されても、陸軍部、海軍部にわかれ両者を統合するのは大元帥たる天皇しかなかったから、昭和天皇は東条内閣の組閣に際して両大臣に陸海軍の協力を命じ、東条はいくつもの大臣をかねた。

高松宮の希望で、近衛の推薦、原田熊雄と高木惣吉の賛成をえて情報係をつとめることになった細川護貞は一九四三年十一月八日宮から「最近は東条は海軍を盛んに煙たがつて、国軍統一のことをやかましく云つて居るが、夫れも戦争遂行にはよいかも知れぬが、一種の**幕府**ができるね。尤も今でも**幕府**だがね」ときいた。翌年一月十五日条の「『…今日の陸軍は、**陸軍幕府**以外の何物でもないのだ』とのご説明ありたり。余は更に、『…**幕府**打倒の秘策無きにしも非ずと存じます。…彼等が行きづまりたるわけなれば、之に替ふるに皇道派を以てせば可ならんかと存じます』と。…尚話の途中、東条首相の言が必ずしも後の事実と符合せず…と言上したれば、『それは近衛だつてさうではないか。…』…『…多少事情が異る様にも存じますが』と言上、『それはさうだ。だから**陸軍幕府**だと云ふのだ』と仰せありたり」というやりとりで細川は皇道派びいきの近衛を代弁している。

これに対し『高松宮日記』の両日条には時間と「細川護貞」とあるのみであるが、一月五日条には「軍令部。一三〇〇～一四三〇大臣ト語ル（結局シツカリヤレト云フコトヲ云フ、間接ニ。…戦局見通シ、**陸軍幕府**ノ問題、…等々。『大臣、…国防省ニ統一ハ不可等』)」、三月八日条「東条総理大臣ガ総幕僚長トナリ、軍政・統帥ヲ一ニマトメ、両総長ノ上ニツク件、陸軍省ヨリ軍ム局ニ話アリ。『東』総長就任ノトキ参本デ之ハ前段ニテ、第二ノ処置ヲスルト訓示セル由。**『東』幕府**ノ行方トシテ予想スベキ処置ナリ。実質上ソウナツテキルガ、制度的ニハヤハリ海軍ノ抵抗ガ時間的ノ事ヲオクラシテキルノハ事実ナリ。一度ソコ迄モツテユケバ『東』ハ長ツヅキセヌト思ヘル」とある。四月一日条に午後の記載はないが、『高木惣吉日記』には「高松宮殿下ヨリ …三、**幕府**体制ハ出来テルガ、東条ガソコ迄ノ心境カドウカハ解ラヌ。未ダ其処ニハ行ツテナイト思フカラ今少シヤラセタテ見テハドウカ」、六月二十七日「沢本〔頼雄〕海軍次官トノ論争録」では東条を壇ノ浦の平氏にたとえ「人言ニ耳ヲカサヌ政治ハ国ヲ破ルモノデコレハ**幕府**政治ト言ハレル所以デアル」と批判する[九八]。

一九四五年九月二日東京湾上にうかぶ戦艦ミズーリの甲板で「日本帝国大本営ノ命ニ依リ且其ノ名ニ於テ」降伏文書に署名したのは最後の参謀総長梅津美治郎ひとりであり、軍令部総長豊田副武は同行もしなかった。このときのみは統帥一元化がはたされたといえよう[九九]。

ダグラス・コート

GHQを「マック幕府」と揶揄するのは、日記にはあるかもしれないが[一〇〇]、発表は無理であったろう。堀口大学は外交官であった父九万一の漢詩抄に和訓を付しているが、自身は「アーサー王の物語お供の衆のそのものがたり」などの歌を検閲により削除された[一〇一]。当時から「総司令官はマッカーサー」という詞書をつけていたとすれば挑発にちがい。一九四八年十二月二十一日の日記で『ニューズ・ウィーク』東京支社長のイギリス人コンプトン・パケナムは対立するマッカーサーを「ダグラス宮廷 Court」と皮肉る[一〇二]。日本うまれでも、堀口ともども比喩表現では「幕府」になじまなかったのであろう。

近年はあまりきかないが、戦後は天皇制のタブーがうすれて「××天皇」という称が多用された。「幕府」を昭和末期の「闇将軍」と対比すると、集団的なニュアンスの存在とともに、リアルな記憶がきえて完全に歴史用語と化したといえよう。

一　「己亥」は「丁亥」（天正十五年〔一五八七〕）のあやまり。

二　『読史餘論』『大日本史』『続史愚抄』『徳川実紀』などの史書にも若干の用例があるが、省略する。

三　（欠番）

四　『近世儒家文集集成』第四巻、ぺりかん社、一九八八年十一月、五五四、五六三、四〇五、六五七頁。「堀君」は杏山の曾孫、広島藩儒で京都住、荻生徂徠と交渉があり（「答屈景山」）、本居宣長の師となる堀景山か、本家にあたる従兄の正修であろう。

五　『史記』三王世家「**遠方**殊俗、**重訳**而朝」、左思「魏都賦」「蛮陬**夷落**、**訳導**而通」、『漢書』芸文志「**左史記言**、右史記事」、東方朔「非有先生之論」「**遠方懐**之」などをふまえる。稲川は文化二年駿府町奉行在職中に死んだ松平忠明について「故信濃守源公伝」で寛政十年から享和二年にいたる蝦夷地取締御用掛としての事跡を特筆しており、文化七年（一八一〇）駿府町奉行、九年十一月松前奉行をつとめた服部貞勝もいる。

六　たとえば、享保八年（一七二三）正月ごろの「復香国禅師書」の「方今　**朝廷**振興飾紀、庶政一新、自其潜邸時、太好法律之学、海内諸侯所共知也」は吉宗をさし、春台の「賀沼田侯琴鶴丹公以閣老傅　東宮啓」は同十七年七月黒田直邦が家重附の西丸老中となったことをいわう。すでに、義堂周信の「仙竺心住長楽江湖疏　貞治甲辰（三年、一三六四）夏、**朝廷**有旨、関東幕府、始置行宣政院、以十州管内禅教諸刹属焉」や岐陽方秀「求悦岩字説状」の「頼之無子、雖諸弟皆在**朝廷**、而特付後事於頼元」の「朝廷」も幕府である。

七　渋沢栄一『楽翁公伝』岩波書店、一九三七年十一月、二三四―二三九頁。「松平子爵家所蔵の本書に拠る。『栗山文

集』に載する所と小異あり」と注記し、別刷に栗山門人の吉田克が書した竹簡と定信の自撰自書の写真をのせる。『栗山文集』の擡頭は一字のみであるが、京都大学附属図書館蔵平松文庫の写（京都大学貴重資料アーカイブ）も字句に小異はあるが、体裁は竹簡とおなじである。なお、神武陵での詩は同書二六八頁。

八　日本史籍協会編『島津家書翰集』東京大学出版会、一九七二年、二七頁以下。

九　アーネスト・サトウ、坂田精一訳『一外交官の見た明治維新』（全二冊）岩波文庫、一九六〇年九月、（上）一五七、二一七頁、（下）七六頁。ただし原語は Sir Ernest Satow "A Diplomat in Japan" ICG Muse, Inc. 2000 p124, 170, 275-276 により付した。

一〇　萩原延寿『遠い崖—アーネスト・サトウ日記抄』二、二〇二頁、五、三三五頁、朝日新聞社、一九九八年十月、一九九九年七月は日記にもとづくが、ことばの問題には、将軍に His Majesty と His Highness のどちらをもちいるかをのぞいてほとんど関心をしめしさない。現在では横浜開港資料館が日記のモノクロネガを所有している。他の例では、奈良武次の日記と回想録がおなじことをしるしても、後者にはおそらく無意識のうちに戦後の観念がはいりこんでいる。

一一　英語で幕府を意味する単語は shogunate であるが、第二三章は Downfall of the Shogunate と題されているほか、本文では主として将軍家、将軍職といった意味で使用されている。shogunate という語は O.E.D. では一八七一年、ミットフォードの Tales of Old Japan をあげており、shogun が tycoon より優勢になった結果うまれたのであろう。『大君の都』にも Siogun, Ziogun, Shiogoong, Seogun とさまざまな表記がみられるのも、まだこの語が安定していなかったことをしめしている。もっとも著者のオールコックは外交文書では Taïcoon, Taikoon、フランス語文中では Taïcoon, Taïcoun などと記している。

一二　海後宗臣編『日本教科書大系　近代編』第一八巻、講談社、一九六三年八月所収の明治十八年（一八八五）版による。原版は明治十五年刊行で、同様な記述があったかとおもわれるが、未見。

一三　石井良助編『太政官日誌』第八巻、朝倉治彦「書誌」東京堂出版、一九八二年三月。「グハイコク」「ヲウセツ」「バクフ」「シツサク」「ワシン」「バクフ」「イニン」」とルビが付されている。

一四　松井栄一他編『明治期漢語辞書大系』第一巻、大空社、一九九五年十月。なお、同大系は全六五巻、別巻三巻からなる。ともに「バクフ」とルビを付している。

二五　幕末に来日したイギリス人Frank Brinkley ; Japan, its history, arts, literature, vol.4,1904, p185.は「しかしながら、〔薩摩の〕大多数の同志が革命の結果として当初おもいうかべたのは皇帝の政府ではなく**薩摩幕府Satsuma Shogunate**、かれらが働いたのは軍事的封建制度の瓦壊のためではなく、あたらしい指導者のもとでの継続のためだったと確言してよかろう」が、薩長同盟の以前におもてむき放棄されたという。

二六　連載は前年十月二日から当年一月二十五日までつづき、七月三十日の大正改元ののち、二個師団増設問題による西園寺内閣総辞職（十二月五日）をはさみ、大正政変（二月十一日）の前夜にあたる。なお、四月有倫堂から刊行された四六七―四六八頁にあたり、同年十一月早稲田大学出版部の通俗日本通史十九として刊行された薄田斬雲『明治太平記』下、二五六頁にほぼ同文がみえる。また、マクラーレン前掲書二五二頁は「大隈は新党で演説し、薩長寡頭政治を『天皇の名において行動しつつ、実はみずからの陰謀を追究し、みずからの権力を増大させる事実上の徳川執政virtual Tokugawa regency』とのべた」という。当時の新聞や『大隈侯八十五年史』の演説内容にはみえないが、原語は「幕府」ではなかろうか。

二七　一九二二年八月「序」の「明治十年以後の日本は聊かも革命の建設ではなく、復辟の背馳的逆転である。…維新革命の奈翁皇帝の内容に大西郷と其の他の二三子の魂が躍々充塞して居た時代と、伊藤山県等の成金大名（権助ベク内から成り上つた）の輩が光輝を蔽つてしまつた時代との差別さへ附かない現代日本だ。…大西郷が何故に第二革命の叛旗を挙げたか。而して其の失敗が如何に爾後四十年間の日本の反動的大洪水の泥土に洗ひ流して、眼前に見る如き黄金大名の聯邦制度と其れを維持する徳川其儘の御役人政治とを築き上げたか」では、西南戦争以後の反革命で現実になったというにひとしい。

二八　石坂昭雄他訳『日本の粘土の足』日本経済評論社、一九九八年三月、二五〇―二五一頁。のちにふれるヴェブレンや、ヒュー・バイアス『敵国日本』（一九四一年）の、明治維新を勝ち取った勢力は「先の幕府の占めていた場所に自分たちが座り、そこで以前と同様の統治方法を用い続けた」（内山秀夫・増田修代訳、刀水書房、二〇〇一年九月、九六頁）も同趣旨といえよう。翌年の『暗殺による政治』は二・二六事件の勃発時の「彼の脳裡をどんな思いがよぎったかは推測するしかないが、ヒロヒトは皇室の歴史を知っていたし、何よりもひそかに恐れていたのは、カーキ色の軍服をまとった新しい**幕府**であった」（同訳、刀水書房、二〇〇四年四月、一〇七頁）という。バイアスは一九一四年―四一年『ジャパン・アドヴァタイザー』主筆、『タイムズ』『ニューヨーク・タイムズ』特派員などをつとめたが、日本語はできず大房順之助の通訳によったという。また、ロバートソン・スコットの『ニュー・イースト』の副編集長をつとめ、一九一七年七月貴族院書記官長柳田国男が官舎で両者を主賓に徳富蘇峰、頭本元貞をはじめ新聞各社のジャーナリストによる後援会をひらき（高野静子『蘇峰への手紙』藤原書店、二〇一〇年七月、三三五頁）、『東洋経済』一九三八年三月五日号は「日英協調の鍵を探ぐる—石橋＝バイアス交讙報告」と題して湛山との往復書簡を掲載した。伝記に Peter B. Oblas : Hugh Byas, a British editor who became a leading expert on Japan between the first and second World Wars : abiographical history of a newspaper journalist, Edwin Mellen Press, 2009 がある。

一九 ポール - ルイ・クーシュー、金子美都子・柴田依子訳『明治日本の詩と戦争—アジアの賢人と詩人』みすず書房、一九九九年十一月、一六〇頁。ただし原語を確認する必要から、私訳をこころみた。クーシューに関しては柴田『俳句のジャポニスム—クーシューと日仏文化交流』角川学芸出版、二〇一〇年三月、金子『フランス二〇世紀詩と俳句』第四章、平凡社、二〇一五年十一月がある。余談になるが、クーシューは『増鏡』の冒頭に登場する嵯峨清涼寺の釈迦如来像にいたく感動したという。なお陸羯南は明治二十五年（一九〇〇）八月、黒田清隆（同三十三年死去）をくわえた六伯を「黒幕会（議）」などとよんでいる（『陸羯南全集』第三巻、みすず書房、一九六九年九月、五七五—五七七頁）。

二〇 ここではこの本を日本の読者に知らしめた野田良之・久野桂一郎訳、みすず書房、一九七七年六月・十一月の訳題による。ブスケ、アペール、ルヴォンの経歴は西堀昭『増訂版日仏文化交流史の研究』第二章法律関係、駿河台出版社、一九八八年五月参照。ブスケが巻頭においた「日本語名詞の綴字法に関する覚書」が範となったか、アペールは序文で「ローマ字会の正書法を採用した」といい、ベルソナールは前年の連載第一回に表記と発音を簡単に注するなかでショーグンを例にあげて一九〇四年の単行本にひきつぎ、クーシューも俳句に関する章で用例をふくむ注をつけている。英語ではブスケがあげるヘボンの『和英語林集成』再版（一八七二年）以降とアーネスト・サトウのほか、福井での学生今立吐酔の協力をえたグリフィス『ミカドの帝国』一八七六年が「バクフ」をもちいている。

二一 菅沼竜太郎訳『ベルツの日記』下、岩波文庫、一九七九年三月、七二頁は「黒幕の政府」と訳している。ただし、伊藤の枢密院議長（交代に前議長西園寺は政友会後継総裁となる）と同時に山県、松方も顧問官に就任した事実（ベルツが韓国旅行中一九〇三年七月十三日）を、井上をふくめた新機関の設置とするなど混乱がある。同書はトク・ベルツ編としているが、「訳者あとがき」によれば、子息トクから直接わたされた原稿によるもので、「昨日、宮中で『重大な会議』があった。伊藤、山県、松方、大山、井上の諸元老と各大臣が出席した。会議は長時間に及んだ。最後的の決定をみた模様である」という記述をふくむ二月五日条などは、三分の一ほど省略・削除された一九三一年刊のドイツ語版にはみえない（四二六―四二七頁）。

二二 クローデルは大隈の死と対比しているが、吉野作造も一月十一日前日死んだ大隈をグラッドストーン、ビスマルクに比し「巨星おちて再びまた其儔〈とも〉を求むべからず　惜哉」とまで極言したにもかかわらず、二月一日山県の死を「併し世間は殆んど之を問題とせず　大隈侯の場合に比して異様の感あり」といぶかっている。

二三 クローデル前掲書六四、一二二頁。ただし、拙訳による。以下同書と、中条忍監修、大出敦、篠永宣孝、根岸徹郎編集『日本におけるポール・クローデル―クローデルの対日年譜』クレス出版、二〇一〇年十二月を参照した。ただし、学谷亮「駐日フランス大使ポール・クローデルと中国（一九二一―一九二七）」『アジア地域文化研究』第一二号、二〇一六年三月、八九頁注（一三）によれば、同書はおそらくフランス外務省所蔵史料のうち「中国（Chine）」の項目に分類された史料が使用されなかったことから、日中関係に関する事項が不完全であるという。なお、クローデルが一九二四年九州旅行で西郷隆盛の墓参をしたのは山本権兵衛前内閣への配慮のほか、ベルソール（大久保昭男訳『明治滞在日記』新人物往来社、一九八九年四月）の影響ではないかとおもわれる。翌二五年九月休暇中のクローデルは日記にクーシュー『イエスの神秘』（一九二四年）の感想をしるしており、翌年三月再来日直後にもルナン、ロワジーとともにその名がみえる。

二四 第一次世界大戦中、帝政ドイツとともに日本を不俱戴天の敵として批判したヴェブレン『日本の好機』（一九一五年）の「ミカドの名において執務する現行の官僚組織はそれがとってかわった幕府と、本質的な権限や責任の点で、目につく変化はまったくない」も同趣旨であるが、『平和の条件』（一九一七年、三一三頁）には「天皇の署名によって仕事をする政治家のシンジケート」という表現がみえる。クローデルがよんだとすれば、シンジケート（サンディカ）がフランス語では組合のイメージがつよいからコンソルシアムにかえたのではなかろうか。

二五 『岐路に立つアジア―日本・朝鮮・中国・フィリピン諸島』前言には「ワシントン、一九二二年一月」としるされており、日本の部分が『外国の新聞と雑誌』第二十一号、一九二二年六月に「嫌はるゝ日本」として紹介された（『「外国の新聞と雑誌」に見る海外論調』第一巻、柏書房、一九九七年十一月所収）。

二六 出典は順に①満川亀太郎『世界現勢と大日本』行地社出版部、一九二六年四月、②同『世界維新に面せる日本』一新社、一九二七年五月、第二章、③下中弥三郎「大西郷正伝刊行に際して」平凡社、一九三五年十一月の「現代の日本は大西郷のやうな人物を要求する」につづく部分である。①序には「将に近く維新の還暦を迎へんとする日本」、「太平洋に於ける英米の役割」の一節には「実に国際聯盟と云ふものは、英国を中心として大英帝国の勢力を保持しやうと云ふ国際的幕府になつて終つたのである」、終章は「幕末に似たる現代と日本の改造」と題して原敬暗殺を第二の桜田事変とする。②はボーア戦争について「かくてイギリスは世界幕府として一切の富と権力とを集中し得たのでありますし、トロツキーの著書をうけた「イギリスは何処に行く」では「イギリス中心の世界幕府としての覇権は今や明かに同様し出しました」ともいう。③は同年六月陸軍が天津租界を封鎖し、反英運動のひろがりをうけて、西郷に対するたかい評価は北一輝とも共通するが、満川は著書の翌年に刊行された平凡社『大西郷全集』に関係しているので、両者の関係はあきらかであろう。さらにこれとは逆に、一九四三年五月四日鎌倉国宝館を見学した受験浪人中の山田風太郎は「思うに**アジアの幕府**たらんとする日本の将来の文化は、…この森厳簡素な鎌倉文化をえらぶべきではあるまいか」としるした（『戦中派虫けら日記』ちくま文庫、一九九八年六月、二〇五頁）。すでに「転進」から「玉砕」への時期ではあるが、軍政をしく意と解され、二十二日の「いま日本は、大アジア帝国建設のために雄渾な戦闘をつづけつつある」（二一三頁）と同義で、鷗外の延長上に位置づけられよう。

二七　世界思潮研究会訳二七頁。ただし引用はいずれも拙訳による。

二八　藤岡喜久雄訳『西太后治下の中国』光風社出版、一九九一年十月。共著者バックハウスについてはトレヴァ＝ローパー著、田中昌太郎訳『北京の隠者』筑摩書房、一九八三年があって、両者と「北京のモリソン」の関係の一斑がしられる。

二九　青柳は袁世凱の法律顧問有賀長雄に同行した早稲田大学教授で、訳書刊行の翌一九二三年五月早稲田大学学生軍事研究団発団式をおこない、クローデルが六月十六日書簡で言及する早大軍教事件をひきおこした。

三〇　元老松方の死に際し、「有つて邪魔にならず（此点山県公とことなる）無くて惜しからず（此点西園寺公と違ふ）」と日記にしるした吉野作造の西園寺評価はクローデルと対照的にたかい（『吉野作造選集』一四、岩波書店、一九九六年五月、大正十三年（一九二四）七月三日条）。吉野が六月二十六日朝日新聞社を退社して日記を再開した直後で、七月十一日不起訴が確定する。同時入社した柳田国男は二月問題の時局問題大演説会で講演した「政治生活更新の期」で「『憲政の常道』の東雲が、東山の頂にたなびいて来たのです。元老が寝床の上で、次の首相を指名することは、仮令御下問のあつた場合でも、どうもよくないことである。…多数党と官僚とが申合せの交代を続けるのは、兎に角に悪い癖である。…最早さうすることは六つかしくなつた。…元来内閣を何れの政党に作らせるかの問題は、選挙人が決定すべきもので、而も選挙人の判断は各政党の主義政綱に依るの他はない」と論じたが、周知のとおり最後の元老西園寺が加藤高明から犬養毅まで「憲政の常道」により指名した。しかし、テロや病死以外の内閣総辞職では議席に関係なく反対党の党首を指名したから、手段をえらばず倒閣においこむことが野党の目的になったとすれば、柳田のいうように「どうもよくない」作用をおよぼしたといえよう。

三一 北一輝『支那革命外史』序は「書中、二十一ヶ条の対支交渉を遺憾限りなしとし又、対支政策及対外策の全局に於て日本は日英同盟に拠るべからず日米の協調的握手にあることを支持した所が多い。…此等を仕出来した加藤外務卿が首縊りをするだけの良心もなくて、今更日英同盟の無用を陳述するから凄まじい」と批判する。石橋「哲人政治と多数政治」は「真の哲人政治は多数政治」とし超然内閣たる寺内内閣に反対する。

三二 前掲選集3、一九九五年七月。『中央公論』一九二一年三月号に掲載され、翌年九月、『二重政府と帷幄上奏』十一如何にして帷幄上奏の弊を救治すべきの文中に附載。その前段に、憲法論では両論併記し、「この方面の改革については、まだ〳〵一種の思想的啓蒙運動が先決の急務であると我々は考へて居る」(六九頁)という。なお、美濃部達吉『憲法撮要』有斐閣、一九二三年四月、三〇三頁は「陸軍及海軍大臣ハ必ズシモ他ノ国務大臣ト進退ヲ共ニセザルノ慣習ヲ為シ、内閣ノ統一ハ之ガ為ニ破ラレ、国ノ政策亦往々齟齬ヲ来シ、遂ニ国ノ内外ニ二重政府ノ非難喧シキニ至レリ」、改訂第五版、一九三二年四月は「統帥大権ノ作用ガ国務大臣ノ責任ノ外ニ置カルルコトハ、…若シ不当ニ其ノ範囲ヲ拡張スルトキハ、法令二途ニ出デテ二重政府ノ姿ヲ為シ、甚シキハ軍隊ノ力ヲ以テ却テ国政ヲ左右シ、軍国主義ノ弊窮マル所ナカルベシ」「帷幄上奏ノ範囲ニ付テハ…統帥権ノ範囲ニ限リ、一般ノ国務ニ及ブコトヲ得ザルモノナリ」(三二四―三二五、三二七頁)とする。

三三 須藤重男『国難来と新国防』教育研究社、一九二四年八月、五〇―六一頁。著者は広島出身で「陸軍歩兵少佐」とあるが、一九二三年九月の『陸軍現役将校同相当官実役停年名簿』にみえない。しかし、三九年九月中佐に昇進、翌年四月中国軍管区歩兵第一補充隊長となり、被爆により数日後死亡した(『広島原爆戦災誌』第二巻、一九七一年九月、一五八―一七六頁には「重夫」とある)。なお、『三宅坂』の著者松村秀逸は同年七月大本営陸軍部報道部長から中国軍管区参謀長に転じて原爆にあったが回復し、丸山真男も宇品の陸軍船舶司令部で被爆したが(林立夫編『丸山真男と広島』広島大学平和科学研究センター、一九九八年三月）、「原爆体験ってものを、私が自分の思想を練り上げる材料にしてきたかというと、してないです」とかたる（鶴見俊輔・丸山真男「普遍的原理の立場」平石直昭編『丸山真男座談セレクション（下）』岩波現代文庫、二〇一四年十二月、一二二頁）。

三四　山崎正男編『陸軍士官学校』秋元書房、一九六九年九月、二六五頁「陸軍士官学校卒業人員表」。「出身者一覧」第一九期〈歩〉二三五頁に須藤の名がみえる。

三五　事変直後の一九三二年九月二十六日石橋湛山「内閣の欲せざる事変の拡大　政府の責任頗る重大」は「恰かも日本には、同時に二個の政府が存するが如き観を呈せしめた罪は、…究極する所、内閣が負わねばならぬ。…朝鮮師団の移動に就ては、…其の結果は、内閣が軍部の方針に屈し、其の引き廻すままに従ったと云うことだ。…内閣は亡びたに等しい」とする。作家直木三十五は前年満洲にいき、事変の前月まで『文芸春秋』に近未来小説『太平洋戦争』を連載する。『白い石の上にて』をおもわせる開発中の電気砲は攻撃用であるが、展開するまえに現実にさきをこされる。翌年一月『読売新聞』文芸時評で大宅壮一に対し一年間ファシストといなおって左翼に対する闘争を宣言し、大衆の支持をめぐってプロレタリア文学とあらそうが、純文学と大衆文学はすみわけ共存するという。さらには吉川英治、三上於菟吉ら文士、画家とともに根本博、武藤章ら陸軍将校と定期的に懇談し、内務省警保局長松本学とも会見した。「現在の支那を、日本の維新前とすれば、不平等条約を破り、犯されたる土地を、利権を回収しようとするのは、当前の事だ」「明治維新から半世紀で、あらゆる科学文明を吸収した日本人は、戦敗国になつた時、…その苦痛をこらへるだけの忍耐力を発揮して回復するにちがひない」と戦後の社会を予見しているが、高度成長が限界であろう。なお、大宅は梶井基次郎の三高時代の友人、直木は梶井を川端康成、横光利一、堀辰雄とともに評価している。

三六　植原悦二郎『日本民権発達史』附録「山県公と立憲政治」政教社、一九一六年、六三一、六三九頁、論文の初出は『国家及国家学』第一号第二号、一九一三年三月。原因については「畢竟、我国民に自治独立の精神なく、屈服隷属を以て満足して居るからである」とし、「両三年前のことなりき、或白人は予に向ひ、日本のキングは山県公ですかと問うたことがある」というエピソードも紹介している。なお、植原は一九一〇年ロンドン・スクール・オヴ・エコノミクスの博士論文を出版した『日本の政治的発展　一八六七―一九〇九』以来、ブリンクリー著の注二六三でひいた部分につづく「〔五箇条〕誓文は単に維新のリーダーたちが薩摩か長州の大名が将軍職〈ショーグナト〉にのぼるのを防ごうとするものだった」という見解を否定している。

三七　海軍の高木惣吉は原田熊雄に「各派閥の対立―即ち親分子分の関係が非常に複雑になつてゐることが根本であつて、…しかもよくないのは、みづから責任をとらうとしない陸軍の態度である」(『西園寺公と政局』第八巻一五八頁)とかたった。

三八　山田邦夫「アメリカが見た明治憲法制定と立憲政治の展開」「アメリカが見た明治憲法体制の進化と後退―政党内閣期から二・二六事件まで―」『レファレンス』国立国会図書館、八一一、二〇一八年八月、八一七、二〇一九年二月は『ワシントン・ポスト』『ニューヨーク・タイムズ』を中心に表題のテーマをおう。あわせて参照されたい。

三九　クローデルの在任期間摂政をつとめた昭和天皇は即位後、張作霖爆殺事件をめぐる田中義一首相の食言をとがめて総辞職においこんだことから、以後、輔弼を尊重するようつとめたという。ただし、一九三九年三月阿部信行に組閣を命ずるにあたって、陸相や内相などの選任に注文をつけた。

四〇　日露戦後、軍備増強計画の一環として二個師団増設を拒否された上原勇作は陸軍大臣を単独で辞任し第二次西園寺内閣を総辞職においこみ、山本内閣のあとには海軍が大臣をださず清浦内閣を流産させた。第一次世界大戦が勃発すると、大隈内閣は大規模な選挙干渉で政友会をやぶり、西園寺、山本両内閣では実現できなかった二個師団を増設した。この間、第三次桂内閣は大正政変で短命におわったが、山本内閣に留任した陸軍大臣木越安綱は四面楚歌のなか軍部大臣の任用資格から現役規定を削除したのち、辞任し、つぎには文官制(シヴィリアン・コントロール)が課題となる。木越は金沢藩士の出身ながら桂太郎に信任されて累進したが、大将を目前にしながら予備役となった。柳田国男の義兄(夫人同士が姉妹)で、柳田家とおなじ市谷加賀町二丁目にすんだ。第一次世界大戦後の一九二〇年五月貴族院男爵議員補闕選挙に当選する。

四一　美濃部達吉『憲法講話』有斐閣、一九一二年三月、一五六頁。しかし、五・一五事件ののちには「政党が自ら政権の衝に当るの欲望を去り、国政の監督者であり批判者であることを以て満足し、適当な人材内閣に対しては、これを支持し援助する立場に立つこそ、もつとも能く憲法を擁護する所以であらう」と結論するにいたった(「政党政治の将来」『東京朝日新聞』一九三四年一月二十五日)。天皇機関説事件の一年あまりまえである。

四二　クローデルは「詩人と三味線」(一九二六年)ではこれとは逆にあきらかに老子の影響で「壺や、車軸や、ヴァイオリンや、人間の精神をなりたたせる、この空虚」と無用の用をとく。

四三　一九二二年二月二十八日書簡。
四四　原田熊雄『西園寺公と政局』一九三九年十月十一日。天皇の意思が期待に反すれば責はまず「君側の奸」むかうが、二・二六事件の衝撃、天皇機関説事件をへて、元老は天皇に類がおよぶことをおそれ、天皇の意思表示をますますおさえようとつとめ、これも原田が提案した詔書の渙発をとりやめる文脈での発言である。
四五　「軍国支配者の精神形態」『丸山真男集』第四巻、一二四頁。
四六　高坂邦彦・長尾龍一編『植原悦二郎集』信山社、二〇〇五年四月、一七二―一八三頁。引用は一八一頁より。なお、宮本盛太郎「植原悦二郎における国民主権論の形成」『日本人のイギリス観』御茶の水書房、一九八六年八月、一〇七―一〇九頁によれば、没落した大庄屋の孫で、柳田同様高等小学校で学校をやめ、のち在米の成功者としりあい渡米し大学を卒業するが、W・ジェームズの孫弟子にあたるので石橋と親近性がある。宮本前掲書はⅠで東洋経済新報社とイギリス新自由主義をあつかっている。
四七　「湛山回想」『石橋湛山全集』一五、東洋経済新報社、一九七二年九月、一五〇―一五二頁。
四八　植原悦二郎「吉野博士の憲法論を評す」『国家及国家学』四―三、一九一六年三月。皮肉めいてはいるが、実感であろう。これに対し吉野は一九二七年一月二日「植原氏は十年ばかり前私の論文を批評したときもさうであつたが馬鹿に先輩振つて人を見下す悪癖あり　御本人の頭は固より問題にならず　之を気にするが愚なり」と日記に不快感を吐露しているが（吉野前掲選集一五、五頁）、植原は吉野が苦心惨憺して到達した地点のさきからスタートしたのであり、彼我の社会と教育の差を吉野は個人の性格に帰し、まなぶ姿勢にかける。
四九　柳田国男は護憲三派が総選挙で勝利し憲政会が第一党となった当日「新しき政治は民衆化」『憲政』大正十三年（一九二四）五月十日で「一般民衆をして政界より遠ざけしめたものは、我が国語が禍をなして居る、之は今日政党の宣言決議等を一見すればすぐ判明するが如く、古事、熟語の類を盛に羅列して国民大多数が判断に苦しむ様な方法を執つて居る、従て一般民は政治の六ヶ敷さに吃驚して遠ざからざるを得ない、…世の先覚者も又其の従来の態度を改め政治の民衆化に努めねばならぬ、要するに思想上の漢字制限を断行して一般民衆に政治を平易に徹底せしめ、平易に取扱はるべき程度に改造せなくてはならぬ、路上を歩む農夫が互に政治問題を論議し得るに至らねば、普選実施後の新しき政治は得て望まれぬ所である」と論じた。
五〇　かつて柳田国男と論争した大日本報徳社初代社長岡田良一郎の長男で、第二代社長となり、平田東助、志村源太郎のあと産業組合中央会会頭ともなった。

五一　セオドア・バートン（一八五一—一九二九）は共和党上院議員、下院議員。八月二十八日横浜着を東朝、東日の翌朝刊が「米国財界の大立者バートン氏昨日来朝◇有名なる日本贔屓」などとつたえ、九月二十日には日米協会午餐会の続報もある。読売は翌年三月二十六日連載第一回の要旨を紹介し、二十八日にはこれを「外遊者の常套句」としつつ「英国の某記者は、…一体日本の対支政策は、何人に依つて決定せらるゝや、…日英同盟継続改訂の議は、寧ろ参謀本部と開議せざる可らざるに非ずやと迄、極言したりと聞く」という一方、「軍閥一派と国民全体を混同して、之を非難攻撃するは、却て民主運動の前途を壅塞し、之を停礙すると同然なる所以を悟りたるものゝ如く」といった論調もしばしば米国紙にみえるとしている。山東問題につよい関心をもち、下関から朝鮮をへて山東にわたる。山県、松方、大隈、西園寺に渋沢栄一、大倉喜八郎をくわえてビッグ・シックスとよび、新世代の原、高橋、内田、加藤らは具体的評価におよばない。上院議員から財界に転じ、日本経済の発展を評価する一方、政党が政策ではなく人間関係により、買収が横行すると指摘する。フォレスト・クリッシーの伝記（一九五六年）は「再び非公式大使」の章題で、私的旅行の計画をしったウィルソン大統領の駐日大使にあてた書簡を紹介しており、ワシントン会議への布石とみられる。

五二　Walter Wallace McLaren : A political history of Japan during Meiji era, 1867-1912, 1916. p375.　著者（一八七七—一九五一）はカナダうまれ、一九〇八—一四年慶応大学理財科教授、渡米しウィリアム・カレッジ教授、二〇年国務省勤務という（Bibliographical Database of Keio Economists）。序は日露戦争後、アングロ - サクソンの対日評価が劇的に悪化したことにはじまり、日本人が世界各国から尊敬される道をあゆむようねがうしかないとむすび、引用個所は全巻の最終段落冒頭で、終章は「日本の政治システムの軍事寡頭制による完全な支配は明治末期の歴史で最も重要な事実である」にはじまり「中国が自己防衛できない場合、どの西洋列強が救援のために介入するだろうか」とむすぶ。

五三　国立公文書館アジア歴史資料センター『臨時外交調査会会議筆記』第五巻大正八年八月二日2。加藤は原とともに賄征伐事件で司法省法学校を退校処分になった外交官出身の貴族院議員で、随員として講和会議に参加中、ロシア大使任命のため帰国した。原の暗殺によって山東問題、シベリア出兵と前二内閣の負の遺産は高橋、加藤友三郎内閣までもちこされる。

五四　マクラーレン前掲書三一五および五頁。

五五　石橋は講和会議中「袋叩きの日本」を発表している。柳田は官界をしりぞいた翌月、一九一九年一月の「二階から見てゐた世間」につづいて翌年十月東京で「準備なき外交」を批判し、十二月十四日大阪朝日新聞本社での市民講座での講演「島と国民性」（翌日朝刊三面）の前半を成稿した「滄海を望みて思ふ」に「今日の日本として世界的に孤立の状態に置かしめたと思ふ」とあり、三日後福岡でおこなった講演の草稿「文明の批評」にも「淋しい国際的孤立はもう実現し始めたのであります」とある。後二者は柳田生涯一度の沖縄旅行出発に際しての講演であり、共通の問題意識上にある。

五六　クローデルは日本のマスコミでは「詩人大使」とよばれ、石川淳「ポオル・クロオデルの立場」は「昼のうちはかく濠端に佇むクロオデルも、夜になると時あつてはわれわれ青年の会合に姿を現はし、時あつては官の宴席に列するのである。だが、無名の青衿に囲まれた彼のうちにこそ、詩人が生きて居る。…」といい、一九二三年一月フランス軍のルール占領を機にこの二面性を批判したのが中野重治の詩「ポール・クローデル」であるが、クローデル自身休暇中にシュルレアリストたちを挑発する。石川は「ジイドむかしばなし」『夷斎俚諺』、中野は「山内義雄さんのこと」『沓掛筆記』で当時を回想しており、鷗外に対する態度と共通し、永井荷風「森先生の事」も「支那歴代の詩人」とともに「其の身官途に在つて詩文を能くするもの、現に仏蘭西の大使のクロオデルの如きがある」という。山内とともにシャルル＝ルイ・フィリップに関するクローデルの講演を企画した小牧近江（本名近江谷駉）はルール占領への反対運動のフランス語声明文を外務省のタイプで作成して大使館から照会をうけた課長から注意され嘱託をやめた。小牧は社会運動にかかわりつつ苦学してパリ大学法科を卒業し、講和会議事務所嘱託として松岡洋右からボルシェヴイキとよばれたという（小牧近江『ある現代史―〃種蒔く人〃前後』法政大学出版局、一九六五年九月、五五、八八頁）。

五七　中条忍「来日前後」同監修前掲書四二八頁。

五八　『中央公論』五月号「国民は不景気の惨状に堪へ得るか」、『東京日日新聞』三月三十日―四月一日朝刊五面「景気恢復は来まい」。大内兵衛は当時の経済論をリードした経済学者として「自分の好きなことじゃなければ言わない」福田徳三と比較しつつ「いつでも時事論を書ける人は、堀江帰一さんだけだったんじゃないかな。…堀江さんはなんでも知っていた」（安藤良雄編著『昭和政治経済史への証言』上、毎日新聞社、一九七二年八月、一一五頁）と回想している。東日にもしばしば、中央公論にはほとんど毎号寄稿しているので、後者の編集者であった木佐木勝『木佐木日記』上下、中央公論新社、二〇一六年十一月にもよく登場するが、横山尊の解題によれば同書は当時の原本そのままではなく一種の日記風回想録と見なすべきものである。なお、邦訳はフランス語表記にしたがい「堀井」としたのはともかく、堀江が反駁するために提出した俗論のみを堀江説とし、原文にない改行のあとはクローデルの批判と誤解したため、「筆者」という名詞を最初は「堀井氏」、最後は「私」と訳している。

五九 石橋湛山は一九一七年十一月「寺内内閣の亀裂」で「寺内内閣は、米国の金禁出の一電に依て、慥かに亀裂が這入った様に思われる。…勝田蔵相の如きは、議会壇上に、銀行家の会合に、関西旅行に、到処で大楽観を鼓吹して置きながら、金禁の一電に接するや、態度豹変、楽観方針はこれで打切りにする、貿易は物々交換の成る範囲で遣る外はない、と云うて投げ出したのである」と批判した。勝田主計は経済借款に消極的な志立鉄次郎日本興業銀行総裁を更迭して西原借款を強行した。

六〇 「金輸出禁止令の思い出」『大内兵衛著作集』一二、岩波書店、一九七五年十一月。なお、高橋や井上の出世のきっかけは一八九九年二月山本達雄日本銀行総裁と対立した幹部連が総辞任したことであった。

六一 美濃部達吉『議会政治の検討』日本評論社、一九三四年五月、二八〇頁。『法学協会雑誌』一九二九年十月、三八一頁。「金輸出解禁の法律的形式」『現代憲政評論』岩波書店、一九三〇年二月ではこれを穂積八束の憲法上の立法事項説にもとづくと批判する。

六二 『東京朝日新聞』一九二七年十月十九日朝刊二面トップ。この件に関する専論に岸田真「昭和金融恐慌後のアメリカの対日経済認識と日米経済関係—一九二七年一〇月、モルガン商会T．W．ラモントの訪日を通じて」『三田学会雑誌』九六—三、二〇〇三年十月があるほか、ロン・チャーナウ著、青木栄一訳『モルガン家』上、日本経済新聞社、一九九三年七月、二八八—二九五、四一〇—四二〇頁、三谷太一郎『ウォール・ストリートと極東』東京大学出版会、二〇〇九年十二月、九二—九四頁、同『日本の近代とは何であったか』岩波新書、二〇一七年三月、一三一—一四二頁、ウィルキンズ、蠟山道雄訳「アメリカ経済界と極東問題」『日米関係史　開戦に至る十年』三、東京大学出版会、一九七一年九月、一九四—二〇五頁参照。森賢吾については後任の財務官である津島寿一の「森賢吾さんのこと」上下（『芳塘随想』第一一、一二集、一九六三、六四年）がある。

六三 長谷川雄一他編『満川亀太郎書簡集』論創社、二〇一二年七月、一三三頁、福永憲書簡。福永は西田と陸軍中央幼

年学校、陸軍士官学校同期で、朝鮮平壌の歩兵第七十七連隊にあった。同書三頁、〔一九二六年〕九月十四日五高生井上寅雄書簡の「宮中府中へ向って討幕運動真に痛快に存じ候。…維新日本の建設のため結束してたつべき行地社の分裂せることかへすがへすも残念に候」は北一輝が大川周明のパトロンである内大臣牧野伸顕を脅迫した宮内省怪文書事件により行地社が分裂したことをさすが、「討幕」「維新」の比喩がひろくもちいられたことをしめしている。

六四　五月十五日、六月二日に開催され、五月十六日―六月十四日連載された。出席者は有吉忠一、井上、上田貞次郎、久原、志立鉄次郎、*田中隆三、*藤原、前田米蔵、松田源治、三土忠造、美濃部、武藤山治、山道襄一、山本条太郎、湯浅、*湯川寛吉、（二回目）江木翼、馬場鍈一、神戸正雄、平生釟三郎、（朝日新聞社）下村治、緒方竹虎、高原操（*は二回目欠席）。上田、志立、平生は一九二八年設立したものの、財界の賛同をえられなかった自由通商協会の中心人物であるが、平生は満洲事変後転向して広田内閣の文相となる。志立は座談会で省の統廃合のほか、官僚の年功序列を排し能率化、独立自主の精神などを提唱している。前年浜口が狙撃されて井上は内閣の中心であり、武藤は極度の不況下での悪影響を憂慮し軍人の優遇をとくが、美濃部は「枢密院が反対すれば枢密院を抑制し、陸海軍が反対すれば陸海軍を圧迫する位の覚悟を以てやつて行きたい」といさましい。高原は翌年のジュネーヴ軍縮会議をひかえた軍の攻勢に各政党が共同してあたる必要を力説するが、積極的賛同をえられず、九月満洲事変がおこり、会議は流会する。

六五　丸山真男「戦争責任について」「日本支配層の戦争責任」『丸山真男集』岩波書店、第一六巻三二八―三二九頁、別巻八頁、一九九六年十二月、一九九七年三月。松平のいう「神輿」が「軍国支配者の精神形態」『丸山真男集』第四巻一四〇―一四一頁、第六巻二六七頁における「無責任の体系」を構成する政治的人間像の三類型、さらに一般的には「日本帝国の政治的世界の分子式」とされる、神輿―役人―無法者（浪人）とことなることはあらためていうまでもない。

六六　東条内閣の陸軍大臣秘書官をつとめた西浦進の回想『昭和陸軍秘録』日本経済新聞出版社、二〇一四年四月、三四二―三四三頁によると、東条にとって大命降下はまったく予想外であったらしい。

六七　後藤孝夫『辛亥革命から満州事変へ―大阪朝日新聞と近代中国』みすず書房、一九八七年九月、引用は三六二頁、論調の急変についてはそれ以下の記述を参照。大阪朝日の編集局長で社説の責任者であった高原操は事件の第一報に接して翌日の「編集局日誌」に「軍部の数ケ年来の計画遂行に入つたものと直覚」としるしたという（『新聞と戦争』

朝日新聞出版、二〇〇八年六月、二〇〇頁）。石橋湛山はこの年二月十四日「国を挙げて非合法化せんとす」で「万機公論に決す」るデモクラシーの危機をうったえ、四月十八日「近来の世相ただ事ならず」は議会中心主義を高調する浜口首相ははやく辞任すべきであったとし、五月二日「指導階級の陥れる絶大の危険思想」は浜口内閣の踏襲を「畢竟、財界に新手を打たれては困る、ソッとしておいて貰いたい、其の内には『何うにかなるだろう』である。…『何うにかなるだろう』は要するに『何とでもなれ』である。…この卑怯な一日逃れ的の宿命論を叩き潰さなければ、国難は決して救われない」は事変後の追随の予見といえる。さらに十一月十四日「真に国を愛する道　言論の自由を作興せよ」は「斯くも無慙に言論の自由を失った最も大なる理由は、我学者、評論家、識者に、或は新聞其他の言論機関の経営者に、自己の信ずる所を憚る所なく述べ、以て国に尽すの勇気が六百五十年前日蓮の有したそれの百分の一も有せざることにありと考える」と「軍閥の…脅威」や「法規による言論の圧迫」ではなく内部崩壊を批判する。前月は日蓮の六百五十年忌、石橋の実父、養父は日蓮宗の僧侶であり、後段の「あの狂信的日蓮でさえ、『智者に我義破られずば、』との条件を付した。今日の我一部の自任愛国者には、之だけの寛容さえも欠けている」と精通ぶりをしめす（『石橋湛山全集』第八巻）。

六八　原秀男他編『〈検察秘録〉五・一五事件』Ⅲ匂坂資料三、角川書店、一九八九年十月、二〇頁、調書の日付は昭和七年（一九三二）十二月六日。同Ⅳ匂坂資料四、一九九〇年二月、六一三頁、調査書の日付は昭和十年（一九三五）四月二日。磯部浅一「獄中日記」にも「（一九三六年）八月卅一日　刑務所の看守の中にも**バク府**の犬がゐる　馬鹿野郎、今にみろ、目明し文吉だ　…」とある（『ドキュメント日本人三　反逆者』学芸書林、一九六八年十二月、二一六頁）。バートン「極東に関する真実」が政党は政策ではなく人間関係によると指摘したように、軍の派閥も同様の性格がつよいようである。

六九　専修大学今村法律研究室編『神兵隊事件』今村力三郎訴訟記録第八、九、四二―四五巻、一九八四年一月―二〇一六年二月。一九三五年九月十四日の予審終結決定書には天野について「帝国議会ニ於テ絶対多数ノ議会ヲ占ムル政党ノ首領ガ当然且必然ニ民意ノ名ニ於テ首相ノ大命ヲ拝シテ内閣ヲ組織シ、議会中心、政党本意ノ政治ヲ行ヒ組織的ニ行政、立法、司法ニ対スル天皇ノ大権ヲ一手ニ壟断シテ之ヲ干犯シ、加之政党ハ財閥及特権支配階級ト結託シ、…幕府ノ武力ニ替フルニ組織力ト金力ト法律力トヲ以テ政治上ノ実権ヲ掌握シ、『**政党幕府**』トモ称スベキ儼然タル皇道違反ノ反逆主体ヲ組織構成シテ明治維新ノ偉業ノ完成ヲ妨ゲ、…国民ヲシテ漸ク天皇意識、国体精神ヲ亡失セシムルニ至ラシメンタリト断ジ、『**政党幕府**』ヲ打倒シ其根源ヲ為ス天皇機関説並ニ自由主義、個人主義、唯物主義等非日本的志想ヲ爆破粉砕スルニ非ズムバ竟ニ国家ハ衰亡ノ外ナシト思惟シ、…昭和ノ『**政党幕府**』ニ於ケル浜口雄幸、幣原喜重郎等ハ即チ徳川幕府ニ於ケル井伊直弼ト其心事ヲ同ウシ、共ニ天皇ノ大権ヲ干犯シ奉ルモノト痛憤シ、…」とある(原秀男他編前掲匂坂資料四、四六四—四六五頁)。

七〇 今井清一、高橋正衛編『国家主義運動一』現代史資料四、みすず書房、一九六三年五月、一一八、一二〇頁。計画はクーデタの実行者とその後の建設者を分離するという点に特色があり、天野は後者を担当することになっていた。天野の同志安田銕之助は、甘粕事件で戒厳司令官を解任された福田雅太郎の女婿で、フランスに留学した東久邇宮稔彦王附武官として大正天皇の大葬で帰国した後、依願免官により私設秘書となったので、後段に〇〇は皇族あるいは宮様であろう。クローデルは大葬の前年、フランスで自由をえて絵画をこのみ軍事の勉強を放棄した宮が帰国を拒否したと報告している。

七一 高橋正衛解説『国家主義運動三』現代史資料二三、みすず書房、一九七四年二月、一七七頁。

七二 秦郁彦『軍ファシズム運動史』復刻新版、河出書房新社、二〇一二年五月、三四二頁。

七三 さらに「みこと。いともかしこし。　将校の本務」にも「『天皇機関説排撃、国体明徴などと余り騒ぎ廻るな』と云ふが如き不逞大逆の**幕府**庇護の随意的表白をなすが如き将軍が　陛下の神軍の高位に存在することが果して許さるべきであらうか」とみえる。高橋正衛編『現代史資料四　国家主義運動二』みすず書房、一九六四年一月、八九一、九〇四頁。原秀男他編前掲匂坂資料七、一六七—一六九頁によれば、前者の作者は「東京方面ヨリ送付セラレタル怪文書ニ刺戟セラレ」た松浦邁であり、前年十月ごろにも「見よ。君民を離間して自家の権慾維持に最後の断末魔を揮はんとする**昭和幕府**の存在を。…」という「北満だより」を作成、送付したという。ただし、大蔵栄一「怪文書」は「仲間のもっている考えを筆がたち、たまたま時間のある人が書いたもので、怪文書とはある仲間の一つの意識を代弁したにすぎない。だからだれかが一つ、つくると、これはいいといって、ガリ版に刷ったり、時には活字にしたりして、次から次へと形をかえて刷られて渡されていったものだ」(『現代史資料月報』国家主義運動(二)付録、みすず書房、一九六四年一月)という。事件後門司で押収された押収目録の二に皇魂一部があり(同書六〇四頁)、また伊藤隆他編『真崎甚三郎日記』一、山川出版社、一九八一年一月、三九一頁の昭和十年一月三日条のあとに「〔註〕以下欠落あり」とあって一行あけ、四日の日付がなく「十一時頃突然相沢来訪ス。其ノ熱ニハ常ニ驚カサル。例ニヨリ不得要領ニ談ヲ続ケシモ要ハ皇魂ノ発行ヲ援助セラレタキコト、将来二万部ヲ発行ス、之ガ為ニ二千円ヲ要ス、菅沼招致ノ必要ナルコト、之ハ永田ヲ駆逐スルヨリモ有効ナルコト等ナリ」とはじまる。なお、真崎は蓑田胸喜の要請により『原理日本』も後援している（同日記二、二三二頁、一九三五年九月二十二日条）。相沢の軍法会議への送致書にも三月事件、十月事件に関して「恰モ幕府ノ私兵ノ如キ感アルハ一ニ軍首脳部ノ責任ニシテ其ノ最大責任者ハ永田軍務局長ナリト信ジ」とある（高橋正衛解説『続・現代史資料六　軍事警察』みすず書房、一九八二年二月、五八二、六〇五―六〇七頁）。二・二六事件の捜査報告の意見書や公訴状には「昭和六年十二月頃ヨリ維新同志トシテ」安藤、磯部らとむすび「雑誌皇魂ノ転送配布等ヲ為シ、怪文書通益々同志団結鞏固共、昭和十年…十二月下旬…磯部浅一ヲ訪ネ、同家ニ宿泊中、満井中佐外十八名ト相沢中佐事件弁護対策ニ関シ相協議シ」などとある（原秀男他編『〈検察秘録〉二・二六事件』Ⅱ匂坂資料六、角川書店、一九八九年九月、二〇一頁。同Ⅲ匂坂資料七、一九九〇年六月、二〇一―二〇三頁）。

七四　昭和十一年（一九三六）二月二十五日（林茂他編『二・二六事件秘録㈠』小学館、一九七一年二月、二四頁）。

七五　蓑田胸喜『学術維新原理日本』自序、原理日本社、一九三三年十二月、四頁。

七六　丸山真男「ある日の津田博士と私」『丸山真男集』第九巻、岩波書店、一九九六年三月によれば、終講にあたって原理日本社系の学生協会が津田を長時間糾問し、翌日機関紙『帝国新報』が法学部の責任を弾劾したという。

七七　原田熊雄『西園寺公と政局』第六巻、岩波書店、一九五一年十一月、一九五―一九六頁。「神兵隊の前田あたり」とあるのは、十二月七日外務省の革新官僚白鳥敏夫の「この間安井元文部大臣と一緒に神兵隊の大将に会つたが、天野は極めて真面目な奴で、…」というはなしから大赦も「この天野あたりが極端に運動したのが現はれて来たもののやうにも感じた」（一七〇頁）とあるから、天野のあやまりであろう。矢部前掲『近衛文麿』二七七頁には七月三日付で平泉は安井に託して近衛に手紙をおくり、「憂国愛国の至情より発して法に触れた者」の大赦、特に真崎甚三郎の赦免を切望したとあり、皇道派シンパの近衛は日中戦争勃発直後にもかかわらず執心しつづける。原田前掲書、一二三、一二六、一七〇頁に一九三七年十月二十三日「この恩赦の詔勅については、安井文部大臣が最も熱心であった。…平泉澄博士に私淑してゐるが、平泉らの主張がそこにあつたのである。…文部大臣は辞める前に、近衛総理にしきりに『もう辞めろ』と言つたらしい」、二十七日「例の詔勅問題について、しきりに馬場〔鍈一内務大臣〕の方から『警保局の若い連中も喧しく言つてゐるし、…』」とあり、平泉―安井―富田の密接な関係をうかがわせ、八月六日湯浅倉平内大臣は近衛が平泉を天皇にちかづけようとしたことを懸念している（一三〇頁）。なお、二十三日条の前段には「寺内陸軍大臣の時に、即ち二・二六の起つた後で、陛下から陸軍大臣に賜はつたお言葉がある。…それを見ると『今回の二・二六事件を起したやうなことは明治天皇の軍人に賜はつた勅諭に反し、且我が日本の歴史を冒瀆したものだ』といふことを強く言つておいでになる。…到底賛成するわけには行かないといふのが、〔杉山元〕陸軍大臣の考であつた」とあるが、全員が暗誦させられた軍人勅諭の第一条には「政治に拘らす」とある。

七八 原田前掲書、第七巻八六―八八頁、第八巻一九五頁。後述のとおり第二次内閣では後者の要求により平沼騏一郎を入閣させ、さらには平沼自身が銃撃されるから、辞職勧告は翌年一月実現する平沼内閣を待望したものであろう。『木戸日記』一九三八年八月二十三日条には「近衛内閣は所謂右翼を甘やかすとの評を聞くも、内外の情勢殊に所謂インテリの無力的存在に鑑み、安全弁を若干開き置くの要はあるも、愈々国策決定し、百八十度の転回を為すの必要を生じたる際には、断乎たる処置に出るの要あり、…若し万一のことある場合には最善を努めて死するに若かずと力説す。首相も同意見にて、…」とあるなかで富田が「首相の勇退を希望し居りたり」という近衛のはなしがはさまっているが、海軍省軍務局にも極秘情報としてつたわっている（前掲『高木惣吉日記と情報』上、一六六頁）。富田の任命は近衛自身にとっては「安全弁」として機能したものの、「死する」のは木戸らとともに戦犯に指名されたからである。これと対照的なのが五・一五事件直後、西園寺のかたる組閣時の斎藤実で「もし平沼を入れたらんには、刻下の物騒だけは直に鎮静せんかと話したるに、斎藤は、そんな爆弾をだくやうなことはまッぴらなりと手を振り居りたり」という（『小山完吾日記』一九三二年五月二十五日条）。陸軍省新聞班長鈴木貞一の日記には一九三三年十月十日「夜、安井〔内務省地方局長〕、大橋〔忠一満洲国国務院外交部次長〕、安倍〔源基特高部長〕、石川〔信吾海軍中佐、軍令部参謀〕、富田〔拓務省管理局警務課長〕ノ文官及土橋〔勇逸陸軍中佐、参謀本部員〕ト共ニ国策研究ヲ為ス。現状打破及之レカ為先既成政党打破ニハ意見一致ス。又金融国営ニモ同意ナリ」とあり、革新官僚の横断的連携がうかがえる（伊藤隆他「鈴木貞一日記―昭和八年」『史学雑誌』八七―一、一九七八年一月、七五―七六頁）。富田の回顧録『敗戦日本の内側―近衛公の思い出』古今書院、一九六二年一月の序文も平泉澄がしるしている。

七九 北一輝は柳田や石橋より徹底した独学者といえるが、弟昤吉の進学先を早稲田にかえさせるほどの官学ぎらいで、中国革命に投じた点で大陸浪人と外面的な類似性をしめす。

八〇 今井清一、伊藤隆編集『国家総動員二』現代史資料四四、みすず書房、一九七四年七月、二六九頁所収の『東京朝日新聞』。『読売新聞』も同趣旨（同二七一頁）。

八一　矢部貞治『近衛文麿』読売新聞社、一九七六年七月、四五五―四五八頁。近衛の自決の翌年細川護立を会長として発足した近衛公伝記編纂委員会の委嘱により矢部が編纂執筆した。『矢部貞治日記　銀杏の巻』読売新聞社、一九七四年五月によれば、七月一日近衛にあい、七日には憲法論（幕府論）が話題になったようで、具体的な記述は近衛に対する感情の変化もふくめて興味ぶかいが、煩雑にわたるので総括的な記述にかえた。J-DAC（ジャパン・デジタル・アーカイブセンター）の近現代資料データベースにオンライン版矢部貞治関係文書が二〇一八年十一月、一九年七月（自筆日記、手帳・ノートをふくむ補遺）がリリースされ、本書の関係では他に二・二六事件東京陸軍軍法会議録、近代以外では静嘉堂文庫所蔵宋元版がある。

八二　下段にも「例えば昨日までは米内首相が統領であり、今日からは近衛首相がそれに代る。そうした団体が、…強力にして統一あり継続性ある活動をなし得るとは思えない。或はそれにもかかわらず事実其の団体に政治を指導する力が現れることがあるとすれば、…別に内部に強力なボスの存する場合であろう。…其の全組織が『**幕府的**』**存在**に化す時である」と大政翼賛会の問題を喝破してあますところがない。九月十四日の「一国一党を要望す　近衛公の大英断を望む」という逆説的なタイトルの社論にも「若し近衛公の熱誠と勇気と識見とが、善く国民の信望を集めて、之を率い、国政翼賛の実を挙げ得るならば、今日の場合、実際上一国一党の効果を収め得ることは明かだ。…右の如き重責を尽す能力を喪い、或は時代の要求が変れば、何時でも一国一党の形は消滅する。従ってそれは断じて幕府的存在にはなり得ない」とある。しかし、こうした高等戦術は一言片句をとれば「軍国主義的」「国家主義的」となり、不明瞭な公職追放の口実となる。

八三　伊藤隆編『高木惣吉　日記と情報』上、みすず書房、二〇〇〇年七月、四四五、四四八、四八〇―四八二頁。

八四　表紙は上に「**KAIZO**」その下に右書きで「改造」、下に「2600」中央縦書きで「十二月号」、右に「日本政治の根本義　有馬頼寧　佐々木惣一　対談」、左に「特輯　転換期の世態」とあるから、この対談がメインの記事であったことがわかる。対談は末尾に「（十月三十一日、華族会館にて）」、冒頭近くで記者が「（有馬氏に）佐々木惣一は教育勅語煥発五十周年記念式典に参列の為昨日御上京になつたのでお無理をお願ひしました」とあり、まさに十月三十日が教育勅語の発布された当日であるが、紀元二千六百年のほかにさまざまな祝賀行事がおこなわれたわけである。この対談は赤木須留喜『近衛新体制と大政翼賛会』岩波書店、一九八四年一月、二五一頁によって知りえた。

八五　尚友倶楽部、伊藤隆編『有馬頼寧日記一巣鴨獄中日記』山川出版社、一九九七年四月、一三八、一六四―一六五頁。

八六　最後の引用のみ末尾に「(一九四六・一・二九)」とある「近衛新体制についての手記」による(前掲『国家総動員二』附録二、五八二頁)。

八七　山浦貫一『森恪は生きて居る』政治篇、高山書院、一九四一年五月、引用は一〇四頁。一九三七年五月シャム公使から東亜局長となった石射猪太郎は七月十七日日記を再開すると、「東亜局長なる職が難儀な役目である事は予想して居た事であつたが、今度の様な馬鹿げた北支事変にまき込まれ様とは是又夢思はな〔か〕つた。〇而して又広田外務大臣がこれ程御都合主義な、無定見な人物であるとは思はなかつた。〇非常時日本、殊に今度の様な事変に、彼の如きを外務大臣に頂いたのは日本の不幸であるとつく〴〵思ふのである」、九月十八日にも「広田外相は時局に対する定見も政策もなく、全く其日暮し、イクラ策を説いても、それが自分の責任になり相だとなるとニゲを張る。頭がよくてズルク立まわると云ふ事以外にメリットを見出し得ない。それが国士型に見られて居るのは不思議だ」とあり、二十日近衛について「門地以外に取柄の無い男である。日本は今度こそ真に非常になつて来たのに、コンな男を首相に仰ぐなんて、よく〳〵廻り合せが悪いと云ふべきだ、之に従ふ閣僚なるものは何れも弱卒、禍なる哉、日本」と喝破し、翌年一月十四日『支那現政府を相手とせず』にて閣議。…誰かに〈ママ〉ベソをかくだろう」、十五日「参謀本部は尚直接交渉に未練を残し声明をもう少しまつたら如何とあがいたが政府側の強気勝を制し明日…声明公表と云ふ事にきまつた由」、十七日「今朝の新聞は…皆礼賛して居る。憐れな言論機関だ」、また南京事件についての上海電やアメリカ人の財産掠奪に対するグレー大使の抗議をうけて、六日「掠奪、強姦目もあてられぬ惨状とある。嗚呼之が皇軍か。日本国民民心廃頽の発露であろう」、十日「アキれ果てた皇軍かな。此腐敗は人心革命によつてのみ是正される」という(『石射猪太郎日記』中央公論社、一九九三年七月、一六七―一六八、一八二、一八三、二四二―二四四頁)。石射は広田のようなエリートではなく、東亜同文学院卒業、満鉄をへて独学で高文、外交官試験に合格した。回想録『外交官の一生』中公文庫、一九八六年十一月、一八二頁に「大使が徳川二代将軍の後裔、陸海軍武官が島津〔忠重海軍少将〕、前田〔利為陸軍大佐〕とあつては、日本政府はここに幕府を開く気かと私は苦笑した」とあるが、一九二九年駐英公使に着任した松平恒雄〔一九三六年宮内大臣〕は容保の子で、保科正之の子孫である。十一月十七日自分の後継者と目してきた西園寺の感想「一体近衛には相当な識見があると自分は思つてをつたが、何にも自分自身がないやうな風に見える。それは困る」に対して、原田熊雄は「一遍出して叩かれると引込んでしまふ。非常に臆病だから、その点、識見がないやうに見えるんぢやないかと思ひます」と弁護した。翌日小泉信三慶應義塾長の「田舎なんかの、或は若い者なんかの近衛さんに対する人気は大変なもので、…」（原田前掲第六巻、一四五、一四八頁）、翌年七月三日近衛は陸相更迭を強行し板垣征四郎をすえたが、五日松平康昌内大臣秘書官長の「これも勿論極秘だけれども、陛下は内大臣に、『近衛は板垣のことを、会つてみましたけれども、ぼんくらな男だ、と言つてをつたよ』…『近衛はすぐ変るね』と附加へておつしやつた」という談話をしるすが（同第七巻、六頁）、三日後には海軍省軍務局の「絶対極秘」資料にのる（前掲『高木惣吉 日記と情報』上、一四二頁）。

八八 高橋正衛解説『国家主義運動三』現代史資料二三、みすず書房、一九七四年二月、二〇六―二〇八頁、資料解説第一部四。また、『畑俊六日誌』続現代史資料四、みすず書房、一九八三年三月、昭和十五年十二月二十三日条に「元来平沼が無任所相になりたるは、月末神兵隊の天野が近衛に膝詰談判をなし、赤の一掃をなさゞれば考へあるが如き脅迫文句を並べ、五日迄に回答を迫りたる結果なりと畑は〔井上〕日召より聞きたりと云ひあり」という。「勤皇まことむすび」は神兵隊関係者が分裂した際の天野派の系統である。

八九 グルー、石川欣一訳『滞日十年』下、ちくま学芸文庫、二〇一一年十月、一〇一、一〇五頁、ただし拙訳による。なお、一九二一―三九年駐日大使をつとめたド・バッソンピエール、磯見辰典訳『ベルギー大使の見た戦前日本』講談社学術文庫、二〇一六年八月、二〇七頁が五・一五事件、二・二六事件の後「議会主義の時代が三分の二世紀すぎたいま、日本は一八六八年に先立つ三世紀の**将軍の幕政**を思わせるような体制に戻っている」とするのも **shogunat** であろう（未確認）。なお、関東大震災の際、クローデルはベルギー大使の別荘に滞在していた長女の無事を確認するため、横浜をへて逗子にかけつけた。

九〇『木戸幸一日記』下巻、東京大学出版会、一九六六年七月、九一五―九一八、九二八―九三二、九〇五―九〇六、九一三―九一四頁。近衛はついに「愈々国策決定し、百八十度の転回を為す」ことなく親友の木戸にみかぎられるが、近衛にせよ、木戸にせよ、だれそれをもってくれれば、おさえられるという安易な発想に終始している。

九一 近衛の総理大臣秘書官であった牛場友彦は松本重治と戦後、「**牛場** 撤兵いいよ、と言って帰った途端に殺されちやうから、陸軍省で。 **松本** 東条は事務的だったからね。…海軍も軍務局長の岡敬純がバランスの上に立っていたから。…」とかたっている（松本『近衛時代』下、中公新書、一九八七年一月、二二三頁）。

九二 杉原の上海領事時代の総領事で仲人をつとめた石射猪太郎も一九四四年一月三日「此頃エドガ・スノーの亜細亜の

烽火をよむ。訳文生硬なるが、面白し」としるしている（石射前掲日記六五七頁）。

九三 ド・バッソンピエール前掲書、二〇七頁が「明治の王政復古に続いて「Sui generis」［独特な］議会主義の時代が三分の二世紀すぎたいま、日本は一八六八年に先立つ三世紀の将軍の幕政を思わせるような体制に戻っている」に相応するが、この項をむすぶ「その共鳴者が『第二の王政復古』すなわち昭和維新―明治維新にたいする真の反動―とよぶ運動の結果を要約すれば以上のようになる」は北一輝らが昭和維新を明治維新後の反動に対する第二の維新と位置づけるのと相反する。著者は一九二一年ヨーロッパを歴訪する皇太子とすれちがいに着任し、三八年停年となり翌年離日するまで初代駐日ベルギー大使をつとめた。

九四 後藤以外は順に富田健治、村瀬直養、武藤章、阿部勝雄、小畑忠良、挾間茂である。訳語の「聯盟国家」corporate stateにはファシストのイタリアがあり、一九三九年一月昭和研究会で三木清が執筆した「新日本の思想原理」の続編は「協同主義の哲学的基礎」と題され、さらに翌年九月「協同主義の経済倫理」が発表された（酒井三郎『昭和研究会』ＴＢＳブリタニカ、一九七九年六月、一五四―一五七、三〇二―三五六頁）。有馬は一九三六年産業組合中央金庫理事長のまま、自由主義者の志立鉄次郎にかわって中央会会頭を兼任した。戦犯として巣鴨に収監され、一九四六年三月二十四日の朝日新聞「中国に学ぶ合作社運動」の「…動機はエドガー・スノー夫人ニム・ウエルス女史の『中国民主々義建設』を読んだことである。杉山〔元治郎〕氏が幹事長となり一面識もない有馬頼寧伯を訪ね、…スノー氏を訪ねて教へを乞ひ、…」をひきつつ、獄中日記三十一日条に「一、始め杉山氏の来訪をうけて其話をきゝ、協同組合主義者である私は全面に賛成であったし、…其後どうなったかと、気にはかけて居た」とかたっている。『支那民主主義建設』が東亜研究所から訳出されたのは一九四二年である。ネオコーポラティズムもふくめて社会主義方向への可能性もしめすといえよう。

九五 松本前掲『近衛時代』下、六〇頁は第一次近衛内閣で書記官長をつとめた風見章が八月二十五日夜、同盟通信社社長古野伊之助をたずねて「後藤君だけが民間人であり、みんな軍人か役人ばかりだ。後藤君を助ける意味もあり、松本君も常任幹事として参加させてもらえないか」と懇願したので、「翌日午後から総理官邸で毎日のように常任幹事会に出席した」とかたる。また、海軍省軍務局長の補佐として高木惣吉が出席していたという。

九六 松本重治『上海時代』上、中公新書、一九七四年十月、一六二―一六三頁。石川禎浩『「中国の赤い星」再読』同編『現代中国文化の深層構造』京都大学人文科学研究所、二〇一五年六月によれば、スノウは一九三六年十一月ころから新聞、雑誌に原稿を部分的に発表しており（三一五、一二頁）、「西安事変後に中共がコミンテルン・ソ連の方針に従い、国民党にさらに接近・妥協していくことに危惧を感じたスノーは、北平で『赤い星』の執筆を続けながら、折にふれ、そうした危惧を延安にいる妻のヘレン・フォスター・スノー（Helen Foster Snow すなわちニム・ウェールズ Nym Wales）に書き送っていたようである。それに対しウェールズは延安の空気を紹介しつつ、もしスノーがその考えを『赤い星』で表明するなら、『左よりの考えが軒並みトロツキストと呼ばれる』ような状況下では、『多くの敵を作ってしまう』と忠告していた」（八頁）という状況がスノウを松本との意見交換におもむかせたのかもしれない。

『赤い星は如何にして昇ったか』臨川書店、二〇一六年十一月。『丸山真男回顧談』下、岩波書店、二〇〇六年十月、七三、九四頁は松本が戦時中の政治学研究会から戦争直後ラディカルにかわったと回想する。

九七　スノウは戦後上巻だけ刊行された田中幸利、岩村三千夫訳、読売新聞社、一九四六年六月によせた「日本語訳『アジアの解放』への序言」で「この本は一九四〇年に書きおろされ、一九四一年に出版されたものだが、…」とかたっている。

九八　伊藤隆編『高木惣吉 日記と情報』下、みすず書房、二〇〇〇年七月、七三〇、七四七頁。『高木惣吉日記』毎日新聞社、一九八五年三月には「午後高松宮殿下に御会いして…内閣や海相のことに触れた際、…か…との御話があった」などの状況説明がおぎなったうえで字句も若干あらため、「東条は巧みに宮様の懐柔に成功したようだ。…軍令部一課や軍務局の思い詰めた中堅層の急進的な進言は矢張り殿下に強い影響を及ぼしてると想像されるが、周囲の状況及び下工作と一致しなければ、折角の殿下の御骨折りも無駄になる惧れが少くないのである」との感想をしるす。「日記」と称しても原文どおりではなく、種村佐孝『大本営機密日誌』芙蓉書房、一九七九年六月も『機密戦争日誌』をもとにした著作である。大本営陸軍部戦争指導班『機密戦争日誌』下、錦正社、一九九八年十月の昭和十九年五月十七日条に「秩父宮殿下ヨリ参謀総長兼任問題ニ関スル御下問ノ経緯左ノ如シ、第一回　二月下旬　補任課長へ　第二回　四月二十二日　参謀次長へ　第三回　五月十七日　…　殿下ノ御憂慮ノ御気ハ拝察シ得ルモ背後関係ニ相当策動アリトモ考ヘラル、ヲ以テ、理論ニ依リ書物テ御答ヘスルハ適当ナラス、総長御返答要旨左ノ如シ、　1、国務ト統帥ハ総テ上御一人ノ発動ニ依リ生ス、東条ハ此ノ本義ニ立脚シ、拳々服膺シアルヲ以テ心配ノ要ナシ、　…　5、国家ノ本義ニモトル事ハ東条自身カ許サヌ所ニシテ此ノ点御疑問存セハ直接参上シテ御答ヘ申上ク、臣節ヲ尽スニ於テ不十分ノ点アラハ御前ニ於テ割腹シ御詫申上ク」とあるから、陸軍にも同様のうごきはあったといえよう。

九九　前関東軍司令官の梅津はソ連の要求により極東国際軍事裁判の被告に追加されて終身刑となり翌年一月病死する。紙片にのこされた「幽窓無暦日」は、太上隠者「答上」（『唐詩選』）の「山中無暦日、寒尽不知年」をふまえるものであろう。『世紀の遺書』巣鴨遺書編纂会、一九八四年八月復刻、六八五頁の東条の遺言には「最後に、軍事的問題について一言する。我国従来の統帥権独立の思想は確に間違つている。あれでは陸海軍一本の行動は採れない」とある。

一〇〇『海野十三敗戦日記』三一書房、全集別巻2、一九九三年一月、三三頁、一九四五年九月二十四日条には「アメリカ合衆国日本州の感深し。誠に東京は、その感いちじるしきものあり」とある。また、三月四日条には『グルー政権』という言葉がちょいちょい聞こえるようになった。けしからん」とあり、翌年四月十日の衆議院選挙、東京二区は三名連記で、石川達三、鈴木茂三郎、石橋湛山に投票したとある。

一〇一『堀口大学全集』第一巻、小沢書店、一九八二年一月、六一四頁。堀口はクローデルの詩の早期の訳詩者で『月下の一群』にも収録しており、父久万一がクローデル離任の直前にブラジル公使に着任したため、日本赴任の報に接するとブラジル時代のエピソードをつたえており、クローデルの「西洋的表意文字」の講演を称賛したのは堀口ひとりであったという。

一〇二　青木冨貴子『占領史追跡―ニューズウィーク東京支局長パケナム記者の諜報日記』新潮文庫、二〇一一年八月、七一―七二頁。

VI　柳田国男の孤独

三角は飛ぶ

柳田が一九二一年クローデルの赴任にさきだちパリをとおってジュネーヴにおもむき、関東大震災後、帰国すると、クローデルは翌々年一年間の休暇をとるというふうに、なにかとすれちがう。もっとも、日本の敗戦をきいたクローデルが「アデュー・ジャポン」を発表すると、翌月柳田がクローデルの詩「三角は飛ぶ」をとりあげた『村と学童』が刊行される。疎開児童用に準備したもので、自身がそうであったように、村ごとにことなる屋根のかたち、材料といった、いきた教材の観察から気候、風土、社会組織といった諸方面に関心をすすめさせようとしたものである。

しかし、クローデルの「日本の三角」は世界で三角がめだつ建築として固定的なギリシアと開放的な日本を対比した散文の文化論で、瀬戸内海をゆく船を舞台にした「詩人と三味線」（一九二六年）に同趣旨の一節がある。離日にあたって朝日新聞社に託され、複製の売上は関東大震災の一年後に創設された同情週間に寄付されたから、柳田が属する論説委員のあいだでも話題となったのであろうが、実際にはすっかり柳田作の新体詩にすりかわっている[1]。

柳田の記憶法？

柳田の記憶力は抜群であったといわれるが、たとえば、日露戦争の従軍記者田山花袋がロシア軍の敗走後、アナトール・フランス『白き石の上にて』の独訳本をみつけ森鷗外に献呈したという著名な逸話は[2]、1アナトール・フランスが日露戦争にかかわるこの小説の「白禍が黄禍を生み出した」という一節を集会で朗読したとの報道、２田山がロシア将校ののこしたレールモントフらの全集をみつけたこと、３田山が営口で購入したアナトール・フランス『蜂姫』独訳本など二冊を鷗外に贈呈したこと[三]、の三要素が合成されたものである。独訳本は未刊で、柳田は丸善が予約募集した英訳本全集の配本にしたがい、この愛読書にであう。

　柳田は田山が編集する一九〇九年十一月『文章世界』の「言文の距離」で「事実通りに書けば、面倒で、文章も冗漫になる。…私は文章と言ふ点から、其位の事実を曲げて構はないと思つて居る。何故と言ふに、我々が文章を書く第一の目的は、其文章を以て他を動かすにある。…文章としても簡潔であれば、また感じの上から言つても、それが事実らしく聞えるので、其方が何方から見ても都合よく事足りるのである。…要するに言葉の端のことで、奥に座つた本尊が動く訳でない…昔の漢文体の文章など、どれ程嘘を吐いて居たか知れない」という。勿論、これは柳田の主観にすぎず、相手がどう判断するから別問題と批判できるが、「昔の漢文体の文章など」云々は首肯せざるをえず、ひたすら「言葉の端」々にこだわってきた本書としてはすがすがしいばかりである。柳田はしばしば事実を記憶しやすいように説話化していたのではなかろうか。

　柳田邸に同居し雑誌『民族』の編集実務にあたった岡正雄の「先生は読まれる本をカードになさる。…よく国府津などに原稿を書きに行かれるときは、カードを輪ゴムに結わいてもっていかれ、それで論文が出来上がる。その若干のカードだけで先生の頭ではちゃんと肉付けができるわけですね」という証言は具体的な執筆方法をものがたる[四]。近年指摘される「清光館哀史」『山の人生』などと典拠とのちがいが説明できるし、より極端なケースは倉田一郎の採集手帖にもとづく『北小浦民俗誌』である。

　折口信夫は『古代研究』追ひ書きに「性格的に、物の複雑性—よい意味ばかりでなく—を見る私は、一行の読書にも、数項の旁線を曳かねばならぬほど、多くの効果を予期する暗示を感じる。…先生の勧めによつて、読書法を改めた頃の事であつた。さうして、引いた旁線の部分をかあどに収める事が、亦、容易ではなかつた。…遂には、かあどの記録を思ひ止る様になつた」とあり[五]、両者を比較すると柳田のわりきりのよさがきわだつ。

政治と国語

たとえば、『時代ト農政』の一九四八年二月の附記には「第一次世界大戦後、私は誤解して世の中がすつかり変つて終ひ、それまでの農政の学問は役に立たなくなるものと考へた。役人をやめることになつて農政方面の蔵書はすべて帝国農会へ寄附し保存して貰ふことにした。しかしこの想像は早まつてゐた。間もなく任務を帯びて渡欧し、彼地の農村をあるく機会を得た際にそれに気がついた。…」とあるが[六]、農政、経済への関心をうしなったわけではない[七]。『後狩詞記』以来、『遠野物語』などでの山人／平地人＝原住民／稲作民による日本人の二元的構成は、おそらく南方熊楠の批判をうけいれて、『山の人生』で放棄され、帰国後の継続を予告していた芸能民、被差別民などの考察もとだえて、『海上の道』の一元論となるが、自説の変更をかたらないから憶測をうむ。関東大震災という予想外の事態に研究の緊急度がまし、普通選挙の実施に期待をかけたためであろう。大阪朝日新聞の時局問題大演説会では同時入社の吉野作造が退社においこまれるが[八]、柳田は「特権階級の名」で貴族院改革のために憲法改正に言及している[九]。しかし、普通選挙の結果は旧態依然であった。マルクス主義者が柳田の根底にある政治性にひきつけられたのではなかろうか[一〇]。戦後も国語問題を教育と政治の問題の基本にすえて尽力するが、桑原武夫らにはまったく理解されなかった[一一]。これは現在ますます深刻な問題となっている。

柳田／折口の対立

折口が「国文学篇の最初の『国文学の発生』は、あの上に今一つ、第五稿を書きさしてゐる。四つの論文をお読みになった方は、定めて、呆れて下さつた事であらう」と前頁にしるした、その第三稿こそ、投稿の採否をめぐって柳田と岡が対立し、『民族』の廃刊にいたった「常世及びまれびと」である。折口、岡らは『民俗学』を創刊し南方も寄稿して、柳田は孤立した。

柳田／折口の対立は折口の「追ひ書き」と、折口を「記伝解釈の仕事」と批判する柳田の礼状に一端がみえるが[一二]、歴史の遡行的方法を実証する『明治大正史 世相篇』の執筆に難渋した柳田は朝日新聞論説委員を辞任し[一三]、心身に異常をきたすほどの死闘であった。『海南小記』以降、沖縄に関して最晩年までまとめられなかったのは遡及的方法では無理だったからで、『古代研究』以降、折口にまとまった著作がないのもこの対立の後遺症ではなかろうか。

一方、『民俗学』は編集者も交代し、杉浦健一ら若手によって毎月刊行されていたが、予告もなく突然休刊し、再刊の議論は国際人類学民族学大会の成立に呼応して、柳田の郷土研究への批判をふくむ「純粋に学術的な機関誌」『民族学研究』創刊となった[一四]。のこされた折口らは一九三五年（昭和十）柳田の還暦を記念して日本民俗学講習会を開催し全国的な連絡機関として民間伝承の会が発足し、一九四九年三月日本民俗学会と改称する[一五]。西欧の学問の翻訳、機械的適用ではなく日本の現実にもとづいた経験科学の構築をめざした柳田としてはもっとものぞまないかたちの分裂で、「民俗」は「民族」と音で区別できないが、折口は「民俗学」をこのんだようである[一六]。

こうして戦後「気楽な学問もあるものだといふ印象ばかり与へて、国の政治上の是ぞといふ効果は挙げ得なかつた。なんぼ年寄りでも是は確かに臆病な態度であったが、…」（「現代科学といふこと」一九四七年）と反省をのべつつ[一七]、「一つにはどうしてかうも浅ましく国は敗れてしまつたか。第二にはさて是からはどういふ風に進んで行けばよからうか。…少なくとも各人の自主自由なる判断が、今少しは実地に働き得るやうにしなければ、実は民主主義も空しい名なのである。どうして日本人は斯ういつまでも、僅かな人たちの言ひなり放題に任せて、黙々として附いてあるくのであらうか？　かういふ疑問の方が或は前に掲げた二つよりも、一段と大きく又適切なのかもしれぬ」を疑問としてかかげることになるが、これも解決されたどころか「たとへば教育の方法である。…いつになつても我々は全体の地位を高めることが出来ない。寧ろ従順なる少しも批評をせぬ民衆を、成るたけ多く抱へて置かうとしたことは、政党全盛の時代とても同じことであった」は現代的課題で、といえる。柳田は国語や社会科の教科書を編纂するが、江戸時代の年齢集団や長老による村の文字によらない社会教育を重視し、教育勅語どころか、学校が村にもたらした破壊を指摘した。ロナルド・ドーアは戦後すぐ柳田を訪問するが、この問題をひきつぐことはなかった。

折口は『古代研究』「追ひ書き」で自分は柳田の忠実な信奉者であり、かわったのは柳田だと切々とうったえているが、たしかに柳田は『民族』に折口、金田一京助らをくわえず、わかい岡の友人たちを同人とした。これは柳田のめざすものと周囲の柳田像とのずれをしめす。

己が技倆を駆使するのか技倆が己を駆使するのか

日露戦争中、田山にあてた書簡で「寂寞に堪え不申候…然らは己か技倆を駆使するのか技倆か己を駆使するのか事業を鞭つのか事業に鞭たるゝかわかり不申苦しくてたまらず候」「水戸と奈良とにてハ各一週間質朴なる地方人を相手に理論よりは寧感情の強き談話をいたし論文といふよりは却て激文に似たる講話をいたし聊聴衆を動かしえたりと信じ候…憫むへき自惚には有之候へ共何となく自分の価値を認識候やうなる心地致し候と共ニ望みを未来の事業にかけ候事極めて大きくなり候へ共…」とうったえたように柳田は産業組合について講演してまわった官吏生活の最初から理解されず、孤独であった一八。

柳田は地主中心の産業組合を中農育成の手段に、村是を官製から自主的なものにかえ、補助金行政を排そうとしたが、本来の対象である貧農は経済的にも時間的にも知的にも余裕がなく、教師や住職、神官のような村の知識層か、理解ある地主にうったえるしかなかった。柳田自身、村のまずしい知識人の子という周縁的存在で、性格的に百姓の仲間になることはできないため、有賀喜左衛門や池上隆祐のような地主の子弟からみれば内側からの観察には限界があり、組織構造の分析にいたっていないという一九。

新渡戸稲造が提唱した「地方（ぢかた）の学」の語義は、『日本農民史』序論に「滝本〔誠一〕博士の蒐集せられた日本経済叢書は、其半分が所謂地方（ヂカタ）の学問なるもので、即ち郡奉行代官及びその手附き役人の経験の記録である」、『都市と農村』第九章に「古い地方の学者は皆御用学者であつたから、決して露はには説かうとしなかつたが、…」、『郷土誌論』「村の種類」に「江戸時代の地方の書物には、…多分主たる目的が収税に在つた為でもありましやうが、全体に城下で生れた役人などゝ云ふ者は、昔も今も概念に捕はれ易いもので、其為に村に生活する人たちの（）受けた迷惑は何程であつたか分りませぬ」とあるとおり二〇、盛岡藩勘定奉行をつとめた新渡戸家に「経世済民」はふさわしいが、柳田の「学問救世」とはことなる。

雑誌によるネットワーク

柳田が雑誌『郷土研究』『民族』『民間伝承』を刊行したのは、『文章世界』一九〇七年三月「写生と論文」に「写生文は、明治文章界の一新運動であつて」「考さへあるものならば何人にでも、書けると思ふに至つた」「論文は写生文風に書き得られる筈である」とのべ[二一]、『ホトトギス』の日記募集により「村に住む青年が是まで当り前のつまらぬと思つたことを誠実に日記に書い」たことを[二二]、論文に応用して雑誌に投稿をもとめ[二三]、柳田個人の単方向的な講演から地方にすむ人びとの自覚と発言、相互交流へと、双方向的ないしはネットワークに転換させようとしたとおもわれる。柳田も自己の限界に気づき、在地の自主的な研究に期待しつつ、全国的な比較によって視野をひろげさせようとしたのではなかろうか。『蝸牛考』（一九二七年）はもっとも単純な要素による例証であり、「方言周圏説」などと定式化するのはその意義を矮小化する[二四]。『郷土研究』は郷土会にちなむものであろうが、これを復刊せず『民族』としたのは、一方では割拠主義を克服し、他方では世界へ発信できるものをめざしたのであろう。柳田は地域の条件や分権を重視するが、他方移民を必要とし、みずからも他郷で養子にはいったほどであるから、偏狭なローカリズムとは無縁であろう[二五]。

しかし、地方在住者は割拠を志向し、学者の卵は業績づくりをめざして柳田の志向するような原稿はあつまらず、南方熊楠に揶揄されながら自身の筆名原稿でうめることになる。柳田は南方からフレーザーやゴムなど欧米の民族学、フォークロアをおしえられたが、およそ規格外の南方の原稿の掲載方式をめぐって『郷土研究』は廃刊にいたり、他方、プライオリティをめぐる些細な虚栄心から未知の折口信夫の投稿に加筆してわだかまりをのこした。これが『民族』廃刊の火種となる。

歴史の新しいとらえ方

ただし、根本的な原因は、南方が批判した、ルーラル・エコノミーと「巫女考」との距離のように、柳田自身の目標と作品とのずれにあろう。『時代と農政』や『都市と農村』などでは比較的すくないようにおもわれるが、民俗学では前史か傍流のようにあつかわれているようにおもわれる。ただし柳田にとって「民俗学者」は他称を受動的にうけいれたものにすぎず、自称は歴史家、文化史家であった。石母田正は柳田の学問について「歴史学の補助学科としての民俗学でもなく、われわれがその成果だけを手軽に借りて来られる隣接科学でもないところにその意義がある。それは本来伝統的な歴史学の方法そのものにたいする批判であり、日本人のあるべき未来にたいする見識のうえに立てられた歴史の新しいとらえ方であった」というとおり[二六]、柳田は一九二八年三月史学会の講演「日本婚姻制の考察」で名ざしはしないまでも平泉澄を面罵したという[二七]。

とすれば、なすべきは柳田を祖述することではなく、柳田の問題意識をいかすことであろう。実際、勝俣鎮夫の『一揆』は柳田が忌避した一揆というテーマに対して柳田の『日本の祭』の方法を適用し、残念ながら構想段階で完成されなかったが、石母田正の「日本人論」は柳田が無視した『源氏物語』に日本的な罪意識をみとめ、これと柳田自身も『海上の道』ではいかせなかった太平洋諸島との比較[二八]、および笠松宏至らの中世の法慣習の研究とむすびつける[二九]。

一 ちなみに、柳田の旧友島崎藤村が『東京朝日新聞』大正二年（一九一三）十一月二十七日の「仏蘭西だより」で「私はポオル、クローデルの戯曲なぞをその若葉の一つに数へたいと思ひます」とかきおくったのはもっともはやい言及に属そうが、帰国後の「仏蘭西の芝居―談話」でも「是ぞと思ふやうな芝居は見逃さない積りでしたが、でも其頃に、ポール・クロオデルの『人質』が興行されて居ながら、其が創作劇場の舞台に上つてゐたことは全く心づきませんでした」とかたるにもかかわらず、留守中刊行された『戦争と巴里』八ではなぜか上記の一文が削除されている。

二 柳田は新村出や和辻哲郎に喧伝する際にこの奇譚を利用したようで、「小鳥の声にひかれて」『新村出全集』第十一巻、筑摩書房、一九七一年七月、四七八―四七九頁は「w君が国粋主義に転向するの機縁となつた」と証言しており、京都で和辻から谷川徹三らにひろまったようである。モリス『ユートピアだより』をふまえた挿話は「未来の王国」として『青鞜』一九一三年五―七月に連載され、大杉栄が『近代思想』に全編誤訳を指摘する書評を「善いものを紹介してくれた」とむすび、荒畑寒村も次号で書評をつづけた。柳田の四女がいつかよみたいとおもい（太田千津「思い出すまま」田中正明編『柳田国男 私の歩んできた道』岩田書店、二〇〇〇年十月）、全集をゆずりうけたのもこれゆえではなかろうか。また、青野季吉が愛読した英訳本を平林初之輔がかりて全訳し（青野季吉『一つの石』有光社、一九四三年七月、三一七―三二四頁）、石母田正はインドシナ戦争のジュネーヴ会議に際し、この訳本をとりあげた。

三 小説は『ユマニテ』に一九〇四年三―四月に連載され、一九〇四年十一月二十五日社会党主催演説会で作者が白禍論の一節を朗読したことを『読売新聞』が翌年一月三十日から大々的に報じたが、出版されたのも一九〇五年、独訳本は一九一〇年。読売の記事は五来欣造によるものではなかろうか。クローデルは一九二二年三月二十八日帰国するメーボンにかわる宣伝の任務に五来をあげている（杉淵洋一『有島武郎をめぐる物語』青弓社、二〇二〇年三月、二七―二九、四七―四九頁が両者にふれている）。2、3は田山の『第二軍従征日記』などにあきらかであり、鷗外も早速3の書評をかいている。

四 岡正雄「柳田国男との出会い」『異人その他』言叢社、一九七九年十二月、三八一頁。なお、「国府津」とあるのは柳田家の別荘があった茅ヶ崎ではなかろうか。

五 折口信夫『古代研究』民俗学篇第二、大岡山書店、一九三〇年六月、「追ひ書き」九頁。千葉徳爾も柳田から「公界」などをふくむカードの束をわたされ「民俗学教本」をかけと命じられたが、返上したという（柳田為正他編『柳田国男談話稿』法政大学出版局、一九八七年四月）から、他人にはまねしがたい方法であった。

六 『有馬頼寧日記』によると、それ以前にこの年東大農学部助教授となる有馬にこえをかけている。

七 『上田貞次郎日記』大正十五年「新自由主義」の項に「十二月には経済学攻究会で余が新自由主義の講演をやらされた、深井英五、柳田国男、塩沢昌貞氏等が論評された、何れも大体賛成であつた」とある。『国家学会雑誌』には幹事の森荘三郎が「経済学攻究会記事」を寄稿しており、一九二七年三月号によれば、十二月十七日、参会者は二十二名であった。前年十月号によれば、柳田は塩沢が「欧米視察談」を講演した九月例会（参会者十五名）にも出席している。

八　一九一八年の日記をくらべると、両者のすれちがいがめだつ。十月十二日柳田「章士釗一行一時五十分東京駅着を迎へに行く、亀井、寺尾〔亨〕博士、田中収吉君などにあふ」吉野「広東〈カントン〉政府を代表して章行厳君一時五十分着く　出迎に往つたけれども遅れて遇はず」十三日吉野「夜頭山翁宅に赴く　広東軍政府代表者章行厳君と同志相会して懇談せんが為めなり　十二時頃まで話す」十四日柳田「△『日華』といふ支那料理にて支那関係のクラブを作る相談、小村俊三郎水野〔梅暁〕五百木〔良三〕末永〔節〕の諸君、耳あたらしい議論を多くきく、末永君これから神戸へ行き莫大の金をこしらへてくるといふうまい話なり　…△又章行厳君」二十二日柳田「田中舎身佐々木蒙古末永節松村雄之進などといふ浪人大阪朝日をいぢめるから賛成せよといつて来る。此人々の国家論には智慧の分子少しもなし」二十三日吉野「六時より立会演説始る　伊藤〔松雄〕小川〔運平〕佐々木田中の四君起ち其都度予も起ちて質問に答ふ　十分論駁し尽して相手をして完膚なからしめし積りなり　十時過凱旋す」十二月二十五日柳田「昼近衛公招小集」吉野「昼殿〔汝耕〕君の招宴に侍す　亀井〔陸良〕、小村、今井〔嘉幸〕、水野等の諸君来合はす」三十日柳田「九時半に東京駅小村亀井二君の立つを送る、春洋丸にて仏国へゆくなり、立博士も同時なり」吉野「朝立教授の渡欧を見送る」。松尾尊兊「民本主義鼓吹時代の日常生活」（『吉野作造集』一四解説、岩波書店、一九九六年五月、四一三頁）によれば、吉野の退社は朝日側の要請であった。白虹事件の再発をおそれたのであろう。五年前、浪人会との立会演説会から「凱旋」した吉野は、非公開の場で敗北する。いわゆる大正デモクラシーは両勢力がはげしくせめぎあう時代としてとらえるべきであろう。そもそも吉野の入社は中国朝鮮人学生援助のための金銭的必要からであったが、退社前後の待遇は不満足なものであった（同四一〇、四一四頁）。軍部に批判的であった大阪朝日新聞社は満洲事変一週間後の一九三一年九月二十五日村山竜平社長臨席の役員会で前日の内田良平と調査部長井上藤三郎の会見をふまえ社論の転換を決定したとみられる（後藤孝夫前掲書三八七頁）。

九　これは植原悦二郎『デモクラシイと日本の改造』一九一九年十一月、一五〇頁の踏襲かもしれない。きわめて限定的ではあるが、佐々木惣一が大正天皇即位を紀念して、「憲法ノ改正」『京都法学会雑誌』一九一五年十一月を論じたが、同僚の市村光恵に注意されたという。石橋湛山は翌年八月大隈辞職時のごたごたについて「帝国議会を年中開設とす可し」で「然らば今回の如き騒ぎあれば、…一切の政治運動と政論とは、常に議会を中心として行わるることになる。…尤も帝国議会の会期を斯く改むるには、憲法の改正を要する。…国民の希望にして、而して善事なれば、勿論勅命も賜わること疑いない」と楽観的である。大正政変をへて時代がかわったという感覚があったのかもしれない。

一九二九年十二月朝日新聞社の選挙革正座談会で野党政友会幹事長森恪が憲法改正のよる貴族院の権限縮小を主張すると、美濃部達吉は賛意を表するが、安達謙三内相は策士の挑発にのって倒閣に利用されまいとおもったのか、必要なしとにべもない。しかし、森は本気だったようで、犬養内閣で書記官長となると、美濃部を貴族院勅選議員としたが（横溝光暉『昭和史片鱗』経済往来社、一九七四年一月、三三―三五頁、著者は内閣官房総務課長）、同床異夢であったろう。一九三五年三月天皇機関説事件の際、菊池武夫は貴族院秘密会でこの件を質問した（宮沢俊義『天皇機関説事件』上、有斐閣、一九七〇年五月、一二五頁）。

一〇 柳田の存在を橋浦泰雄におしえたのは堺利彦であるから、この問題は転向以前にさかのぼる。折口は橋浦を危険視し、岡正雄もこの問題を指摘しているが、最近では鶴見太郎の『柳田国男とその弟子たち―民俗学を学ぶマルクス主義者』人文書院、一九九八年十二月、『橋浦泰雄伝―柳田学の大いなる伴奏者』晶文社、二〇〇〇年一月がある。

一一 桑原武夫「柳田さんの一面」『桑原武夫集』六、岩波書店、一九八〇年九月、三六四―三六五頁。柳田は国立国語研究所評議員会で会長として持論をのべたが、桑原武夫が「表記法のむつかしさと選挙の不正とを、直接因果関係とするのはいかがであろうか」と語彙の問題をすりかえるなど賛同をえられなかったように、昭和二十八年二月二十七日会長となり、三十二年三月四日評議員を辞している。別の評議員会で桑原が提案した「わかち書き」研究に賛成し、反対した時枝誠記をやりこめたのも同様の問題意識にもとづく。桑原があげた中国のローマ字化は放棄されたようであるが、大韓帝国以来のハングル化は定着し、ヴェトナムも独立後ラテン文字のクォック・グー（国語）を採用した。桑原の「追記」には「進歩・保守・反動」の座談会で保守を自任する天野貞祐に対し、教育勅語「を有りがたがっているようでは、どうしたって『反動』ですよ、と断言した」とある。今日、反動を保守、保守をリベラルという意味不明ないいかえが横行しているのは言論界の混乱を象徴していよう。

一二 野村純一他編『柳田国男事典』勉誠出版、一九九八年七月、巻頭図版。柳田は一九四七年五月女性民俗学の会でも「折口信夫氏のものは注意してよまなければならない。…書かれたものは皆真実なりとする風は、漢学儒教系統の学問の影響だ。…書かれたものを何とか解釈するのが任務の如く考える学風はあらためなければならない」（「柳田国男聴書」）とかたっている。

一三 柳田が論説委員を辞任した翌年九月には満洲事変が勃発し、軍部に批判的であった大阪朝日の論調ですら急変するから（後藤孝夫前掲書）、適当な時期であったともいえる。

一四『民族学研究』一―一、学会彙報「日本民族学会の成立」「日本民族学会設立趣意書」二二五、二二九―二三〇頁、一九三五年一月。学会の設立には渋沢敬三が協力し、出版は従来の岡書院から三省堂にかわっている。

一五 鎌田久子「蓑笠」『鎌田久子先生古稀記念会編　民俗学的世界の探求』慶友社、一九九六年三月、三五―三六頁に改称に対する柳田の抵抗がリアルにかたられている。

一六『古代研究』も二冊が民俗学篇と題されているし、『郷土研究』にかわって折口が刊行した雑誌名が予定の『民俗と伝説』から『土俗と伝説』にかわったのは柳田の意見以外にかんがえにくい。一九四八年九月の座談会「民俗学の過去と将来」『民間伝承』上下、一九四九年一、二月には「…この言葉〔民俗学〕をはじめたのは折口君ではなかったろうか。」「いいえ私は…（笑声）」、「然し、『遊動円木』のような言葉になつても困ります（笑声）」と両者のジャブの応酬がみられる。「遊動円木」は柳田がフランスの tradition populaire の訳語とした「民間伝承」へのあてつけであろう。

一七 この論文は民俗学研究所編『民俗学新講』明世堂書店、一九四七年の巻頭をかざり、前年九月末から靖国神社旧遊就館でひらかれた日本民俗学講座の講演であるが、神道指令の翌年である当時の事情についてはあまり注意をはらわれていないのではなかろうか。

一八『田山花袋宛柳田国男書簡集』館林市、一九九〇年十二月。最晩年『定本柳田国男集』出版の際にも、「厖大な著作目録をみてよくまアこんなに書いたものだと他人ごとのごとく呆れていられた。『さみしかったんだね。』と、往時を追想するかのごとくつぶやかれた」という（高藤武馬『ことばの聖　柳田国男先生のこと』筑摩書房、一九八三年八月、一八八頁「訪問記」昭和三十六年〔一九六一〕九月十八日）。

一九 池上隆祐「柳田国男との出会い」（後藤総一郎編『柳田国男研究資料集成』第一六巻、日本図書センター、一九八七年四月、一九四―一九五頁）。柳田と折口の関係修復に尽力し、柳田の長所も短所もしる貴重な証言である。なお、長塚節は、柳田が寄留した長兄松岡鼎宅の布川からさかのぼった鬼怒川畔の地主で、療養先から母に地主経営の指示をしているが、柳田は朝日新聞に連載された『土』について沈黙している。

二〇 これよりはやく一九〇四年（『柳田国男全集』第一巻解題七五三頁の考証による）ころの早稲田大学出版部『農政学』第六章には「我国に所謂『地方の学』の変革は、彼の独逸に於る政務学（Kameralwissenschaft）の発達とは頗其趣を異にせり。…今日の政治学の原則より言ふときは、殆政策と称する価値なき迄不当なれども、当時の状勢に在りては苟も封建の制度を存置する限は此の如き保守的方針を維持するの他に適当なる方法の存するもの無かりしなり」と否定的である。

二一　相馬庸郎「序に代えて　写生文の持つ可能性─もう一つのリアリズム」『子規・虚子・碧梧桐─写生文派文学論』洋々社、一九八六年七月。坪内稔典「子規の文章運動」『柿喰ふ子規の俳句作法』岩波書店、二〇〇五年九月。

二二　「郡誌調査員会に於て」一九一八年七月、全集二五、三〇〇頁。

二三　上野誠「折口信夫のフィールド・ワーク」『国立歴史民俗博物館研究報告』一九九一年三月、七一頁は『郷土研究』のような投稿雑誌の原形として、文芸雑誌を考える必要があるだろう」と指摘している。

二四　同様に「常民」は「平民」が明治以後、華族、士族に対する身分呼称とされたためのいいかえにすぎない。「平民」は六国史以来、駅戸、蝦夷など提示された特定の対象以外の人をさす語であるから、(全体集合も曖昧で)用例の共通部分をもとめることは無意味である。網野善彦がネガティヴな規定としたように、ポジ(陽画)に対する補集合であるネガ(陰画)で、伸縮自在、融通無碍であるから、厳密さや積極的規定をもとめるのも無理である。

二五　一九五〇年一月の自伝的な「村の信仰」の「私の家はかなり貧乏だったので、…村にじっとして大きくなるわけに行かないということは知っていた。…まず新聞に名の出る人が偉い人なんだろうというくらいには思っておったので、その程度の野心は確かに持っていたでしょう」は「あの時代のこれも極有りふれた空気だったのだけれども、少し学校の出来がよくて目立ったところがあると、偉くならなければいけない」という一般的な立身出世主義といえようが、『都市と農村』朝日新聞社、一九二九年三月のテーマである江戸時代からの人口圧力の近代的一変種であろう。文武官僚については「地位の安全と昇進の便宜とかいうことに一生懸命で、文官は非常に忙しいのですから我々のように旅行の出来た者は例外だったのでしょう」「どんな偉い人でも藩閥の有力者だったんですから、日本全体を考えるというものが少なかったわけです。…社会は概念の上にはあっても、未だ曾って国全体の結合をしたことなかったんですから、練習が足りないというところにその根があり、一方軍隊の方はそれを実行していろいろの形で結合したのですね。こちらもやろうとしたのですけれども実は出来ておりません。…地方的理解、家相互の理解が先になっているのに、その方法はまだ具わっていなかったのです」とかたる。内政については無理に中央集権化を強行した弊害がおおきかったというのであろう。ビスマルクのドイツ帝国もオーストリア・ハンガリーも連邦であったのに、なぜまなばなかったのであろうか。

二六　石母田正「大いなる遺産」（後藤総一郎編『柳田国男研究資料集成』第五巻、日本図書センター、一九八六年六月）。『定本柳田国男集』の内容見本によせた一文で、「私は柳田民俗学をささえている骨組みは、西欧の学問研究法と実証主義であるとおもっている。」と指摘したうえで「定本柳田国男集は、歴史学にとつても、その時代がのこした最大の遺産の一つである。この遺産は、」から引用につづく。柳田の会に参加していた石井進も「柳田国男は歴史学者です」とかたっていたという（『石井進著作集』第十巻、岩波書店、二〇〇五年六月、解説三四一頁）。

二七　『有賀喜左衛門著作集』七『聟入考』と柳田国男」未来社、二〇〇一年十二月、一二一―一二三頁。岡正雄「柳田国男との出会い」『異人その他』言叢社、一九七九年十二月、三八五頁。

二八　岡正雄前掲インタヴュー三八九頁が『海上の道』について「先生の多年の夢の科学的結論として、なにか淋しかったですね。…この先生がどうしてもっとエスノロジーの資料なり、方法なりをとり入れなかったのかと残念に思うのです」というのは実感であろう。

二九　石母田正「歴史学と『日本人論』」『石母田正著作集』第八巻、岩波書店、一九八九年三月のほか、中田薫、柳田、津田左右吉を論じた「三先生のこと」、同第十六巻、一九九〇年六月も重要である。柳田は津田を一九一八年ころから会にさそったりしているが、法科で同期の中田とはなぜか晩年の学士院や同窓会まで交渉がないようである。石母田が前者で論じるオセアニアやアフリカとの比較は、非中国的要素への注目が国粋主義や脱亜入欧にならないためにも重要であろう。笠松前掲『法と言葉の中世史』参照。

あとがき

山本幸司さんとのであいがなければ、こんなものをかくことはなかったろう。山本さんから日本史でなにをよむべきかをおしえられ、佐藤進一先生をはじめ、網野善彦、石井進、笠松宏至、勝俣鎮夫という中世史の最高峰のみならず、古島敏雄、藤田省三、市村弘正といったかたがたに紹介された。

また、岸本武士さんから『史記』のてほどきをうけなければ、中国の注疏についてしることはなかったであろう。

本書の基本的な内容は十数年前のものである。網野先生がなくなられて半年ほどたったころ、「関東」についての「国号ですか？」〔国号ですよ〕といういみじかい対話をおもいだし、まずは「幕府」から、関東、武家、武士、公方、…といった語の用例をあつめだした。まだ、史料編纂所で『鎌倉遺文』のデータベースは公開されておらず、何度か全巻をひっくりかえした。バックアップをとっておらず、その後、パソコンの故障で烏有に帰すことになり、検索してみると、もれはなかったようである。しかし、それだけでは結論がえられず、さんざん逡巡したあげく、五山文学をはじめてとして、あらたな難題にとりくみ、結局、古代から昭和までくだることになったが、本書ではあらましにとどめた。

そうしたあいまに建武式目の典拠をさがすと、『白氏文集』という予想外のこたえがすんなりえられて、こちらが主となった。その十年以上前に佐藤先生から、その後何冊もの大著にまとめられる太田次男氏の抜刷のたばをしめされたことがあったが、当時の筆者には「長恨歌」のあまっちょろい詩人というイメージしかなく、なんとおこたえしていいか、こまったものである。『中世政治社会思想』下や『日本中世史を見直す』をいただいたときも同様であった。「虎関・中岩・花園・親房と時を同じうして吉田定房が、諫奏という形式の天皇批判文書に孟子を引用した事実は、刮目に値するといわねばならない。露骨に革命説を説く、未施行の書、孟子が、新註によって読まれ、諫奏にまで引用される事実そのものに、鎌倉後期思想界の一断面を見ることが出来る」。これは前者の三七四頁の補注の一節である。作業をすすめるうちに本書はこの補注に対する私注のようにおもわれてきた。

外国人をふくむ同時代を中心とした用例のつみかさねにより作者の知的世界を推測し、語義を推定する方法も、佐藤先生にまなぼうとしたものである。「時宜」論をすすめられるなかで『台記』を再読され「随分あたらしい語彙がある」とたのしそうにおっしゃったこともあったが、大学をしりぞかれたのち『弘法大師空海全集』を購入され「いままでなにをしていたか」と述懐されたときにはおどろいた。

本書のかくれた主題にかかわるが、いかなる組織にも属さないものにとって、日本はずいぶんおくれているとはいえ、インターネット上のデータベースの公開や公共図書館のサーヴィスの向上がなければ、こうした作業がまったく不可能であったことはいうまでもない。アドレスを明記すべきであろうが、この間アドレス、内容の変更や閉鎖もすくなくない。全体に増加の傾向にあるとはいえ、現在利用できなくなったもの、不便になったものもあるから、いい時期に際会したとおもう。

現存すれば、検索は容易なので名称のみ列挙すると、中央研究院漢籍電子文獻、寒泉（台灣師大圖書館)、中国哲學書電子化計劃、広島大学中国文学語学研究室蘇洵蘇軾詩、東京大学史料編纂所データベース、大正新修大蔵経テキストデータベース、花園大学国際禅学研究所五山文学データベース、バージニア大学JTI、国文学研究資料館古典選集本文データベース・日本古典籍総合目録データベース、菊池眞一研究室(荒山慶一氏作成)、国際日本文化研究センター和歌・俳諧(勢田勝郭氏)、Project Gutenberg、かつて早稲田大学にあった「平安時代までの漢詩文集」、日本古代史料本文データ(恋塚嘉氏)。聞蔵、毎策、ヨミダス歴史館、神戸大学附属図書館新聞記事文庫。東京大学東洋文化研究所所蔵漢籍全本全文影像資料庫、国立国会図書館デジタルコレクション、歴博画像データベース、書陵部所蔵資料目録・画像公開システム、京都大学蔵書検索kuline貴重資料画像、早稲田大学図書館古典籍総合データベース、龍谷大学図書館貴重資料画像データベース、市立米沢図書館米沢善本完全デジタルライブラリー、HathiTrust Digital Libraryなど。そのほか、検索をするうちに発見するものもすくなくないから、利用できずにいるものもあろう。データベースの作成に努力された多数のかたがたもさることながら、恋塚、荒山両氏の無償の貢献がなければ、続日本紀、太平記の検討は不可能であった。あつく御礼もうしあげたい。香港の文淵閣四庫全書電子版などは個人では購入しがたく、価格をとわず有料の利用はしないことにした。

あくまで一利用者の気楽な感想であるが、利用制限があり一般公開されてないものについては著作権、出版権やアクセスの集中などの問題は解決方法がないものか。管理者が不在となったものや科学研究費でつくられたデータベースなどを公開する場がつくられてしかるべきではなかろうか。

随分解消されてきたが、ユニコードでも字体、異体字の問題はのこる。句読点や注の処理法などでしかるべき結果がえられないものもあったし、誤入力等の問題も当然ある。

最初に台湾の中央研究院のサイトにアクセスした当時は、まだコンテンツもわずかで表示数に制限があり、まもなく『文選』(現在では諸子などとともになくなった)がくわわった。佐藤先生におはなしすると、君はそれができるのかと、身をのりだされた。パソコンの容量か、電話線の問題か、プリントアウトしようとすると、不正使用されましたとか何とかいう文言があらわれて、みるみるきえてゆき、お目にかけられなかったのが残念である。そのころはまだ中国語ソフトの購入が必要であった。

それにしてもながすぎる時間は怠惰の積分の結果にほかならないが、テーマが融通無碍にひろがるから、くぎりがつかないという面もある。この間、なんどもうんざりして、いっそすててしまおうかとおもったが、おもいうかんだのは「鶏肋」ということばであった。

今回、ある事情によってみきりをつけることにした。よみかえそうとすると、建武式目は典拠が樹海のようにからみあってすすめないので、幾分かりこんだ。太平記は再構成した。近代はみじかいエピローグのつもりだったが、現在の政治社会情勢が戦前の崩壊過程をリアルに感じさせるようになるにつれて、さかのぼってクローデルと石橋や柳田の評論を対照しようとおもったものの、石橋は編集者であるから早々に断念し、柳田は時期的にかみあわず、はみだしてしまい、みじかく新稿とした。土台が無理な相談で、総じて繁簡よろしきをえず、材料が未整理で、その洪水にながされている。

当初はうごかしがたい史料の提示にとどめるつもりでいたが、意味づけを明確にしようとしたものの、やはり皮相な観察というより事実の羅列にとどまる。テクストは概して利用しやすいものによったが、明示しなかったのは、この初歩的、暫定的な結論から今後諸本のつきあわせを期待したいからである。自己流になんとか利用するのが精一杯で技術的な問題には不案内であるが、コンピユータが活躍する分野であろう。引用はみじかくしすぎて無理な個所もある。問題が多岐にわたるので、先行研究の言及は行論上特に必要とみとめたばあいにかぎった。

勝俣先生は閑居する小生を心配してたびたび声をかけ、はげましてくださった。君はなんでも中国にもっていくとおっしゃるが、中国のものは中国へ、という以上の意図はない。ただし、漢意をされば、というのはナイーヴすぎるであろう。

当初、漢字ばかりでくろっぽくなるので、倭語は基本的にカナにするようにしたが、漢字は漢字、カナはカナでかたまり、後者は前者よりもながくワカチガキかカタカナを漢字の代用にしなければよみにくい。「かく」という倭語には搔、爬、昇、欠、書、画、系、挂、架、懸、駆、翔、賭、…などさまざまな漢字があてられ、意味を分化させるが、原義は大小二物体がなんらかの結果をともなって、つよく接触することではなかろうか。倭語ではせいぜい「え・がく」のように目的語か、接尾辞で区別するしかないが、ひそかな意図は漢字による分化以前の倭語の動態を喚起することであった。しかし、カナは所詮漢字の変形にすぎず、カキクケコ、…というおなじ行の文字も、アカサタナ…というおなじ段の文字も相互になんの関係もない。これから発想されるのはせいぜい五十音図をおもいうかべた四段活用どまりで、清瀬文法のようなものがうまれるにはやはり音素文字でなければならないと気づくのがおそかった。たとえば、後発だけにハングルは音の体系などにアルファベットにはない工夫が一言語に即してされており、普遍化するには音素の追加や母音の再検討などが必要であろうし、漢字にならって一音節を四角に表示する点は長短両面があろう。

「×××の本を読もうとすると頭が痛くなる」とおっしゃる笠松先生にはよんでいただけそうも

ない。

　一文にあれこれもりこもうとし、かえって意味が伝わらない悪文は手の付けようがなく、孤独な作業では初歩的なあやまりも発見できないが、読者のない本に指摘してくださる奇特な方は河清をまつにひとしい。

　最後に、きびしい出版状況のなか、年末の特にいそがしい状況で無理な注文をひきうけてくださった西田書店日高徳迪氏にあつく御礼もうしあげます。

二〇二一年十一月二十五日

二重うつしの日本史――漢語リテラシー管見
2021年12月25日初版第1刷発行

著　者　加藤昇
発行所　西田書店
〒101-0051 東京都千代田区神田神保町二-三四山本ビル
Tel 03-3261-4509　　Fax 03-3262-4643
http://www.nishi-da-shoten.co.jp

印刷・製本　平文社

ISBN978-4-88866-665-7